비교 인지의 기초

Sara J. Shettleworth 저 | 최준식 역

Fundamentals of Comparative Cognition

학지사

역자 서문

　지구 지식 생태계의 최상위 지배자인 인류가 유사 이래로 가져온 호사스러운 지적 판타지는 우리와 같은 혹은 우리보다 뛰어난 지성을 지닌 외계생명체와의 만남에 대한 기대가 아닐까 한다. 언제가 될지는 모르지만, 과연 그날이 온다면 우리는 어떤 방식으로 그들의 '지성'을 알아차릴 수 있을 것인지에 대한 고민도 그만큼이나 오래되었다. 언어, 논리, 수학, 그림이나 음악 등 인간이 자랑스러워하는 지적 결과물들이 모두 제안되었지만 아무도 그게 과연 범우주적인 지성의 증거물로 기능할 것인지에 대한 확신은 없을 것이다. 그 이유는 지구에 사는 생명체들을 대상으로도 아직 우리는 지성이 무엇인지 정확하게 파악하지 못하고 있기 때문이다. 과연 인간은 지구상에서 유일하게 사고가 가능한 동물인가? 아니면 인간과 다른 동물들이 가진 각각의 지식 처리 방식은 서로 다를 뿐, 우열을 가릴 수는 없는 것인가? 우리와 늘 함께 생활하는 강아지나 고양이와는 그럭저럭 인지적 비교가 가능할 것이라는 희망을 주지만 우리와 삶의 방식이 전혀 겹치지 않는 흰긴수염고래나 알바트로스와 인간의 비교는 어떻게 가능할 것인가?

　비교심리학은 이러한 근본적인 질문에 대한 해답을 추구하는 학문이다. 논리학, 인지과학, 생물학을 심리학과 이어 주는 고리를 제공하고 계통발생적 역사로 얽힌 다양한 종의 행동을 넓은 시각으로 이해할 수 있게 해 주는 틀을 제공한다. 비교 인지는 비교심리학에서 설명하고자 하는 행동 중 특히 인간 정신활동의 핵심을 이루는 인지기능의 원초적인 이해에 초점을 둔다. 따라서 인지과학이나 심리학 전공자들뿐만 아니라 자연지능의 원리에 관심을 가진 컴퓨터공학, 인공지능, 로보틱스 분야의 연구자들에게도 유익한 정보와 새로운 통찰을 제공할 것으로 믿는다.

셰틀워스 교수님의 표현처럼 "작은 책[1]"이다 보니 내용의 축약으로 인해 번역만으로 해결되지 않는 문장이 너무도 많았다. 그래서 요약본의 분량적 가벼움을 유지하되 쓰인 책의 내용이 최대한 독자에게 전해지기를 바라는 마음에서 역자주를 열심히 달았다. 짧은 문장에 함축된 의미가 겹친 경우나 배경지식이 없이는 이해하기 어려운 내용들을 간략하게나마 설명해서 이해를 돕고자 했다. 교과서를 번역하다 보면 번역과 저술의 경계가 모호해질 정도의 의역이 필요한 경우들이 늘 있긴 하지만 번역의 세련됨이나 완성도보다는 저자의 의도와 가르침에 중점을 두었기에 약간은 어색한 의역도 있을 수 있으니 표현보다는 가능한 한 문장 속의 정보에 주의를 기울여 주시기를 부탁드린다. 그럼에도 본문의 내용 중 잘 이해가 되지 않는 부분이 있다는 것은 전적으로 나의 부족한 글솜씨 때문이니 여력이 된다면 역서에 포함된 참고 문헌을 한번 검토해 보시거나 내게 이메일(j-schoi@korea.ac.kr)을 보내 주시면 함께 생각해 볼 기회가 될 것으로 기대한다. 이 입문서를 읽고 동물 행동의 연구에 매력을 느끼게 되는 독자가 한 명이라도 생겨난다면 큰 기쁨이 될 것 같다.

이 책의 내용에 대해 가까이서 토론하고 함께 즐거워할 수 있는 유쾌한 동료들인 고려대학교 생물심리학 실험실 조용상 교수와 학생들에게 감사의 표현을 하고 싶다. 특히 실험실의 맏이 역할을 해 주는 정지훈 박사, 이재용, 조경임, 편경희가 있어 언제나 든든하다. 교정을 도와준 김보미와 양수빈에게도 고마운 마음을 전

---

1) 셰틀워스 교수께서 "큰 책"이라고 일컫는 책은 『인지, 진화, 그리고 행동의 원리(Cognition, Evolution, and Behavior)』(2010)로, 이 책의 원전이라고 할 수 있다. 이 책의 거의 모든 내용과 관련 실험 그리고 자료가 상세히 기술되어 있다. 번역하기에는 너무 방대한 책이고 또 '큰 책'을 필요로 하는 독자라면 이미 대학원생 수준이기에 굳이 번역이 필요하지 않을 것이라고 생각해서 축약본인 『Fundamentals of Comparative Cognition』을 선택하게 되었다.

한다. 용어의 정의와 설명은 물론 언제든 불쑥 논의를 요청해도 마다하지 않으신 행동인지신경과학 전공의 동료들, 남기춘, 조양석, 김학진, 김채연 교수들께도 존경과 감사의 말씀을 올린다. 좋은 책이라는 말 한마디로 선뜻 지원에 착수해 주신 학지사 김진환 사장님과 꼼꼼한 편집으로 완성도를 높여 준 김지예 선생께도 감사하다.

이 작은 책에 들어 있는 사유의 스케일, 지구상에 존재하는 모든 지성을 지닌 생명체에 대한 분석은 학문적인 호기심을 자극할 뿐만 아니라 인간으로 태어난 의미에 대해 깊이 생각해 보게 한다. 개인적으로는 반 세기 전에 어머니가 사 주셨던 어니스트 시턴(Ernest Seton)의 '동물기 시리즈'를 읽고 느꼈던 의인화된 자연에 대한 어린이의 감동이 심리학이라는 학문적 여정을 거쳐서 어른의 차가운 희열로 전환된 세월을 자축하는 의미도 있다. 끝으로, 훌륭한 책을 써 주시고 무엇보다도 불쑥 이메일을 보내 은퇴 후의 고즈넉한 삶을 방해하는 낯선 후학에게 답장을 마다하지 않으신 셰틀워스 교수님의 건강과 평안을 기원한다.

2025년 1월

최준식

저자 서문

비교 인지는 행동생물학의 여러 영역과 밀접하게 연결된 인지과학의 한 분야이다. 인지기능의 모든 측면을 다룰 뿐만 아니라 인간을 포함한 모든 동물에게서 인지기능이 어떻게 발달하고 진화했는지 설명하고자 한다. 행동신경과학자들과 유전학자들에게는 '동물모델'을 제공하며, 우리가 '보존하고 보호하고자' 하는 동물들의 행동에 대한 통찰을 제공한다. 우리의 정신활동이 지구의 다른 피조물들과 어떻게 같고, 또 어떻게 다른지에 대한 근원적 질문이 비교 인지 연구의 정수라고 할 수 있다.

이 책은 비교 인지라는 놀랍도록 풍요로운 학문의 본질만을 전달하고자 기획된 짧은 책이다. 나의 또 다른 저서 중 하나인 『Cognition, Evolution, and Behavior』(Shettleworth, 2010a)에서처럼 이 책 역시 실험실과 야생, 심리학과 행동생태학(behavioral ecology) 및 동물행동학(ethology)을 통합하고자 했다. 특히 심리학적인 원리들에 무게를 두어 구체적인 연구문제에 담긴 이론적 사안과 실험적 접근을 자세히 살펴보았다. 종 간의 비교에 초점을 두고 철저한 진화적 사고를 바탕으로 비교 인지적 가설들을 검증하고자 했다. 이 책은 비교 인지 분야에서 잘 확립된 이론들과 함께 아직 종결되지 않은 새로운 논란들도 다루고자 한다. 예를 들면, 인간 이외의 다른 동물들도 앞을 내다보고 계획을 하거나 마음 이론(theory of mind)을 가지고 있는가와 같은 주제들이다. 각 장의 맨 마지막에는 심화된 읽을거리들을 제안하여 독자들이 좀 더 깊이 있고 자세한 공부를 할 수 있게 했다. 따라서 이 책은 학부 학생들을 위한 고급 세미나 과목이나 대학원 비교 인지 수업의 기초 교재로 활용이 가능할 것이다. 동물 행동, 행동생태학, 인지과학 혹은 행동신경과학 등의 전공수업에도 적절히 활용될 수 있으리라 본다.

이 책의 구성은 비교 인지 분야의 현 상태를 반영하여 기본 메커니즘, 물리 인지, 사회 인지에 골고루 중점을 두었다. 제1장에서는 비교 인지 연구의 역사적 배경과 중요한 이론적 쟁점을 논의했다. 예를 들어, 서로 다른 종들의 행동을 비교할 때 고려해야 할 점들이나 인간중심적 사고의 맹점 그리고 로이드 모르간의 카논과 같은 주제들로, 최신 연구들을 인용했다. 제2, 3, 4장에서는 각각의 주제에 관한 실험적 접근, 결과 그리고 핵심 이론들을 다루었다. 제2장 기본 메커니즘은 일반적이고 공통적인 메커니즘들인 지각, 기억, 연합학습, 범주 및 개념학습을 포함한다. 제3장 물리 인지는 공간, 시간, 숫자, 도구적 행동, 먹이 찾기와 경제적 의사결정, 도구 사용을 포함한다. 제4장의 사회 인지에서는 사회성의 수행에 필요한 인지기능들, 사회학습과 모방, 협동, 마음 이론, 동물의 의사소통 및 인간의 언어 능력과의 비교를 다룬다. 제5장에서는 찰스 다윈(Charles Dawin)의 주장, 즉 "인간의 정신역량은 동물과 질적으로 다른 것이 아니라 양적으로 다를 뿐"이라는 명제를 최근 연구들에서 어떻게 받아들이고 있는지를 다루면서 이 책 전반에 걸친 내용을 요약하고자 한다.

이 책이 인지과학원론 시리즈에 포함될 수 있도록 초대해 준 린 네이델(Lynn Nadel)과 폴 블룸(Paul Bloom) 박사에게 감사드리고, 같은 출판사의 패트릭 린치(Patrick Lynchy)와 제인 포터(Jane Potter), 그리고 오래 전에 이 책의 초고만 보고도 응원해 주신 이름 모를 여러분께도 감사드린다. 린 네이델과 린 해셔(Lynn Hasher)에게는 매 장마다 중요한 논평을 해 준 것에 감사드린다. 아만다 시드(Amanda Seed), 로저 톰슨(Roger Thompson), 클라이브 윈(Clive Wynne)도 꼼꼼하게 원고를 검토해 주었고, 비록 내가 그들의 조언을 전부 받아들이지는 않았지만 그 덕분에 이 책이 훨씬 읽기 쉽게 쓰인 것만은 의심의 여지가 없다. 마지막으로 아름다운 삽화를 그려 준 마가렛 넬슨(Magaret C. Nelson)에게도 매우 감사드린다. 이런 전문가들의 도움으로 만들어진 글과 그림이 이 책을 채우고 있으며, 만약 독자가 읽으면서 명확하지 않거나 틀린 점을 발견한다면 그것은 오직 저자인 나의 탓이 되어야 할 것이다.

2011년 9월, 토론토에서

Sara J. Shettleworth

차례

* 역자 서문 _ 3
* 저자 서문 _ 7

제1장 **비교 인지는 무엇에 관한 학문인가 • 13**
　'다윈에서 행동주의까지': 간략한 역사 _ 17
　21세기의 연구: 도구를 사용하는 까마귀들 _ 24
　이 책의 구성 _ 34
　추가적인 읽을거리들 _ 35

제2장 **기본 메커니즘 • 37**
　지각과 주의 _ 40
　기억 _ 44
　연합학습 _ 65
　변별, 유목화, 개념 형성 _ 78
　추가적인 읽을거리들 _ 89

제3장 **물리 인지 • 91**
　공간 인지: 동물들은 어떻게 길을 찾는가 _ 93
　두 가지의 시간 시스템 _ 105
　수 인지 _ 111

종합: 채집과 계획 _ 118

도구의 사용 _ 128

추가적인 읽을거리들 _ 139

제4장 **사회 인지 • 141**

사회적 행동: 기초편 _ 144

사회학습 _ 160

의사소통 _ 173

추가적인 읽을거리들 _ 188

제5장 **비교 인지적 관점에서 본 인간 인지의 특별함 • 191**

정도의 차이인가, 질적인 차이인가 _ 193

모듈화와 발달생물학적 관점에서의 단서들 _ 201

추가적인 읽을거리들 _ 210

*참고문헌 _ 213

*찾아보기 _ 245

제 1 장

비교 인지는 무엇에 관한 학문인가

비교 인지(comparative cognition)란 인간을 포함한 모든 종의 동물에게서 일어나는 인지적 과정에 대한 학문이다. 이 책에서 인지란 지각(perception)에서 의사 결정(decision-making)에 이르는 모든 과정을 포괄하며, 생쥐가 친숙한 냄새를 기억하는 것에서부터 침팬지의 계획적 도구 사용에 이르는 다양한 환경 아래서 정보를 습득하고 저장하며 사용하는 과정들을 포함한다. 비교는 둘 혹은 그 이상의 종 사이의 비교를 의미하지만, 대부분의 경우에 비교 인지의 연구는 사람이 아닌 어느 한 종의 동물에 초점을 두고 있기 때문에 동물 인지(animal cognition)라는 명칭이 더 어울릴 수도 있다. 이 분야의 목표는 주로 특정 종의 동물에게서 발견한 사실을 인간과 비교하거나, 동물이 어떻게 길을 찾고 먹이나 짝을 어떻게 선택하는지와 같은 주제를 이해하는 것이 될 것이다. 어느 쪽이든 비교 인지의 연구는 이세상에 존재하는 여러 종류의 생명체가 어떻게 비슷하고 어떻게 다른지, 또한 생명체들이 어떤 방식으로 진화해 왔으며 왜 그러한 진화의 방식이 선택되었는지를 내용으로 하고 있다. 핀레이(Finlay, 2007)의 시적인 표현대로 "끝없이 다양한 마음의 경이로운 아름다움(endless minds most beautiful)"을 이해할 수 있는 큰 그림을 보여 준다.

선사시대부터 인간은 동물의 마음과 행동에 관심을 가졌다. 그 이유는, 첫째, 동물이 인간에게 먹이를 제공하기도 하고 포식자로서 위협이 되기도 했으며 때로는 가축으로 사용되는 등 현실적인 필요 때문이었다. 현실적인 고려는 현대에도 여전히 동물 인지에 관한 연구에 동기부여를 제공하는데, 동물 보호와 복지에 대한 문제가 이에 속한다. 예를 들어, 동물의 인지 능력이 얼마나 인간의 능력과 유사한지는 우리가 어떻게 동물들을 취급할지를 결정하는 데 영향을 줄 것이다(Dawkins, 2006). 둘째, 동물 인지 연구의 현실적 목표는 인간 인지기능의 신경생물학적인 혹은 유전적인 기초를 연구하기 위한 '동물모델'을 개발하는 것이다.

이러한 접근은 특히 기억에 대한 연구들에서 성공적인 결과를 가져왔다(제2장 참조). 하지만 비교 인지를 연구하는 무엇보다 중요한 동기는 순수한 과학적 호기심의 발로일 것이다. 예를 들어, 숲지빠귀(wood thrush)가 가을에 펜실베이니아로부터 중앙아메리카까지 어떻게 그들만의 경로를 찾으며, 다음 해 봄에 그들이 1년 전에 머물렀던 장소로 다시 돌아가는가? 개코원숭이(baboon)가 무리의 다른 원숭이들 사이의 복잡한 사회적 관계에 대해 무엇을 알고 있으며, 어떻게 그것이 가능한가? 원숭이와 인간이 사회적 동료를 이해하는 방식 사이에는 어떠한 공통점이 있는가? 이와 같은 흥미로운 질문들이 비교 인지에서 다루는 내용과 관련된다.

현대의 비교 인지 연구는 실험심리학자뿐 아니라 실험실에서 일하는 생물학자, 인류학자, 신경생물학자, 철학자 등 여러 분야의 학자가 기여하는 종합적인 학문이다. 이것은 비교 인지가 활발하고 다면적인 연구 분야라는 증거도 되지만, 동시에 서로 다른 배경지식을 가지고 접근하는 학문 분야 사이에 논쟁과 의견 충돌이 불가피할 것이라는 예상을 하게 만든다. 이 다양한 분야를 통합하는 과정은 현대의 비교 인지 연구를 시작하게 만든 질문들과 일맥상통한다. 즉, 인간의 '정신적 역량'이 다른 종의 그것과 "질적인 차이가 아닌 양적인 차이"를 가진다는 다윈(Darwin, 1871)의 주장이 옳은가에 대한 질문이다. 따라서 다윈 이후 100년 간 비교 인지를 연구하는 후학들은 동물과 인간 사이에 공유되는 정신적 역량, 즉 인지 과정을 주 연구 대상으로 삼아 왔다. 그들은 학습, 기억, 범주화, 공간 표상 등과 같은 기능들에 대하여 다수의 종 사이에 공통적으로 적용 가능한 일반 이론을 개발하려고 해 왔다. 최근에는 원숭이, 유인원, 그리고 여러 동물의 사회적 행동에 대한 연구가 폭발적으로 증가하면서 사회학습 및 의사소통과 같은 사회 인지에 대한 관심도 증가했다. 이러한 연구들로부터 얻은 지식들은 다윈의 주장을 재평가하게 만들었다. 동물과 인간이 많은 인지기능을 공유하지만, 그럼에도 불구하고 인간에게만 고유하게 존재하는 기능들이 있다는 것이다.

'다윈에서 행동주의까지': 간략한 역사

『종의 기원(On the Origin of Species)』(1859)을 출간할 당시만 해도 다윈은 인간 진화라는 민감한 주제를 거의 언급하지 않았지만, 『인간의 유래와 성 선택(The Descent of Man and Selection in Relation to Sex)』(1871)을 출간할 때는 이 주제를 정면에 내세웠다. 인간과 유인원 사이에 신체적 유사성뿐만 아니라 정신적 유사성이 존재한다는 증거들은 그들이 같은 조상으로부터 진화해 왔다는 주장에 더욱 무게를 실어 준다. 따라서 다윈은 『인간의 유래와 성 선택』의 2장과 3장에서 "……인간과 고등 포유동물의 지능에는 근본적인 차이가 없다."라는 것을 보여 주기 위한 증거들을 정리했다(Darwin, 1871, p. 35). 다윈은 다른 동물들이 기억, 주의, 모방, 추측, 심지어 상상력과 심미안 그리고 도덕적인 감수성까지 인간과 공유한다고 주장했다. 주장의 근거는 대개가 동물도 정신적 역량을 가지고 있음을 보여 주는 일화적 증거들, 즉 다윈 자신 혹은 다른 사람들이 운 좋게 관찰한 사건들이었다. 예를 들어, 다윈이 5년간의 비글호 항해를 마치고 집으로 돌아왔을 때 그의 개가 헛간으로부터 나와 그를 반겨 주었다는 이야기는 동물도 좋은 기억력을 가지고 있다는 증거로 사용되었다. 이를 비롯해 추측에 기반한 여러 가지 주장을 내세웠지만, 동물에 있어서 추상화(abstraction)나 자의식(self-consciousness) 같은 의식적 처리 과정에 대해 쉽게 결론을 내릴 수 없다는 사실은 다윈 스스로도 인정했다. "이러한 어려움은 동물의 마음을 들여다보는 것이 불가능하다는 사실로부터 기인하는 것이다. 게다가 학자들마다 이러한 마음의 과정을 각자 다른 용어를 써서 기술하고 있다……."(Darwin, 1879/2004, p. 105)

한편 다윈의 주장에 영감을 얻은 지지자들은 인간을 제외한 동물들로부터 인간과 대등한 정신적 역량에 대한 증거를 찾고자 했다. 그중 한 사람인 조지 로마네스(George Romanes, 1892) 같은 이는 다윈보다 더욱 적극적으로 의인화(anthropomorphism)를 채용하여 동물 행동과 관련된 일화들을 해석했다. 예를 들어, 사람들이 문을 여는 행동을 하는 것을 관찰한 고양이가 '저들이 손으로 할 수 있다면 내가 앞발로도 할 수 있을 거야.'라는 추측을 통해 배웠으리라는 식이었다. 하지만 이러한 해석들은 실험적 검증을 요구했고, 20세기 초반쯤에 이러한 주장들과 관련 있는 실험들이 시도되기 시작했으며, 대표적인 예가 미국 심리학자인 손다이크(E. L. Thorndike, 1911, 1970)의 실험이었다. 그의 실험에서 고양이와 병아리는 "수수께끼 상자들(puzzle boxes)"에 들어가게 되었다. 줄을 당기거나 레버를 눌러야 탈출할 수 있는 수수께끼 상자에서 동물들은 통찰이 아닌 시행착오를 통해 학습했으며, 이를 통해 탈출하는 시간은 매번 조금씩 더 빨라졌다. 또한 손다이크는 동물이 같은 종의 다른 동물이 보이는 완벽한 행동을 관찰했음에도 모방하지 못한다는 것을 발견했다. 예를 들어, 먹이를 향한 두 갈래 길이 있는 미로에서 병아리들은 이미 훈련을 받은 병아리가 가는 길을 항상 따라가지는 않았다.

동물들의 모방 능력을 검증하는 데 사용한 손다이크의 간단한 실험은 동물 인지 연구의 핵심 논리를 보여 준다(Heyes, 2008). 로마네스의 고양이가 보인 행동에 대한 의인화된 해석은 **통속심리학**(folk psychology; 일상생활에서 일어나는 행동에 대한 직관적이고 상식적인 설명)적인 관점을 반영하며, 동물도 다른 개체의 행동을 흉내 내서 배울 것이라고 주장했다. 하지만 관찰을 통해 그럴 듯한 설명을 고안해 냈다고 하여도 대안적인 설명은 항상 가능하다. 손다이크의 병아리 사례에서처럼, 동물들이 모방이 아니라 자신이 한 행동의 결과를 통해 점진적으로 학습할 가능성이 존재한다. 어느 관점이 옳은지를 판단하는 열쇠는 두 가지의 설명이 서로 다른 결과를 예측하게 하는 실험 상황을 고안하는 데 있다. 손다이크의 수수께끼 상자 실험이 좋은 예이다. 두 갈래 미로에 놓인 닭들이 모방에 영향을 받는다면 대다수의 닭이 같은 방식으로 탈출하는 모습을 보였을 것이고, 시행착오를 통해 배운다면 첫 시행에서 절반의 닭은 한 길을, 나머지 절반은 다른 길을 선호하는 50 대 50의 결과가 나왔을 것이다. 일화에 기반한 추론과는 달리 이러한 실험의 목표는 그저 동물들이 '영리한' 행동을 할 수 있는지 없는지를 확인하는 것이 아니고, 그들이 '어떻게' 그런 행동을 하는지를 찾아내는 것이다.

20세기 초반과 중반에 이르는 행동주의 시대에 인간의 주관적인 경험에 대한 연구는 실험심리학에서 배제되었다. 동물 행동에 대한 의인화된 해석 역시도 객관적이지 못한 접근 방식으로 취급되었다(Boakes, 1984). 행동주의 심리학은 스키너(B. F. Skinner)와 그의 추종자들에 의해 절정에 다다랐는데, 이들은 주로 동물 실험을 통해 환경적 요소, 즉 자극 및 과거의 강화(보상과 처벌)계획에 노출된 경험이 행동을 통제하는 방식을 연구했다. 이와 비슷한 시기에 유럽에서는 미국의 크레이그(Wallace Craig)와 휘트만(Charles Otis Whitman)의 영향을 받은 로렌츠(Konrad Lorenz), 틴버겐(Niko Tinbergen)[1] 및 그 후학들이 동물 행동의 생물학적 접근인 **동물행동학**(ethology)을 발전시켰다('Burkhardt, 2005 참조). 동물행동학은 자연적인 행동을 대상으로 한다는 점에서 심리학과 구별된다. 동물행동학자들의 주된 관심사는 곤충, 물고기, 그리고 새에서 일어나는 짝짓기, 양육 또는 먹이 찾기 행동이다. 하지만 동물행동학자들 역시 스키너주의자들만큼이나 정확하고 객관적인 접근 방식을 채용했다. 이들은 행동의 '인과관계 분석'을 목표로 했는데, 예를 들어 재갈매기(herring gull)가 알을 둥지 속으로 밀어 넣는 행동, 혹은 큰가시고기(stickleback fish) 수컷이 암컷에게 보이는 구애 행동과 같은 특정 행동 패턴을 하게 만드는 외적 자극[2] 및 내적 동기 상태를 정의한 것을 의미한다(Burkhardt, 2005). 그러나 이러한 설명은 틴버겐이 제안한 "행동에 대한 4개의 질문"[3] 중 하나인 근접[proximate; 혹은 직접 immediate] 원인에 해당할 뿐이다(Tinbergen, 1963). 나머지 3개의 질문, "어떻게 개체의 발달 과정에서 그러한 행동이 출현하는가?" "그

---

1) 보통 여기에 칼 본 프리쉬(Karl von Frisch)를 더해서 동물행동학의 아버지로 부른다. 세 사람은 이 분야를 개척한 공로로 1973년에 노벨 생리의학상을 공동 수상했다.

2) 동물행동학에서는 이러한 자극을 **신호자극**(sign stimulus) 혹은 **촉발자**(releaser)라는 명칭으로 부른다. 신호자극에 의해 촉발되는 행동을 **고정행동패턴**(fixed action pattern)이라고 하며, 자동적으로 일어나고 매번 일정한 패턴의 행동으로 표현되는 특징을 가진다. 사람에서의 하품을 예로 들면 다른 사람이 하품하는 모습이 신호자극이 되어 일어난다.

3) 틴버겐은 행동의 원인을 시간적 스케일에 따라 크게 두 가지 범주로 나누었다. 근접 원인(proximate cause)과 궁극 원인(ultimate cause)이 그것이다. 각각을 다시 두 가지의 구체적인 원인으로 나누었는데, 근접 원인을 알기 위해서는, 첫째, 관심의 대상이 되는 행동이 어떤 신호자극에 의해 촉발되고 어떤 내부적인 기제에 의해 산출되는가, 둘째, 이러한 행동이 개체의 발달 과정에서 어떻게 출현하는가[개체발생(ontogeny)의 관점]를 규명해야 한다고 주장했다. 한편 궁극 원인을 알기 위해서는 주어진 행동이 종의 생존을 위해 어떤 유용한 역할[기능(function)]을 했는지를 규명하고, 나아가 진화의 역사에서 어떻게 출현했는지[즉, 계통발생(phylogeny)의 관점] 설명하는 것이 필요하다고 주장했다.

러한 행동이 개체의 생존에 어떤 기능을 하는가? 즉, 짝을 찾거나 잡아먹힐 확률을 어떻게 줄여 주는가?" 그리고 "어떻게 그러한 행동이 진화했는가?"에 대한 해답이 포함되어야 어떤 행동을 완벽하게 이해했다고 할 수 있을 것이다(Bolhuis & Verhulst, 2009 참조).

행동 및 이에 영향을 미치는 환경 요인에 대한 정확한 파악은 동물행동학과 행동주의 심리학 두 분야 모두에 있어서 여전히 중요한 도구로 남아 있지만, 20세기 후반부에 이르러 생물학과 심리학에 큰 영향을 미치는 변화가 일어났다. 1970년대 초반, 인간의 마음을 연구하는 데 있어 소위 '인지 혁명(cognitive revolution)'이 실험 심리학 분야에 도입되어 선풍을 일으켰고, 이는 동물 인지 분야에도 유사한 연구를 촉발시켰다(예: Hulse, Fowler, & Honig, 1978). 인지 혁명 이후에도 실질적으로는 쥐나 비둘기 같은 친숙한 실험실 동물들을 이용해서 늘 하던 것과 유사한 실험들을 수행하는 것처럼 보였지만, 이제는 행동 그 자체를 연구의 목적으로 삼는 것이 아니라 이를 기억과 표상 같은 내적 혹은 인지적 과정을 살펴보기 위한 창구로 취급하게 되었다. 예를 들어, 스키너의 이론들에서 잘 알려진, 고정간격강화계획 (Fixed-Interval schedule: FI)[4]의 결과로 나타나는 '조가비 패턴(scalloped pattern)'[5]을 들 수 있다. FI하에서 쪼기나 레버 누르기를 하는 동물들은 보상이 주어진 직후에 반응 속도가 떨어졌다가 다음 보상이 주어지는 시간에 점점 가까워질수록 반응 속도가 증가하는 패턴을 보인다. 인지심리학적 관점에서 이러한 조가비 패턴은 동물

---

4) 일정한 시간이 경과한 후에 나오는 첫 번째 반응에 대해서 보상이 주어지는 강화계획이다. 일정 시간이 경과하기 전까지는 아무리 많은 반응을 하여도 보상이 주어지지 않는다.
5) 조가비 패턴을 보여 주는 그림은 다음과 같다. 반응율이 일정한 것이 아니라 보상시점에 가까워질수록 급격히 증가하는 형태로 나타난다.

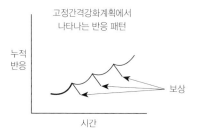

이 단순히 먹이가 나올 때까지 무작정 계속해서 반응하는 것이 아니라 먹이가 제시되는 시간 간격을 예상해서 반응하고 있음을 의미한다. 그 증거로 훈련 이후에 가끔 먹이가 생략되는 검사 시행에서도 동물은 훈련 시에 먹이가 나왔을 시간에 맞춰서 반응률이 증가한 후에 감소하는 패턴을 보인다. 이를 설명하고자 생체 시계 모델 혹은 시간 간격 모델 등이 제안되었고, 이것들을 테스트하기 위해 다양한 시간 간격을 가진 자극이 제시되었을 때 얼마나 정확한 반응이 나타나는지를 보는 것과 같은 실험들이 수행되었다(제3장 참조).

한편 동물 행동의 생물학은 진화와 행동의 기능에 대한 틴버겐의 질문들을 다루기 위해 수학적 모델을 사용하는 행동생태학(behavioral ecology)으로 발전하게 되었다. 이러한 모델들의 주된 가정은 적합성(fitness), 즉 다음 세대에 자신의 유전자 출현을 증가시키는 행동들이 진화를 통해 선택되리라는 것이다. 따라서 행동은 먹이를 찾거나 짝을 만나는 것과 같은 단기적인 성취를 위해 최적화되어야한다. 하지만 먹이 찾기 및 기타 다른 활동의 최적화에 대한 행동생태학자들의 초기 모델들은 인지적인 기제나 혹은 다른 근접 메커니즘들에 대한 고려 없이 진행되었다. 이러한 접근 방식은 성공적이었고 앞으로도 성공적이리라고 보지만(Westneat & Fox, 2010), 기능적 관점에 의거한 예측이 종종 들어맞지 않을 뿐 아니라 동물이 가진 인지적 역량의 한계를 고려해야만 이해되는 경우가 있다는 것이 분명해졌다. 예를 들어, 동물이 환경 내에서 최적의 "패치(patch)"[6]를 찾는 행동을 모델링하고자 한다면, 각 패치에서 가용한 모든 먹이가 제공하는 에너지의 총량, 다음번 패치를 찾기까지 걸리는 시간 및 이동에 소요되는 시간 등을 고려하는 것이 필요하다. 따라서 이러한 모델이 완벽하게 작동하려면 동물이 주어진 상황에 대한 완벽한 정보를 가지고 있다는 가정이 필요한데, 물론 이는 거의 항상 불가능

---

6) 패치(patch)란 먹이 찾기와 관련된 행동 연구에서 자주 사용되는 용어로서, 주변부와 구분되는 정도로 먹이가 존재하는 영역을 일컫는다. 초식동물을 예로 들면 풀이 무성하게 난 목초지, 꿀벌이라면 꽃이 만개한 화단, 원숭이라면 열매를 따는 나무 같은 것이 패치이다. 패치의 크기나 그 안에서 먹이의 밀도, 패치 간의 간격 등은 동물의 먹이 찾기 행동을 규정하는 핵심 요인이다. 패치들로부터 먹이를 찾는 최적의 행동은 경제학의 연구 주제로 발전되어 많은 이론에 기여했다. 한 예로 한계치 정리(marginal value theorem) 이론이 있다. 적당한 우리말 용어가 없어 그대로 패치로 번역했다.

하다. 대상이 되는 먹잇감의 질에 대한 지각은 불완전할 수밖에 없고, 그에 대한 기억 역시도 부정확하다. 이러한 인지적 제한 요인들에 대한 고려는 최적화 모델에 반영되어야 하며, 이는 학습 심리학 및 의사결정 심리학에서 다루고자 했던 문제들과 많은 공통점을 지닌다. 인지생태학(cognitive ecology)은 이러한 다양한 접근 방식을 통합하여 최적화를 비롯한 인지적 메커니즘들을 기능적 및 진화적 맥락에서 연구하는 분야이다(Dukas & Ratcliffe, 2009). 제3장에서 좀 더 논의하게 될 것이다.

1970년대의 동물 행동의 연구는 위대한 생물학자인 그리핀(Donald R. Griffin, 1978)의 저술에 의해 대표되는 인지 동물행동학(cognitive ethology) 분야의 발전을 목격하게 된다. 동물의 의식 과정과 같은 관찰 불가능한 주제를 연구하지 말아야 한다고 주장한 틴버겐(Tinbergen, 1951)에 정면으로 맞서 그리핀은 행동주의자들의 접근이 동물 행동의 중요한 사실들을 놓치고 있고 동물행동학자들은 이러한 사실들을 발견하고자 노력해야 한다고 주장했다. 그는 과감하게 동물들이 보이는 모든 종류의 행동에 대한 의인화된 해석을 제안했다. 즉, 동물이 의식적 사고와 논리적 추론 과정을 사용할 가능성을 배제하지 않았다. 예를 들어, 꿀을 찾은 후 집으로 돌아와 춤을 추는 꿀벌(honeybee)은 다른 꿀벌들에게 어디에 먹이가 있다고 의식적으로 정보를 전달하고 있고 다른 꿀벌들이 꿀을 찾기를 원하고 있으리라는 것이다. 물론 이러한 질문들이 동물의 의사소통에 대한 연구들을 이끌어 주는 역할을 해 왔지만, 실제로 의식적 자각이라는 개념으로 설명될 수 있는 연구결과는 많지 않았다. 게다가 그리핀이 제안한 의식의 연구가 인지 연구와 교차점을 가지고 있기는 하지만 그 두 가지 연구는 분명히 다르다. 간단히 말해서 어떤 사건들에 반응하는 것과 그것을 의식한다는 것은 분명히 다르다. 여기서 의식이란 지각적 자각(perceptual awareness)을 의미하며, 이는 반향적 의식(reflective consciousness)과 구분된다. 반향적 의식의 예로는 앞으로 할 일에 대한 계획을 세우거나 내일 시험에 나올 문제들을 충분히 잘 알고 있는지를 스스로 판단하는 과정 등을 들 수 있다. 동물 행동을 연구하는 대부분의 학자뿐만 아니라 다른 분야의 학자들 역시도 동물들이 어떤 형태로든 지각적 자각을 경험하리라는 데에는 동의하겠지만, 반향적 의식을 가졌는지에 관해서는 의문을 품을 것이다(Dawkins, 2006). 이와 관련해서 제5장에서 동물들이 일차적 표상만 의존하는지 아니면 고차적인 표상이 가능한지에 대한 주제를 다룰 것이지만 의식에 대한 직접적인 논의는 피할 것이다(Penn, Holyoak, & Povinelli, 2008). 일차적 표상은 '그가 주먹을 쥐고 있다' 또는 '토마토는 빨간색이다'와 같은 순수한 사건에 대한 지각적 요소들에 기초해 있다. 이차적 표상은 '그는 분노를 느끼고 있다' 또는 '토마토는 딸기와 같은 색이다'와 같이 일차적 성질로부터 추상적 의미를 추출하는 과정이 포함되어 있다.

어떤 경우이든 비교 인지를 연구하는 동시대의 학자 대부분은 동물 의식이라는 곤란한 대상에 대한 논의를 피하려고 한다. 기억과 주의 같은 과정들을 정의하는 방식은 동물이 어떤 행동을 할 경우에 스스로 어떻게 느끼는가라는 질문보다는 동물이 무엇을 하는가와 같은 질문, 즉 관찰 가능한 행동에 초점을 두고 있다. 꿀벌이 꿀의 위치를 알려 주는 춤을 출 때 다른 꿀벌이 알고 싶어 하니까 알려 준다고 해석할 수는 없다. 이는 자기 성찰이 가능한 인간에게서나 나올 수 있는 결론이다. 다른 동물에게서 인간에 대응하는 인지 과정을 정확히 밝힌다는 것은 여러 종에 걸쳐 행동의 기능적 유사성(functional similarity)을 찾는 것이다. 간단한 예로, 우리는 어떤 사람에게 "이 단어를 이전에 본 적이 있나요?" 같은 질문을 던져 봄으로써 재인기억(recognition memory)을 검사할 수 있다. 반면 생쥐의 재인기억을 검사하고자 한다면 생쥐가 2개의 냄새 중 가장 최근에 접근했던 냄새를 고를 수 있게 훈련하면 된다. 그리고 나서 인간의 기억에 영향을 미치는 것으로 알려진 다양한 요인이 기억과 관련된 생쥐의 행동에도 같은 방식으로 영향을 미치는지 볼 수 있다. 예를 들어, 냄새를 처음 접한 시점이 오래 되면 오래될수록 그 냄새를 정답으로 선택할 확률도 낮아질 것이다. 마찬가지로 벌의 내적 동기에 대한 그리핀식의 설명을 좀 더 철저히 검증하고자 한다면 벌이 다른 개체가 알고 싶어 하는 필요에 대해 민감하게 대응한다는 증거로 어떤 행동을 보일 것인지를 우선적으로 명시해야 할 것이다. 비록 동물 행동과 인간 인지 과정 사이의 기능적 유사성을 증명하기 위해 어떤 증거를 수집할 것인지는 간단하지 않은 문제이지만, 기능적 유사성의 논리는 비교 인지 연구의 기본적인 도구로 쓰인다(Heyes, 2008).

21세기의 연구: 도구를 사용하는 까마귀들

현대의 비교 인지 연구가 다양한 분야의 접근을 통합한다는 사례를 가장 잘 보여 주는 연구 중 하나가 뉴칼레도니아까마귀(New Caledonian crow)에 관한 연구이다. 뉴칼레도니아까마귀들은 까마귓과[corvids; 레이븐(raven)[7], 어치(jay)[8], 잣까마귀(nutcracker)[9] 등을 포함하는 과(family)[10]]에 속하는 한 종으로, 호주 대륙으로부터 동쪽으로 1,600km가량 되는 곳에 위치한 뉴칼레도니아 제도에서 발견되는 새들이다. 이러한 까마귀의 일부는 먹이를 찾는 동안에 막대기 모양의 도구를 사용하는데, 주로 통나무 틈에서 먹이를 빼내기 위해 사용한다([그림 1-1] 참조).[11] 일부는 도구를 직접 만들어 사용하기도 하는데, 그중 한 방식은 판다누스나무(pandanus palm tree)[12]의 잎을 씹어서 뻣뻣한 엽맥만 남긴 후에 끄트머리 부분을 갈고리 모양이나 쐐기 모양으로 만드는 것이다(Bluff, Weir, Rutz, Wimpenny, &

---

7) 북반구에 주로 서식하는 비교적 체구가 큰 까마귓과의 새. 우리 말로는 crow와 raven 둘 다 까마귀로 번역이 되어 혼동을 막고자 레이븐으로 번역했다. 레이븐은 성체가 60cm 정도까지 이르고 수명이 약 30년에 이를 정도로 오래 산다. 우리나라에 서식하는 종은 레이븐에 가깝다(출처: 두산백과).

8) 유라시아 대륙의 온대림에 거주하는 까마귓과의 새로서, 몸 크기는 33cm 정도 되고 도토리 등의 먹이를 저장하는 습성이 있다. 우리나라 산에서도 흔히 볼 수 있는 새이다(출처: 한국민족문화대백과).

9) 몸 크기는 어치와 비슷하나 몸에 흰 무늬가 있어 구분된다. 우리나라에서는 주로 고도가 높은 산에 서식하고 겨울에는 경기도 광릉이나 청평 등 평지로 이동하여 겨울을 난다(출처: 두산백과).

10) 과(family)는 린네식 계층 분류에서 종(species)과 속(genus)에 이어 세 번째로 작은 단위이다. 전체 계층은 종, 속, 과, 목, 강, 문, 계(species, genus, family, order, class, phylum, kingdom)로 구성된다. 예를 들어, 현생 인류는 Hominidae과, Homo속, Sapiens종에 속한다. Hominidae과에는 인간 외에 침팬지 오랑우탄, 고릴라와 같은 유인원들이 포함되어 있고, 이에 더해서 현재에는 존재하지 않고 멸종한 네안데르탈인과 같은 다른 인류 종들도 포함된다. 이보다 더 상위의 분류 계층에는 인간과 다양한 원숭이를 포함한 영장류 목(Order Primate)이 있다. 어떤 종들이 계통발생학적으로 가깝다 멀다는 분류 체계상에서의 거리, 즉 어느 계층에서 같은 분류 체계에 속하는가를 의미한다.

11) 까마귓과의 새들이 영리하다는 속설은 무수히 있어 왔지만 실제로 믿기 어려울 만큼 지능적인 행동의 사례를 많이 찾을 수 있다. 까마귀의 '지능'이 학계의 인정을 받을 수 있을지를 논외로 한다면, 인터넷에 까마귀의 영리함을 보여 주는 영상 기록이 많다. 예를 들어, 까마귀가 도구를 이용해서 문제를 해결하는 다음과 같은 영상(https://www.youtube.com/watch?v=cbSu2PXOTOc)을 한번 보면 이들이 도구의 작동 방식에 대해 인간 수준의 이해 능력을 가진 것이 아닌가 하는 생각이 들기도 한다.

Kacelnik, 2007; Hunt, 1996). 도구들의 모양이 뉴칼레도니아 내에서도 지역마다 다르다는 것은 특별한 도구를 만드는 기술이 한 세대에서 다른 세대로 사회적으로 전달된다는 증거이며, 동물에서도 문화라고 불릴 수 있는 현상이 존재할 가능성을 제시한다(Holzhaider, Hunt, & Gray, 2010).

[그림 1-1] 뉴칼레도니아까마귀가 막대기 도구를 사용하는 모습(동영상 캡처).
출처: 오클랜드 대학교의 Gavin Hunt로부터 허락을 얻어 게재함.

동물의 도구 사용이 주목받는 이유는 이러한 기술이 오직 인간 혹은 침팬지와 같이 인간과 아주 가까운 종들에게서만 나타나는 특권이라고 여겨 왔기 때문이다. 그러나 진화의 계통도 상에서 멀리 떨어진 다양한 종의 동물이 도구를 사용한다는 사실이 밝혀졌다(제3장 및 Bentley-Condit & Smith, 2010). 영장류만을 보더라도 인간과 가까운 정도가 도구 사용을 예언하지 못한다([그림 1-2] 참조). 예를 들어, 가장 다양한 종류의 도구를 가장 광범위하게 사용하는 종은 침팬지이지만, 그에 못지않게 인간과 가까운 친척관계인 보노보의 경우에는 야생에서 도구 사용이 거의 보고되지 않는다. 반면에 보노보보다는 인간에서 멀리 떨어진 종인 오랑우탄의 경우에 많은 도구 사용이 보고된다. 새들은 영장류와는 비교가 안될 정도로 인간과는 친척관계가 멀리 떨어져 있으므로 뉴칼레도니아까마귀들의 사례는 인간과 비슷한 뇌를 가진 것보다는 특별한 생태학적 환경이 도구 사용의 진화에 있어 중요

---

12) 열대 지역에 서식하는 야자나무처럼 생긴 식물로, 길고 뾰족한 잎이 특징이다. 열대 지역의 원주민들은 이 잎을 엮어서 밧줄, 돗자리 등의 수공예품을 만들어 왔다(출처: 위키백과).

한 열쇠라는 더 강력한 증거가 된다. 그런 환경이 어떤 환경인가를 짐작하게 하는
예로 갈라파고스제도의 딱따구리핀치(woodpecker finch)들이 있다. 이들은 까마귓
과 새들을 제외하면 유일하게 도구를 사용하는 새들이다. 잔가지나 선인장 가시를
이용해서 구멍이나 틈새에서 음식물을 찍어 올린다. 까마귓과와 가까운 새들은 아
니지만 같은 자원을 놓고 경쟁하는 종, 예를 들면 딱따구리 같은 새들이 없는 섬에
서 진화했다는 점에서 뉴칼레도니아까마귀들과 공통점을 가진다. 즉, 도구 사용
에 중요한 역할을 하는 몇몇 진화적 환경 요인이 있는 것으로 보인다.

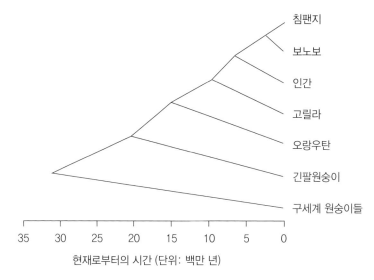

[그림 1-2] 네 종의 유인원, 인간, 긴팔원숭이(소형 유인원), 구세계 원숭이들 간의 진화적 연관성
주: 자세한 설명은 본문에 있다.
출처: Ernard & Pääbo (2004)의 허락을 얻어 게재함.

　진화생물학적인 측면에서 침팬지를 비롯한 다른 유인원들이 도구 사용을 인간
과 공유한다는 사실은 **상동관계**(homology)[13]로 해석할 수 있다. 즉, 도구를 사용
했을 것으로 추측되는 공통의 조상으로부터 진화했음을 시사한다. 종 간 DNA 조

---

13) 진화적 기원이 같은 구조나 기능을 뜻한다. 예를 들어, 동물의 다리와 고래의 지느러미는 상동 기관
　　이다.

성의 유사성 및 무작위적인 돌연변이 비율을 알면 진화적인 친척관계를 추측할 수 있는데, 이를 나타낸 것이 [그림 1−2]에 있는 **계통도**(phylogenetic tree)이다. [그림 1−2]에는 인간과 유인원(침팬지, 보노보, 고릴라, 오랑우탄), 구세계원숭이(old-world monkey)들만 나타냈다. 계통도상의 **마디**(node; 가지가 갈라져 나간 지점들)는 백만 년 단위로 현재의 종들이 언제 가상의 공통 조상들로부터 나뉘었는지를 보여 준다. 예를 들어, 보노보와 침팬지 그리고 인간에 공통된 마지막 조상은 약 6백만 년 전에 살았을 것으로 생각된다. 이 세 종은 침팬지도 아니고 현생 인류도 아닌 그 어떤 알려지지 않은 공통 조상으로부터 진화해 나왔을 것이다. 침팬지와 보노보가 갈라진 것은 그보다도 더 최근의 사건이다. 조류와 영장류의 공통 조상은 이보다도 훨씬 오래전의 원시적인 척추동물일 것이고, 아마도 도구를 사용하지 않았으리라 추정된다. 따라서 조류의 도구 사용은 전혀 관련되지 않은 종들에게서 공통된 생태적 조건으로 인해 나타나는 독자적인 진화, 즉 **수렴진화**(convergent evolution)의 경우이다. 까마귀와 인간의 도구 사용은 **상사관계**(analogous)[14]에 있다고 일컬으며, 유인원의 상동관계적 도구 사용과 대비된다. 이러한 구분은 인지 기능의 진화를 논의하기 위해 필요한데, 그 이유는 아마도 상동행동의 경우 공통된 메커니즘에 의해 설명될 가능성이 높은 반면 상사행동의 경우는 그렇지 않을 것이기 때문이다.

물론 도구 사용 행동이 인간 혹은 영장류에만 존재한다고 여겨 온 이유는 높은 지능, 즉 창의력, 물리적 법칙에 대한 이해, 커다란 뇌, 복잡한 기술을 타인에게 가르치거나 배울 수 있는 능력 등이 있어야만 도구 사용이 가능할 것이라고 여겼기 때문이다. 그러나 이러한 의인화된 가정에는 몇 가지 문제가 있다. 우선 지능이라는 개념이 동물에 적용될 수 있는지의 여부가 불분명하다. 많은 사람은 자신들이 지능이라는 단어를 잘 알고 일상에서 사용한다고 믿지만 사실 이는 토속심리학적인 착각에 불과하다. 겉으로는 아주 지능적으로 보이는 동물의 행동이 알고 보면

---

14) 진화적 기원은 다르지만 기능적으로 유사한 구조나 행동. 벌의 날개와 새의 날개를 상사기관의 예로 들 수 있다.

놀랄 만큼 멍청하고 단순한 메커니즘으로부터 나오는 경우가 많다(Shettleworth, 2010b). 예를 들어, 사막개미의 귀소행동을 보자. 집을 떠난 개미는 음식을 찾아 때로는 몇백 야드[15]나 떨어진 장소를 헤매고 다닌 후에 집으로 곧장 돌아오곤 한다([그림 3-1]의 c 참조). 이것만 보면 마치 개미가 자신의 집이 어디인지 정확히 아는 것처럼 보이기도 한다. 하지만 개미는 오직 자신이 어느 방향으로 얼만큼 이동했는지를 계산하고 있을 뿐이다. 음식을 물고 집으로 돌아오기 직전의 개미를 잡아서 다른 장소에 내려놓으면 개미는 똑같은 방향, 똑같은 거리를 이동한 후에 마치 집이 그 어디쯤 있어야 된다고 여기는 것처럼 제자리를 빙빙 돌기만 한다. 아마도 주변에 단서라고는 거의 없는 사막에서 개미가 사용할 수 있는 공간정보는 방향과 거리뿐일 것이다. 개미는 이 두 가지 정보를 놀라운 정확성으로 기록하고 사용하지만, 오직 정상적인 조건에서만 작동하는 지극히 단순한 방식일 뿐이다. 이걸 가지고 지능적이다 아니다 하고 판단하는 것은 이런 행동을 설명하는 메커니즘을 규명하는 데 있어 별 도움이 되지 못한다. 이런 점을 감안한다면 '지능'이란 어떤 종의 적합성(fitness), 즉 자연 상황에서 생존과 번식에 기여하는 행동으로 정의될 수 있을지 모르겠다. 그러나 그렇게 정의한다면 지능이라는 단어를 사용하는 것 자체가 별 의미가 없지 않은가? 추가로, 만약 인간이 개미 흉내를 내서 같은 방식으로 길을 찾으려고 한다면 아마도 처참하게 실패하리라는 사실을 주지시키고자 한다. 간단하지만 어려운 일이다.

사막개미의 예는 **인간중심주의**(anthropocentrism; 인간 위주의 사고방식)[16]에 의한 **지능의 개념을 동물에게 적용하는 것이 얼마나 의미 없는지를 강조하는 것 외에도

---

15) 1야드는 약 0.9m이다. 여기서 인간보다 약 100~1,000배 작은 개미의 몸 길이를 고려할 때, 수십 km 이상에 해당하는 거리라는 점에 주목하자.

16) 인간중심적(anthropocentric)은 연구 주제의 선택에 있어서 인간에게서 연구되는 내용 위주로 다루는 경향을 일컫는다. 반면에 의인화(anthropomorphism)는 동물의 행동을 설명하는 데 있어서 인간의 마음과 의도가 작동하는 방식과 유사한 방식으로 가정하는 접근 방식을 일컫는다. 우리 인간은 지능에 엄청나게 관심이 많지만 다른 동물들은 그들이 보이는 매우 지능적인 행동에도 불구하고 그 자체에는 관심이 없다는 측면에서(지능적인 행동을 통해 달성하려는 목표에만 관심이 있을뿐) 지능은 지극히 인간 중심적인 주제이다. 한편 동물이 어떤 행동을 하는 동기가 인간과 유사하다고 간주하는 것, 예를 들어 노래새가 즐거워서 노래를 부른다고 해석하는 것은 전형적인 의인화의 관점이라고 할 수 있다.

한 가지 더 시사하는 바가 있다. 지능의 개념이 인간에게 있어서 흔히 IQ 검사로 측정되는 일반적이고 종합적인 능력을 시사하는 반면, 동물의 경우에는 (때로는 인간에 있어서도) 지능이 **모듈화**(modular)되어 있다는 점이다. **모듈**[17]은 개별적으로 완벽하게 작동하고, 독립적으로 기능하는 요소들로 이루어진 단위를 의미하는 용어이다. 생물학에서는 광범위하게 인정되는 이론이지만 인간의 인지기능이 모듈로 이루어졌는지의 여부는 상당한 논쟁의 대상이 되어 왔다(Barrett & Kurzban, 2006 참조). 인간 이외의 동물들에 있어서 인지기능이 모듈화되어 있다는 증거는 충분히 많이 존재한다. 즉, 뚜렷이 구분되는 특정한 종류의 정보를 오직 그 정보에만 전문화된 방식으로 처리하는 기능들이 발견된다. 사막개미는 우수한 항법사이지만 도구 사용은 할 줄 모른다. 사막개미는 자신이 여행한 거리를 계산하기 위해 걸음걸이를 세는 능력을 지녔지만(Wittlinger, Wehner, & Wolf, 2007), 원숭이들이 하는 것처럼 임의의 아이템 개수를 세지는 못한다(제3장 참조). 또 다른 예로, 클라크잣까마귀(Clark's nutcracker)의 경우는 겨울을 대비해 수천 개의 잣열매를 저장하며 이를 찾기 위한 뛰어난 공간기억 능력을 지니고 있다. 그럼에도 색깔을 기억하는 능력은 까마귓과에 속한 다른 새들과 다르지 않으며, 다른 새가 먹이를 저장하는 모습을 보고 그 장소를 기억하는 능력은 오히려 다른 사회적인 까마귀들에 비해 떨어진다(Balda & Kamil, 2006). 즉, 사막개미나 클라크잣까마귀는 다른 동물에 비해 출중하게 지능이 높은 것이 아니라, 자신들의 생존과 번식에 중요한 특정 기술을 우수하게 수행할 뿐이다.

클라크잣까마귀의 뛰어난 공간기억은 인지기능의 **적응적 특화**(adaptive specialization), 즉 여러 종에 걸쳐 있는 어떤 공통된 기능(여기서는 공간기억)이 그 종의 생활 방식에 맞게 정교화된 경우의 한 예이다. 신체 구조나 감각기능들에서 적응적 특화의 예를 쉽게 찾아볼 수 있다(제2장 참조). 예를 들어, 모든 조류는 공통적으로 부리를 가지고 있지만 먹이를 먹는 방식, 즉 고기를 찢거나, 씨앗을 부수

---

17) 모듈(module)이란 독립적인 처리 단위라는 의미로, 인지과학과 심리학에서 자주 쓰이는 개념이다. 그러나 단순히 구성 요소들에 의해 구분되는 기계적인 처리 단위라기보다는 목표지향적으로 조직화된 독립적인 체계라는 의미를 강하게 내포하고 있기에 모듈이라는 단어 그대로 사용하고자 한다.

거나, 벌레를 찾거나, 꿀을 빨거나 등에 따라 생김새가 다르다. 각각의 부리 모양을 적응적이라고 하는 이유는 현재의 부리 모양을 가지고 있는 개체가 다른 모양의 부리를 가진 동종개체(conspecifics)에 비해 적합성이 증가했고, 따라서 진화적이점을 지녔을 것으로 추측되기 때문이다. 특화된 구조는 이에 상응하는 행동 및인지기능의 특화를 동반한다. 예를 들어, 매의 부리와 같은 형태는 뛰어난 입체 시지각과 빠르게 움직이는 먹이를 낚아채는 능력과 어울린다. 인지적 적응은 신경계의 특화로 이어질 것으로 예상된다. 예를 들어, 클라크잣까마귀처럼 음식을 저장하는 새들의 경우에는 공간기억에 중요한 구조물인 **해마**(hippocampus)의 크기와음식이 저장된 장소를 기억하고 찾는 행동 간의 상관이 발견된다(Sherry, 2006).

적응을 증명한다는 것은 거의 불가능한데, 이는 진화가 매우 느리게 진행되기때문이다. 그럼에도 진화생물학자들이 수집해 온 다양한 증거는 존재한다. 우선가까운 친척관계에 있는 종들을 비교해서 그들이 지닌 차이점이 거주환경의 차이로 설명되는지를 보고 현재 그들이 지닌 신체 구조와 행동이 얼마나 잘 작동하는지를 관찰을 통해 판단하는 것이다. 동물들이 종에 따라 인지기능의 특화가 다르게 나타난다는 사실은 인지기능의 모듈 분석을 지지한다. 그러나 기능들이 모듈화되어 있다고 해서 여러 종에 걸쳐 공통된 기능 혹은 여러 영역을 포괄하는 기능들이 없다는 의미는 아니다(Barrett & Kurzban, 2006; Jeffery, 2010; West-Eberhard, 2003). 공통된 기능들에는 지각, 기억 그리고 제2장에서 논의될 간단한 형태의 학습 등이 있다. 어쨌든 동물 인지에서 모듈화가 존재한다는 증거는 동물들이 인간의 IQ에 해당하는 일종의 **일반지능**(general intelligence)을 보유하고 있다는 주장에타격을 가한다(한편, Matzel & Kolata, 2010 참조).

잠시 뉴칼레도니아까마귀의 이야기로 돌아가자. 통속심리학적 관점은 우리가동물의 도구 사용을 지능과 연관시켰을 때 보통 동물이 자신이 무엇을 하는지 파악하고 있고, 도구가 어떻게 작동하는지를 알고 있다고 가정한다. 뉴칼레도니아까마귀들은 정말로 정형화된 일련의 동작, 즉 '막대기를 삽입하여 좌우로 좀 흔들다가 애벌레를 건져 올리는' 행동 이상으로 무엇인가를 알고 있는 것처럼 보인다.도구를 이해한다는 것은 상황에 따라 유연하게 사용할 수 있는 능력을 의미한다.

이러한 가정에 의해 도구를 사용하는 동물이 도대체 무엇을 알고 있는지를 검증하기 위한 검사들이 고안되었다(제3장 참조). 그 한 예로 원숭이로 하여금 길고 투명한 원통의 가운데에 들어 있는 먹이를 막대기를 써서 밀어내거나 혹은 잡아끌어서 꺼내게 하는 과제가 있다. 원숭이가 이 과제에 능숙하게 된 후에 원통의 가운데에 음식이 아래로 떨어지게 만든 '함정(trap)'을 추가한다([그림 3–7] 참조). 동물이 자신이 사용하는 도구인 막대기가 어떤 작용을 하는지를 알고 있다면 음식의 위치와 함정의 위치를 비교해서 음식이 떨어지지 않는 방식으로 꺼낼 것이다. 만약 동물이 도구의 작동 방식을 '이해한다'면 단박에 음식을 밀어내야 할지 끌어내야 할지를 파악할 것이다. 하지만 이 과제에 동원된 어떤 동물, 조류는 물론이고 영장류들도 첫 번째 시도에서 정답을 맞히지 못했고 무작위적인 시도 후에 그결과를 바탕으로 적절한 동작을 학습하는 패턴을 보였다. 학습은 때로는 놀랄 만큼 느렸고, 이는 시행착오에 의한 학습임을 시사한다.

함정 과제를 이용해서 나온 결과들은 의인화된 해석을 거부하고 대안적 설명, 즉 여기서는 시행착오 학습을 제안한다. 비교 인지 분야는 추론이나 이해와 같은 해석보다는 기본적이고 종–일반적인 메커니즘에 의해 행동을 설명하려는 이론적 편향을 가지고 있는 분야이다. 이러한 편향은 **로이드 모르간의 카논**(Lloyd Morgan's Canon; Conwy Lloyd Morgan, 1894, p. 53)으로 알려진 법칙이 표현하는 바와 같다. "어떠한 경우라도 단순한 심리적 장치에 의한 해석이 가능한 행동을 불필요하게 고차원적인 장치를 동원해서 설명하지 마라."

모르간의 카논도 나름대로의 문제를 가지고 있다(Sober, 2005). 예를 들어, 무엇이 '단순하고' 무엇이 '고차원'이란 말인가? 심리적 기능에 있어 어떤 '등급'을 매길 수 있다는 가정은 모든 동물이 하나의 계통학적 연속선상에 놓인다는 믿음을 동반하며, 예를 들면 원숭이가 쥐보다 훨씬 고도로 진화되었고, 쥐는 새보다, 새는 물고기보다, 물고기는 벌레들보다 더 진화가 진행되었다는 의미로 받아들인다. 계통학적 등급의 개념은 진화가 직선적으로 진행된다는 잘못된 가정에 이르게 만들며, [그림 1–2]에서 보는 것과 같은 다원식의 가지치기 형태의 진화를 부정하는 꼴이 된다. 모르간의 카논에 대한 현대적인 해석은 행동을 설명할 때 뭔가 복잡하고 특화된 인지 처리 과정을 생각하기에 앞서 종 특이적인 지각 및 반응 편향과 함께 일반적인 학습 과정을 먼저 고려하라는 것 정도로 이해하면 될 것이다. 이 입장은 제2장에서 설명하게 될 **습관화**(habituation)나 **고전적 조건화**(classical conditioning)와 같은 단순한 학습 형태가 초파리와 선충류까지 포함하는 동물계 전체에서 광범위하게 존재한다는 사실에 의해 지지된다(Papini, 2008). 이러한 기본 학습 과정들은 이 세상에 존재하는 보편적인 규칙성에 대응하기 위해 신경 회로들이 까마득한 고대로부터 적응해 온 방식을 반영한다. 따라서 어떤 새로운 종을 발견했다고 하여도 그 동물 역시 이러한 기본적인 형태의 인지적 메커니즘은 공유할 확률이 매우 높다. 하나의 종에만 국한된 새로운 추가적인 인지기능이 출현한다면 놀라운 발견이 되겠지만 그게 정말 새로운 것인지에 대한 철저한 검증을 거쳐야 할 것이다.

뉴칼레도니아까마귀의 연구는 다음과 같은 의문을 가지게 한다. 이 까마귀들의 도구 사용이 시행착오 학습에 의한 결과라면 왜 다른 많은 종의 새는 도구 사용을 미처 학습하지 못한 것일까? 여기서의 '왜'는 앞서 소개한 틴버겐의 네 가지 질문[18] 모두에 해당한다. 첫째, 진화적 관점에서의 '왜'에 관한 해답은 특별한 조건을 지닌 섬에서 진화한 새들의 예를 통해 얻을 수 있다. 둘째, 기능적 관점에서의 설명은 야생에서 까마귀가 얻을 수 있는 음식 중 도구 사용을 필요로 하는 음식이 어떤 비중을 차지하고 있는지를 따져 보면 될 것이다(Bluff et al., 2007 참조). 셋째, 여러 실험이 시사하는 바는 동물의 도구 사용을 설명하는 인지적 기제들이 동물이 물리적 원리를 이해한다는 특별한 가정이 없어도 가능하며 따라서 여러 종에 걸쳐 공통된 메커니즘일 수 있다는 것이다. 마지막으로 도구 사용이 발달 과정에서 어떻게 출현하는가라는 질문이 남는다. 한 대학에서 진행된 실험에서는 네 마리의 뉴칼레도니아까마귀 새끼를 사육하면서 과연 도구 사용이 성체 동물의 행동을 관찰함으로써 배우는 것인지를 검사했다(Bluff et al., 2007). 두 마리의 까마귀는 사육사가 특정한 방식으로 막대기를 이용해서 음식을 틈새에서 꺼내 먹는 모

---

18) 각주 3)을 참조하시오.

습을 보면서 자랐다. 다른 두 마리는 사람이든, 다른 까마귀이든 전혀 도구 사용을 관찰할 기회가 없었다. 그럼에도 불구하고 네 마리 모두 같은 나이에 막대기를 집어서 구멍을 쑤시는 행동을 시작했다. 따라서 까마귀(그리고 도구를 사용하는 딱따구리핀치들도)가 특별한 이유는 도구 사용과 관련된 어떤 특별한 인지 능력을 가지고 있기 때문이 아니라 도구 사용의 전 단계에 해당하는 단순한 행동을 수행할 경향성을 가지고 태어났기 때문으로 보인다. 바로 이 경향성이 까마귀로 하여금 처음부터 막대기를 사용해서 시행착오 학습을 시작하게 만드는 것이다. 물론 도구를 사용하는 성체 까마귀와의 상호작용이 영향을 주겠지만 필수적이지는 않다 (Bluff, Troscianko, Weir, Kacelnik, & Rutz, 2010; Holzhaider et al., 2010).

도구 사용과 관련된 마지막 중요한 시사점은 다음과 같다. 어떤 행동이 학습에 의한 것인지, 타고난 것인지 구분하려는 노력은 의미가 없다는 사실이다. 시행착오 학습이 까마귀의 기술을 정교화하는 것은 분명하지만 그 기술은 까마귀가 타고난 특정 운동 패턴을 수행하려는 경향성 위에 구축된다. 마찬가지로 그렇다면 도구 사용은 아무런 경험도 필요하지 않은 본능적인 행동인가라고 묻는 것도 의미 없는 질문이다. 보통 본능적이라고 이야기할 때는 한 번 행동이 수행되면 경험에 의해 변화되지 않는 반응을 일컫는데, 당연히 도구 사용은 그렇지 않다. 한 개체가 발달하는 과정의 매 순간순간은 학습과 본능, 유전자와 환경의 완벽한 상호작용에 의해 결정된다. 유전자는 환경이 발달 과정과 행동에 영향을 미치는 방식을 결정한다. 행동과 인지기능의 어느 한구석도 학습이나 본능 둘 중 하나에만 의존해서 결정되지 않는다. 심지어 종 특이적인 능력들, 예를 들어 새가 어떤 노래를 부르는지와 같은 행동들도 그 종에만 존재하는 유전자와 그 종의 개체들이 접하게 되는 특별한 환경의 상호작용에 의해 나타난다. 따라서 지능의 예에서와 같이 어떤 행동이 본능적 혹은 유전적으로 결정되는지 아니면 학습이나 환경에 의해 결정되는지로 나누는 것은 의미가 없으며, 통속심리학적인 이야깃거리에 불과하다(Bateson & Mameli, 2007).

뉴칼레도니아까마귀의 행동 연구에 대해 두 주류가 존재하는데, 하나는 전통적인 심리학적 혹은 인간중심적 접근과 다른 하나는 생물학적 혹은 생태학적 접근이다. 전자는 동물에서 도구 사용과 관련된 인지 처리 과정이 인간의 그것과 유사한지 혹은 인간의 인지 처리 과정 이해에 도움이 되는지를 다룬다. 후자는 자연에서 생태학적으로 의미 있는 행동을 수행하는 데 필요한 인지적 메커니즘을 다룬다. 후자의 관점은 좀 더 구체적으로는 틴버겐의 네 가지 설명, 즉 궁극 원인인 진화와 기능, 그리고 근접 원인인 메커니즘과 발달 과정을 중심으로 이루어져 있다. 이 책에서는 그 두 가지 관점 중 주로 심리학적인 구성 요소들, 예를 들어 보상의 역할이라든지 기억의 특성들과 같은 요소들을 중심으로 실험실에서 주로 사용되는 동물들로부터 얻은 데이터를 살펴보고자 한다. 그러나 실험실 연구에서 얻은 발견들은 한편으로는 행동생물학의 여러 영역에서 얻은 지식과 통합되면서 풍요로워지고 이론적 도전을 해결하면서 확장되어 나갈 것이다. 21세기의 인간중심주의는 인간에게만 흥미로운 주제를 선택하는 것이 아니라, 인간의 인지적 역량을 계통발생학 및 진화적인 관점에서 생각해 볼 것을 의미한다. 즉, 다음과 같은 질문들로 대표된다. 어떤 인지기능이 인간과 동물에 공통적으로 존재하며 그것이 공통된 조상 때문인가, 아니면 기능적 수렴 때문인가? 인간에만 독특하게 존재하는 기능은 어떤 기능이며 왜 그런 기능이 존재하는가? 특히 제5장은 이러한 질문들에 초점을 맞출 것이다.

이 책의 구성

이 책에서는 상향식 접근, 즉 척추동물은 물론이고 많은 무척추동물에게서도 발견되는 도메인[19]–공통적인(domain-general) 기본 처리 과정에 대한 이해를 바

---

19) 도메인(domain)이란 처리 방식을 공유하는 정보의 집합을 의미하는 용어로, 이 책 전반에 걸쳐 사용된다. 정보의 유사성을 어떻게 정의하느냐에 따라 여러 수준의 도메인이 가능하다. 시청각 정보 등도 도메인의 한 예일 것이고, 감각의 종류에 상관없이 도형, 언어, 사회적 관계 등도 하나의 도메인일 수 있다. '영역' '범주' '전문 분야' 등의 번역이 가능하지만 원어가 가진 다차원적인 함의를 살리고자 그대로 도메인으로 번역했다. 이와 밀접하게 관련된 용어로 앞에서 정의한 모듈이 있는데, 모듈은 주로 '특정 도메인의 정보에 국한된 처리 방식'을 의미한다.

탕으로 사회적 정보에 대한 이해나 언어 처리와 같이 좀 더 복잡하게 보이는 **도메인–특정적인**(domain-specific) 처리 과정까지 차근차근 다루고자 한다. 즉, 여러 종에 공통으로 존재하는 기능에서부터 인간에게만 존재하는 기능에 이르기까지 다윈의 주장을 어느 선까지 받아들일 것인가를 알아보고자 한다. 이러한 책의 구성은 실험심리학 분야에서 비교 인지의 연구가 발전되어 온 역사를 반영하기도 하는데, 즉 가장 오랫동안 동물에게서 연구되어 온, 그래서 아마도 가장 잘 이해되고 있는 것으로 보이는 비교 인지의 주제들, **지각**(perception), **기억**(memory), **습관화**(habituation), **연합학습**(associative learning), **고전적 및 도구적 조건화**(classical and instrumental conditioning), **변별**(discrimination) 및 **범주학습**(category learning) 등이 제2장에서 먼저 언급될 것이다. 이런 기초를 바탕으로 특정 도메인의 물리적 및 사회적 정보를 처리하기 위해 진화된 전문화되고 모듈화된 처리들을 더 잘 이해하고자 한다. 따라서 제3장에서는 공간, 시간, 숫자, 도구 및 행동의 결과 등과 같은 물리적 세계의 정보들을 받아들여서 저장하고 이로부터 행동을 결정하는 과정을 살펴볼 것이다. 제4장에서는 개체와 개체 간의 상호작용에 관여하는 과정들, 즉 사회학습, 모방, 상대방의 의도와 목적에 대한 이해, 의사소통 등을 다룬다. 제5장에서는 이 책 전반에 걸쳐 언급된 내용들을 종합하여 인간과 다른 동물들이 가진 정신적 처리 과정에서의 차이가 질적인 것이 아니라 양적인 것에 불과하다는 다윈의 주장을 재검토하게 된다. 최근 비교 인지 분야의 연구성과들이 급증하면서 다윈의 주장에 의문을 제기하는 내용들이 축적되었고, 이를 종합하여 인간의 인지기능이 어떤 측면에서 특별한지를 좀 더 구체적으로 분석하고 한편으로는 다른 동물들과 공유하는 비언어적인 과정들의 정교함을 보여 주는 새로운 증거들도 제공하고자 한다.

추가적인 읽을거리들

다음의 추천하는 자료들은 이 장에서 소개된 동물 인지와 행동에 관해 심도 깊은 접근을 보여 주는 책들이다. 비교인지학회(Comparative Cognition Society; https://www.comparativecognition.org)와 동물행동학회(Animal Behavior Society; https://www.animalbehaviorsociety.org/web/index.php)에서는 새로운 소식과 여러 연구자의 개인 홈페이지에 대한 링크를 수록하고 있다. 많은 연구자가 재미있는 사진과 영상을 통해 자신의 연구를 소개하고 있으므로 한번 방문해 보기를 바란다.

Boakes, R. (1984). *From Darwin to Behaviourism: Psychology and the Minds of Animals*. New York: Cambridge University Press.

Bolhuis, J., & Verhulst, S. (Eds.). (2009). *Tinbergen's Legacy: Function and Mechanism in Behavioral Biology*. Cambridge: Cambridge University Press.

Dukas, R., & Ratcliffe, J. M. (Eds.). (2009). *Cognitive Ecology 11*. Chicago: The University of Chicago Press.

Heyes, C. (2008). Beast machines?: Questions of Animal Consciousness. In M. Davies & L. Weiskrantz (Eds.), *Frontiers of Consciousness* (pp. 259-274). Oxford: Oxford University Press.

Papini, M. R. (2008). *Comparative Psychology* (2nd ed.). New York: Psychology Press.

Pearce, J. M. (2008). *Animal Learning & Cognition* (3rd ed.). New York: Psychology Press.

Shettleworth, S. J. (2010). *Cognition, Evolution, and Behavior* (2nd ed.). New York: Oxford University Press. Chapters 1 and 2.

Striedter, G. F. (2005). *Principles of Brain Evolution*. Sunderland, MA: Sinauer Associates.

Tinbergen, N. (1951). *The Study of Instinct*. Oxford: Oxford University Press.

Vonk, J., & Shackleford, T. (Eds.). (2012). *Oxford Handbook of Comparative Evolutionary Psychology*. New York: Oxford University Press.

Westneat, D. F., & Fox, C. W. (Eds.). (2010). *Evolutionary Behavioral Ecology*. New York: Oxford University Press.

제**2**장

기본
메커니즘

모든 행동 중 가장 간단한 행동은 **반사**(reflex)이다. 반사는 감각 입력과 반응 생성 메커니즘 사이의 직접적인 연결을 통해 이루어진다. 그러나 이 책에서 관심 있게 다루는 대부분의 행동은 보다 정교한 내부적인 중간 구조 혹은 처리 과정의 개입을 전제로 한다. 예를 들어, 각각 다른 경로를 통해 들어온 감각 입력은 통합되어 어떤 물체 혹은 상황에 대한 **표상**(representation)으로 전환된다. 또한 입력된 감각은 사라져 버리는 것이 아니고 다음번에 같은 감각 입력이 주어졌을 때 나타나는 행동을 변화시키는 방식으로 흔적을 남기기도 한다. 즉, 기억이 생성된다. 더 나아가 같은 시간적 혹은 공간적 패턴을 보이는 사건들이 반복되면 이들 간의 관련성을 학습하기도 한다.

지각, 기억 및 학습은 모든 동물에게서 발견되는 기본 메커니즘이다(Papini, 2008). 이러한 과정들은 범주(category)나 개념(concept)을 학습하고, 길을 찾거나 복잡한 사회적 네트워크 속에서 처신하는 것과 같은 좀 더 복잡한 처리 과정들을 형성하는 벽돌 같은 역할을 한다. 현대적인 의미에서 모르간의 카논(제1장에서 언급)을 적용한다는 것은 이렇게 단순한, 계통도상의 공통된 인지기능들을 그와 뚜렷하게 구분되는 더 복잡하고 특화된 기능들로부터 분리하려는 노력을 의미한다. 학자에 따라서는 오직 후자에 해당하는 기능들만이 진정한 '인지적' 처리 과정이라고 주장하기도 한다(Shettleworth, 2010a 참조). 그러나 이 책에서는 세상으로부터 정보를 얻고 저장하며, 그것을 기반으로 행동을 결정하는 모든 메커니즘을 다루고자 하며, 그러한 메커니즘들이 어떻게 작동하고, 어떻게 서로 구분되며, 어떤 동물들이 그런 메커니즘들을 가지고 있는지를 살펴보고자 한다. 이 장은 그와 관련된 기본 처리 과정인 지각, 기억, 학습으로 시작한다. 이 과정에서 중요한 원론적 문제들에 부딪히게 될 것이다. 서로 다른 동물 간의 인지기능을 어떻게 비교할 수 있는가? 또 사람에게서 뚜렷하게 보고되는 주관적 경험을 동반하는 처리 과정들을 과연 동물에서는 어떻게 연구할 수 있을 것인가? 우선 동물들이 이 세상을 어떻게 지각하는지부터 설명을 시작하고자 한다.

지각과 주의

대부분의 동물이 세상을 지각하는 방식은 인간과는 확연히 다르다. 이에 대한 불멸의 업적은 **동물행동학**(ethology)의 창시자 중 한 사람인 본 웩스퀼이 고안한 **움벨트**(Umwelt),[1] 즉 동물이 살고 있는 '나만의 세계'라는 개념이다(von Uexküll, 1934, 1957). 동물의 행동을 이해하기 위해서는 각기 다른 종마다 가지고 있는 감각기관들이 외부 세계의 어떤 특징들에 반응하고, 어떤 정보를 중요하게 취급하는지를 파악하는 것이 기본이 되어야 한다는 입장이 움벨트의 핵심이다. 어떤 동물들은 인간의 감각기관으로는 지각이 불가능한 물리적 에너지를 처리한다. 오리너구리는 깜깜한 밤에 눈, 귀, 콧구멍을 모두 막은 채로 먹이를 먹는다. 이때 사용하는 감각은 먹잇감들이 움직일 때마다 넙쩍한 주둥이를 통해 감지되는 미세한 전기장의 변화이다. 박쥐는 자신이 방출하는 초음파가 물체에 부딪혀서 돌아오는 메아리를 이용해서 어둠 속을 비행하고, 날아다니는 나방을 잡아먹는다.[2] 어떤 새들은 지구 자기장으로부터 여행에 필요한 정보를 얻는다. 그런 새들에게서는 시각계의 세포 일부도 자기장 정보 처리에 기여한다. 가히 나침반의 방향을 '본다'고 말할 수 있겠다.

자기장을 감지할 수 있는 새들의 놀라운 감각기능처럼 동물들이 경험하는 세상

---

1) 기호학자 토마스 세복(Thomas Sebeok)과 생물학자 본 웩스퀼이 제안한 용어로, 원래 독일어로 '주변 환경'을 의미하는 단어이지만 '나만의 세계'라는 본래의 심오한 다중적 의미를 전달하지 못하기에 원어 그대로 움벨트로 번역했다.

2) 미국의 철학자 토마스 나이젤(Thomas Nagel)은 「박쥐가 된다는 것은 어떤 느낌인가?(What is it like to be a bat?)」라는 논문을 통해 인간과 다른 감각기관을 가진 동물들도 의식(consciousness)을 경험하고, 그러한 감각 경험 혹은 퀼리아(qualia)를 인간이 알 수 없다고 주장하며 의식 연구의 한계를 지적했다. 즉, 박쥐가 경험하는 고유한 주관적 세상은 우리가 상상만으로 추측할 수 없는 영역이라고 주장했다.

은 우리가 경험하는 것과는 상상도 못할 만큼 다른 세상일 수 있다. 뿐만 아니라 우리에게 익숙한 감각계를 가진 동물들도 생태학적으로 우리와는 다른 방식으로 특화되었다는 사실은 미묘하지만 매우 중요한 의미를 가진다. 예를 들어, 야행성 동물이 흔히 보여 주듯이 쥐는 색채 지각을 하지 못하고 시력도 크게 떨어지는 대신에 우수한 후각계를 가지고 있다(Whishaw & Kolb, 2005). 시각은 인간과 같은 주행성(낮 동안 활동하는) 동물들에게 중요하지만 그렇다고 해서 모든 주행성 동물이 같은 방식으로 세상을 보고 있다고는 할 수 없다. 꿀벌과 조류가 민감하게 받아들이는 파장대는 원숭이의 파장대와는 다르다. 꿀벌과 조류의 시각 세포는 자외선 영역대까지 확장되기 때문에 꽃을 바라보는 벌이나 화려한 깃털을 바라보는 암컷 새가 무엇에 대해 반응하는지 인간으로서는 이해하기 어렵다(Briscoe & Chittka, 2001; Cuthill et al., 2000).

　종종 가깝게 관련된 종들 혹은 같은 종이지만 다른 집단에 속하는 개체들이 적응 과정에서 다른 종류의 신호를 보내거나 다른 지각적 민감도를 가지고 반응하는 경우가 있다. 소리자극을 예로 들면 나무가 들어찬 숲에서 전달이 잘되는 소리와 확 트인 벌판에서 전달이 잘되는 소리가 따로 있다. 따라서 실제로 다른 거주지에서 온 새들은 노래도 다르다. 신호와 그에 대한 반응이 환경에 대한 적응 과정에서 달라짐을 연구하는 분야가 **감각생태학**(sensory ecology)이다(Endler, Westcott, Madden, & Robson, 2005). 이 분야의 연구는 시각계나 청각계와 같이 많은 종이 공통으로 가지고 있는 기본적인 기능들조차도 개체가 처한 생활방식에 따라 특수하게 진화할 수 있다는 일반적인 원칙을 뒷받침한다. 이렇게 해서 나타나는 기본 기능의 차이들은 적응 과정에 중요한 영향을 미친다. 나중에 이 책에서 이러한 기능들의 특화가 학습, 기억 및 여타 인지기능들에 비슷한 방식으로 작용하는지를 살펴볼 것이다.

　인간에서 지각 및 주의(attention) 과정을 연구하기 위해 개발된 방법들을 변형하여 동물에게 적용한 연구들은 많은 공통적인 원칙이 종 간의 차이를 넘어서 존재함을 증명했다(이와 대조적으로 Cook, 2001의 주장과 비교)[3]. 대표적인 예가 시각탐색(visual search) 과제인데, 피험자가 방해자극(distractor) 속에 묻혀 있는 목표자극(target)을 찾도록 요구된다. 과제의 난이도는 방해자극이 목표자극과 얼마나 비슷한가에 의해 결정된다. [그림 2-1]의 왼쪽 그림처럼 단순히 형태만 다른 목표자극 ×가 무수히 많은 방해자극 ○ 속에 섞여 있는 경우와 오른쪽 그림처럼 검은색 ×가 검은색과 하얀색의 ×와 ○에 섞여 있을 경우를 비교하면 후자가 훨씬 찾기 어렵다. 이 과제에서 사람 피험자들은 목표자극을 최대한 빨리 찾으라는 지시를 이해하고 이에 반응하는 절차를 따르지만, 구체적인 지시를 주기 어려운 동물들은 올바른 자극을 쪼면 보상을 받는 방식으로 훈련한다. 인간과 달리 새들은 반복된 훈련을 통해서만 이러한 '지시 사항'을 받아들일 수 있다. 처음에는 하나의 목표자극과 하나의 방해자극으로 시작해서 목표자극을 정확히 찾아내도록 훈련이 된 후에는 방해자극의 수를 점점 늘려 간다. 인간의 경우와 마찬가지로, 목표자극과 방해자극이 여러 가지 특징에 의해 구분되어야 하는 경우[예를 들어, 모양과 색

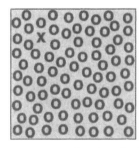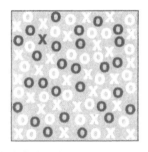

[그림 2-1] 시각 탐색 과제의 예

주: 목표자극이 나머지 자극들과 오직 한 가지 측면(형태)에서만 차이가 나면 목표자극은 쉽게 눈에 띈다 (왼쪽 그림). 결합 탐색의 예. 같은 목표자극이 이번에는 두 가지 종류의 특징(글자 형태 및 색)에 의해서 구분된다면 더 긴 시간이 소요된다(오른쪽 그림).

---

3) 이 연구(Cook, 2001)에 의하면, 조류의 시각 처리 방식과 인간의 시지각 간에는 중요한 차이점들이 있다. 예를 들어, 인간의 경우에 시각 탐색 역전 과제에서(이전에 주의를 기울여야 했던 특징을 무시하거나 무시했던 특징에 주의를 기울여야 하는 과제) 수행이 느려지지만 비둘기는 그렇지 않았다. 이를 이해하는 한 방식은 비둘기의 시각계는 인간과는 다른 신경생리학적 특성을 보인다는 점을 고려하는 것이다. 아주 기본적인 측면만 예를 들면 비둘기의 망막에는 색지각에 필요한 추상체(cone cell)가 네 종류(인간은 세 종류) 존재하고, 보고자 하는 대상에 초점을 맞추는 망막의 중심와(fovea)도 하나가 아닌 두 개를 가지고 있다. 따라서 단순히 "비둘기가 인간보다 시각이 좋다 혹은 나쁘다."라는 단순화된 질문이 아닌 비둘기가 가진 시각계의 복잡성에 대한 이해가 동반되어야 할 것이다.

깔 두 가지가 고려되어야 하는 **결합 탐색**(conjunctive search)의 경우]보다는 오직 한 가지 특징에서만 다를 때[예를 들어, 글자 형태가 ×인지 ○인지를 구분하기만 하는, 즉 **단순 탐색**(simple search)의 경우]에 수행 성적이 더 좋다. 특히 결합 탐색의 경우에 방해자극의 개수가 많아지거나 방해자극이 목표자극과 유사한 정도가 증가함에 따라 정확도가 감소하고 탐지 속도는 느려진다(Zentall, 2005).

　여러 개의 ○로부터 ×를 찾아내는 것과 같은 단순 탐색 과제에서 인간 피험자들은 그저 목표자극이 '눈에 띈다'고 보고한다. 다른 종들 역시 이 과제에서 매우 짧은 반응시간(latency)[4]을 보이는 것으로 보아 비슷한 경험을 하고 있지 않을까 추정된다(반응시간은 속도에 반비례하므로 짧은 반응시간은 빠른 속도를 의미한다). 결합 탐색은 **초점 주의**(focused attention)를 필요로 한다. 즉, 피험자들은 한 번에 자극 하나씩을 목표자극과 비교하는 것처럼 반응한다. 목표자극이 여러 개인 경우에는 피험자가 다음에 나타날 목표자극을 예측할 수 있는 조건에서는 더 잘 탐지한다. 예를 들어, 검은색 ×와 하얀색 ○를 찾아야 하는 결합 탐색 과제의 경우, 앞에서 연속으로 몇 개의 검은색 ×를 탐지하거나 다음번 목표자극이 검은색 ×임을 나타내는 신호가 제시되면 ×에 대한 탐지는 향상되는 반면에 그 외의 다른 자극에 대한 탐지는 저조해진다. 이런 상황을 주의가 **점화**(priming)되었다고 한다. 점화는 동물 연구, 특히 비둘기 및 여타 조류에서 많이 보고된다(Blough, 2006). 동물들이 자연 상황에서 먹이를 찾을 때 주의 점화는 **탐색 이미지**(search image)[5]의 형태로 구현된다. 같은 형태의 자극을 연속으로 접하는 경우에 유사한 형태에 대

---

4) latency는 주로 동물 연구에서, reaction time은 주로 인간 연구에서 사용된다는 점이 다를 뿐 두 용어 모두 같은 개념, 즉 자극 제시에서부터 반응 개시에 이르는 시간을 의미하므로 '반응시간'으로 통일함.

5) 틴버겐은 네덜란드의 숲에서 큰박새들이 물어 오는 벌레들이 계절에 따라 지나치게 한 종류에 집중되는 현상을 발견했다. 물론 특정 벌레가 특정 시즌에 더 많기 때문이기도 하지만 그 점을 고려해도 여전히 그 벌레들이 숲에 실제로 존재하는 상대적 밀도에 비해서 새들이 잡아 오는 빈도가 더 높다는 사실을 발견하고, 이를 탐색 이미지에 의한 메커니즘으로 설명했다. 같은 벌레를 반복적으로 발견하면서 이미지가 생성되고, 이러한 탐색 이미지가 그다음에 유사한 형태를 발견하는 걸 도와주게 되므로 전반적으로 특정 벌레를 더 많이 잡을 수 있게 된다는 것이다. 탐색 이미지의 개념은 인간에게서 주의가 작동하는 방식도 잘 설명한다. 새가 물어 오는 벌레의 수를 꾸준히 기록한 끈기, 그리고 이런 일견 단순하게 보이는 데이터로부터 설명력 높은 점화 이론의 기반을 마련한 틴버겐의 천재성에 찬사를 보낸다.

한 탐지는 증진되고, 반면에 그와 다른 형태에 대한 탐지는 저하된다. 이는 마치 동물이 탐색 대상의 어떤 측면에 집중해야 효율적으로 탐지할 수 있는지를 배운 것처럼 보인다. 이러한 탐색 이미지를 실험실에서 연구하기 위해 비둘기가 여러 가지 색깔의 알갱이들 틈에서 곡식 낟알을 찾게 하거나(Reid & Shettleworth, 1992), 파랑어치(blue jay)가 나무 둥치 사이에 숨어 있는 나방의 이미지를 찾게 하는 등의 절차들이 사용되었다(Bond, 2007).

이러한 초점 주의에 상반되는 것이 **분할 주의**(divided attention)인데, 흔히 고전적인 칵테일 파티 현상(웅성거리는 방에서 한 번에 하나 이상의 대화를 지속하는 것이 힘든 현상)으로 대표된다. 사람과 유사하게 동물들에서도 주의가 두 가지의 과제에 동시에 사용되어야 하는 경우에 수행 정도는 현저히 감소한다(Zentall, 2005). 자연 상황에서 포식자의 눈치를 살펴야 하는 물고기는 먹이 먹는 행동이 눈에 뜨이게 느려지고, 파랑어치를 대상으로 컴퓨터상에 구현된 먹이 찾기 과제에서도 가상의 패치가 여러 개 있는 경우에 먹이를 느리게 찾는 경향을 보인다(Dukas & Kamil, 2000). 왜 주의라는 기능이 제한된 자원의 형태로 존재하는지, 또 어떤 메커니즘에 의해 작동하는지 둘 다 아직 해결되지 않은 이론적 질문이다. 어쨌든 이러한 예들은 자연 상황에서 여러 가지 사건에 동시에 주의를 기울이기 위해서는 그에 상응하는 비용을 치러야 함을 보여 준다(Dukas, 2004).

기억

동물 기억의 요소들

달팽이 껍데기를 살짝 건드리면 그 안으로 쏙 들어간다. 그러나 잠시 후면 껍데기 바깥으로 몸이 나올 것인데, 그걸 다시 건드리면 또 쏙 들어간다. 그러나 같은 자극을 반복하면 할수록 점점 더 들어가는 정도가 적어지게 된다. 이는 습관화(habituation)[6]라고 불리는 현상의 한 예이다. 습관화는 아마도 가장 간단한 형태의 기억으로 간주할 수 있을 것이며, 이 경우에 기억은 한 사건에서의 경험이 그다음 사건에 영향을 미치는 것으로 정의된다. 습관화가 단순한 감각기관의 피로가 아니라는 사실은 **탈습관화**(dishabituation)로 증명이 가능하다. 즉, 습관화 후에 다른 종류의 자극을 잠깐 제시하는 것만으로도 습관화된 반응이 회복된다. 예를 들어, **놀람반사**(startle reflex)가 있다. 놀람반사는 갑자기 제시된 큰 소리와 같이 강한 감각자극에 대해 보이는 원시적인 방어 반사로, 쥐를 비롯하여 포유류 전반에 걸쳐 발견된다. 큰 소리를 들은 쥐는 웅크리면서 머리와 사지를 끌어당겨 가능한 한 몸에 바짝 붙인다. 반복해서 자극을 제시하면 놀람반사가 습관화에 의해 줄어들게 되는데, 그 후에 잠깐 새로운 빛자극을 제시하기만 해도 소리에 대한 놀람반사는 다시 커진다.

　다소 혼란스럽게 들릴 수 있으나 탈습관화 절차는 동물이 원래 습관화 시에 제시되었던 자극의 속성을 얼마나 정확하게 기억하고 있는지를 알아보기 위해서 사용되기도 한다. 즉, 최초에 습관화된 자극과 새로 제시된 자극 간의 차이를 얼마나 잘 구분하고 있는지를 드러낸다. [그림 2-2]는 쥐가 새로운 물체를 탐색하기 좋아하는 성향을 가지고 있음을 보여 준다(Eacott & Norman, 2004). 탐색 기간 동안, 쥐는 물체의 특징들뿐 아니라 물체가 놓여 있는 **배경**(context; 여기서는 바닥의 무늬)[7]과 물체가 놓여 있는 위치에 대해서도 배운다. 동물의 기억을 검사하기 위해 자주 쓰이는 이 과제는[8] 기본적으로 습관화-탈습관화를 응용한 패러다임인 것이다. 동물들이 자연스럽게 자신들의 기억 속에 저장된 내용을 표현하게 된다는 점이 이 절차의 장점이다.

---

6) 동일한 자극을 반복해서 제시하면 반응의 크기가 줄어드는 현상을 뜻한다.

7) 물리적 자극의 집합을 의미할 때는 배경, 추상적인 자극(예를 들어, 공간의 형태)이나 심리적 상태(예를 들어, 배가 고픈 경우)를 의미할 때는 맥락으로 번역했다.

8) 새로운 물체 맞히기 과제(novel object recognition task)라고 불리며, 동물 혹은 아기들의 기억력 검사에 널리 쓰이는 실험 절차이다. 아기들에게 장난감을 보여 주면 시선을 돌리는 정향반응(orientation response)을 보인다. 이 반응은 오래 가지 않는데, 습관화 때문이다(아기들이 싫증을 쉽게 낸다는 일반적인 관찰과 일맥상통하는 행동이다). 잠시 후 그 장난감과 새로운 장난감을 같이 보여 주면 새로운 장난감에 시선을 더 오래 유지한다. 즉, 아기가 이전에 보았던 장난감이 어느 것인지 기억하고 있다는 의미이다.

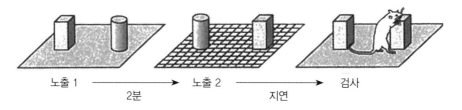

[그림 2-2] 습관화 동안 물체의 특징, 놓인 위치, 배경에 대한 부호화를 검사하는 절차. 첫번째 단계는 '노출(exposure)' 단계로서 2개의 물체를 각각 다른 위치에 놓고 두 가지 다른 배경에서 그 두 물체를 탐색하게 한다. 일정 시간['지연(delay)']이 지난 후에 이전 회기에서 사용된 두 가지 배경 중 하나에서 똑같은 2개의 물체를 탐색하게 된다. 이 경우에 동물이 그 특정 배경에서 새로운 위치에 놓인 물체를 더 많이 탐색한다는 사실은 유사-일화(episodic-like)[9]기억의 증거이다.

출처: Eacott & Norman (2004)의 허락을 얻어 게재함.

여기서 주지해야 할 점은 기억에 대한 조작적 정의의 객관성이다. 즉, 기억을 자각이나 의식적 회상과 같은 주관적 과정이 아닌 행동의 변화로만 정의하고자 한다. 이러한 접근 방식은 인간 기억에 대한 전통적인 연구 방식과도 일치한다. 의식적인 상태를 동반하는 기억 과정 및 그와 관련된 뇌신경과학적 처리 과정에 대해서는 최근에 들어 비로소 연구가 시작되었다. 이러한 새로운 연구 추세는 동물 연구에도 영향을 미쳤는데, 이 장의 후반에 소개하도록 하겠다.

[그림 2-2]와 같은 과제들이 간단하면서도 우아하게 기억을 연구할 수 있는 방법을 제공하지만 이러한 과제들은 훈련이 없어도 분명한 반응이 나오는 경우에만 사용이 가능하다. 현대의 동물 기억 연구에서는 모종의 훈련을 필요로 하는 과제들을 사용하기도 한다. 널리 사용되는 검사 중 하나는 **지연 후 선택**(delayed matching to sample) 과제이다([그림 2-3] 참조). 이 과제에서는 동물에게 시행마다 암기 기회(study phase)가 주어지고 **목표자극**(sample), 즉 기억해야만 하는 자극에 노출된다. [그림 2-3]에서 불이 켜진 원판에 비치는 도형의 형태가 목표자극이

9) 일화적 기억(episodic memory), 즉 '의식적인 회상을 동반하는 과거 사건에 대한 자서전적 기록'은 인간에게만 존재한다고 주장하는 학자들이 있다. 엔델 툴빙(Endel Tulving)이 대표적이다. 따라서 동물이 가진 일회성 사건에 대한 기억이 인간이 경험하는 일화적 기억과는 다르다는 엄격한 관점에서 이를 유사-일화 기억이라고 지칭하기도 한다.

다. 원판은 비둘기가 쪼아서 누를 수 있는 키(key)¹⁰⁾ 역할도 하게 된다. 목표자극에 노출된 후에 아무런 자극이 제시되지 않는 **파지 간격**(retention interval)¹¹⁾이 경과하고, 둘 중 하나의 자극을 선택해야 하는 검사 시행이 주어진다. 2개의 자극 중 하나는 방금 전 제시된 목표자극이고 다른 하나는 **방해자극**(distractor)이다. 둘 중 올바른 선택을 하면 보상이 주어진다. 이렇게 한 시행이 끝나면 다음 시행까지 잠시 휴식이 주어지는데, 이 기간이 **시행 간 간격**(Intertrial Interval: ITI)을 형성한다. 다음 시행에서는 새로운 혹은 동일한 목표자극 중 하나가 무작위적으로 주어지고 같은 절차가 반복된다.

　지연 후 선택 과제에 관여하는 처리 과정을 설명하기 위해 인간 기억 연구에서 사용된 것과 같은 개념들이 사용된다. 목표자극이 제시되면 기억 속에서 자극의 **부호화**(encoding)가 이루어지게 된다. 부호화는 감각계의 활동이 그대로 기록되는 것(자극이 감각계에 남기는 흔적)과는 구분된다. 부호화는 감각 입력의 변환 과정이다. 예를 들어, 어떤 조건하에서 비둘기들은 검사 시행에서 올바른 반응 선택을 위해 무엇을 해야 하는가를 미리 생각하는 방식으로 부호화하는 것처럼 보인다['사각형이 보이면 쫀다'와 같은 예측 부호화(prospective code)]. 대부분의 경우, 동물들은 기억의 대상이 되는 자극의 모든 속성을 하나도 남김없이 부호화하지는 않는다. 주의도 부호화에 영향을 준다(Zentall, 2005). 또한 부호화된 정보는 파지 간격 동안에 기억에 저장되고 이 정보가 검사 시행에서 인출된다. 기억된 정보가 제대로 보관되지 않을 경우에는 망각(forgetting)이 일어났다고 보는 것이 상식적으로 타당할 것이다. 그러나 사실은 망각이 일어나지 않은 경우에도 시간에 따라 기억 검사에서의 수행이 감소될 수 있다. 예를 들어, 소리나 빛과 같은 자극이

---

10) 키(key)는 비둘기 실험에서 주로 사용되는 원형의 스위치를 일컫는다. 보통 반투명의 플라스틱으로 만들어져서 비둘기가 부리로 쪼기 쉽도록 벽면에 장착되며, 작은 전구가 부착되어서 빛이 켜지거나 꺼지도록 할 수 있게끔 제작되어 있다. 사실 역자도 왜 영어에서 열쇠라는 의미의 키를 사용하는지는 잘 모르고 이 용어를 써 오다가 이 책을 번역하면서 ChatGPT에게 물어봤다. "첫째, 납작하게 생긴 모양이 열쇠를 닮아서 그렇고, 둘째, 실험자가 원하는 반응을 비둘기로부터 이끌어 낼 수(unlock) 있는 열쇠 역할을 한다는 비유적 의미가 있어서 그렇다."라는 답변이 돌아왔다. 설득력이 있는 듯하다.
11) 목표자극이 주어지고 선택을 하기까지의 시간을 의미하므로 지연 delay와 같은 의미이다.

음식이나 전기 충격 같은 강화물과 짝지어진 경우에 파지 간격 동안에 망각된 듯이 보였던 반응이 검사 직전에 강화물을 잠깐 제시하면 살아나는 경우가 있다. 이러한 상기 단서(reminder) 제시에 의한 기억 향상 효과는 훈련시와 인출시의 맥락이 인출에 미치는 영향을 보여 준다(Bouton & Moody, 2004). 이때 맥락은 기억에 영향을 미치는 내부 동기 및 시간적·물리적 맥락을 의미한다. 유사한 예로, 동물이 같은 상황에서 두 가지 내용을 학습할 때 두 번째 과제에 대한 기억은 첫 번째 내용에 대한 기억 때문에 감소한다. 첫 번째 기억이 간섭(interference)을 일으키기 때문이다. 첫 번째 학습된 내용을 지워 버릴 수 있는 기회가 주어지는 경우에 두 번째 기억의 인출에 대한 수행은 증가한다(Cheng & Wignall, 2006).

지연 후 선택 과제나 습관화 과제는 모두 재인(recognition) 과제의 예이다. 즉, 검사 시행에서 목표자극이 다시 한번 제시되면서 인출 단서(retrieval cue)로 작용하고 이에 대한 동물의 반응을 통해서 자극에 대한 기억 여부를 판단한다. 인간 기억 연구에서는 회상(recall) 절차도 자주 사용된다. 타겟이 될 만한 자극이 없는 상황에서 피험자가 기억하는 내용을 보고하게 하는 것이다. 회상 절차는 인간 이외의 동물에서는 거의 사용되지 않는다(하지만 Basile & Hampton, 2011도 참고할 것). 여기서 중요한 점은 재인 과제에서 동물들이 기억해야 하는 것은 자극이 무엇이었는가이지 그 자극이 음식이나 강화물과 짝지어졌는가의 여부가 아니라는 점이다. 자극과 강화물 간의 연결은 연합기억[associative memory; 혹은 연합학습(associative learning)]의 범주에 속한다. 유전공학 기법을 활용한 신경생물학적 연구에서 기억 검사라는 용어를 쓸 때 연합학습과 재인기억을 혼용하는 경우가 많이 있다.[12]

동물의 기억 연구에서 사용되는 파지 간격은 주로 몇 초에서 몇 분 정도로 상당히 짧다([그림 2-3] 참조). 길어 봐야 몇 시간 혹은 며칠이 최댓값이다. 동물 연

---

12) 이 표현에는 많은 신경생물학적 연구가 기억이라는 단어를 너무 방만하게 사용하고 있음을 예리하게 지적하고자 한 저자의 의도가 숨어 있다. 연합학습과 재인기억은 개념적으로도 구분되고[비서술적 기억(non-declarative memory) 대 서술적 기억(declarative memory)], 뇌에서의 처리 과정이나 저장되는 신경회로도 다르지만 그럼에도 이 두 가지를 혼용해서 사용하는 오류를 범하는 논문이 꽤 많다.

구에서 아주 긴 장기기억의 사례는 매우 드물다(하지만 Fagot & Cook, 2006도 참조할 것). 지연 후 선택 과제는 **작업기억**(working memory)의 예로서 이는 **참조기억**(reference memory)과 대비된다. 동물의 작업기억 연구에서 기억은 주로 각 시행마다 달라지는 뚜렷한 특징, 즉 목표자극이 무엇이었는지와 같은 내용을 대상으로 한다. 한편 참조기억은 과제 전체에 걸쳐 유지되는 안정된 특성들, 예를 들어 목표자극을 쪼면 먹이가 나온다는 규칙 같은 것들이다. 이 두 가지 기억은 파지 기간의 길이에 무관하게 분리해서 파악할 수 있다. 예를 들어, 자주 쓰이는 방사형 미로(radial maze)[13]에서 쥐들은 8개의 통로 끝에 놓인 먹이를 가장 효율적으로 모두 먹기 위해서 이미 방문한 통로는 방문하지 않아야 한다. 이때 이미 한 번 방문한 통로들은 목표자극에 해당하고, 이 정보는 시행이 끝날 때까지 작업기억 내에 저장되어야 이미 방문한 통로를 다시 방문하는 오류를 피할 수 있다. 때로 이 간격을 몇 시간까지 늘려 가면서 기억을 검사하게 된다. 이미 방문한 통로에 대한 기억이 작업기억의 내용이라면 그 통로들을 피해서 방문해야 한다는 규칙이 참조 기억의 내용이 될 것이다.

인간의 경우와 마찬가지로 목표자극의 제시, 파지 간격 및 검사 시의 조건들은 동물의 재인기억에 영향을 미친다(Wright, 2006). 목표자극을 오랫동안 제시할수록, 그리고 파지 간격이 짧을수록 기억 과제의 수행은 향상된다([그림 2-3] 참조). 시행 간 간격이 길어져도 수행이 향상되는데, 이는 연속되는 시행들에서 비슷한 기억들 간의 간섭을 줄여 주기 때문이다. 원숭이를 이용한 실험에서도 유일 시행

---

13) 방사형 미로는 radial-arm maze라고도 불린다. 보통 8개의
통로가 방사형으로 뻗어 있고 각 통로의 끝에는 먹이가, 가
운데에는 여닫을 수 있는 문으로 둘러싸인 상자가 있는 구
조로, 동물의 기억 특히 공간기억의 검사에 많이 쓰인다.
다음은 역자의 실험실에서 사용하는 방사형 미로이다. 동
물은 중심부에 있는 원형의 상자에서 출발하게 되며, 원형
의 상자는 8개의 개별적인 문으로 둘러싸여서 각각의 문이
열리기 전에는 통로 끝에 있는 먹이의 유무를 시각적으로
확인할 수 없고, 따라서 공간기억을 활용해야 한다(출처:
고려대학교 생물심리 실험실).

(trial-unique), 즉 하루에 한 번만 제시되는 목표자극에 대한 기억이 더 선명하다는 사실이 증명되었다. 같은 이유로 소수의 목표자극(예를 들어, 비둘기에서 두 가지 색깔)을 가지고 반복해서 지연 후 선택 과제를 실시하는 경우에 수행은 감소할 것이다. 그러나 [그림 2-3]에 제시된 기억 현상이 여러 종 사이에 공통된 질적 특성을 보인다고 하여도, 종에 따라 더 잘 기억하는 종류의 사건들이 존재한다. 부분적으로는 종마다 감각 능력이 다른 데에 그 이유가 있다. 예를 들어, 비둘기는 인간에 비해 놀라울 정도로 상세하면서 용량도 큰 시각기억을 가지고 있고(Cook, Levison,

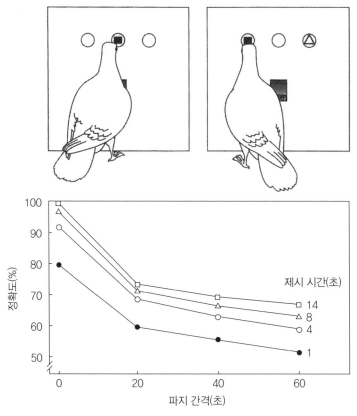

[그림 2-3] (위) 비둘기에서 지연 후 선택 검사 절차. 비둘기가 중앙 원반에 제시된 목표자극을 쫀다(왼쪽). 목표자극이 사라진 후에 일정한 파지 간격이 경과하고 나면 이번에는 양옆에 목표자극과 방해자극이 제시된다. 목표자극을 쫀면 비둘기는 아래에 있는 구멍을 통해 곡식 알갱이를 강화물로 받게 된다(오른쪽). (아래) 파지 간격과 제시 시간의 길이가 기억 수행의 정확도에 미치는 효과.
출처: Wright (1991)와 Grant (1976)의 허락을 얻어 게재함.

Gillett, & Blaisdell, 2005), 쥐들은 후각 및 공간 기억에서 우수함을 보인다(Slotnick, 2001). 뿐만 아니라 일부 연구자는 가까운 종들 간에도 야생 환경에서 필요로 하는 기억의 종류가 다를 경우에 그에 맞추어 다른 특성을 가진 기억을 가지게 될 것으로 예상했다. 이 가설의 증명은 쉽지 않은 일인데 다음 절에서 논의한다.

여러 종 간의 기억 비교

인간의 입장에서 어떤 동물이 다른 동물에 비해 '머리가 좋다'고 하는 의미는 얼마나 많은 내용을 얼마나 오래 기억하는가를 의미할 때가 많다. 이 문제는 비교심리학의 초기부터 다루어 온 주제이다(Hunter, 1913). 현대에 와서는 인지기능을 놓고 종 간의 우열을 가리는 문제는 맥페일(MacPhail, 1987)이 이야기한 대로 맥락 변인들(contextual variables)을 완벽하게 고려해야 정확한 평가가 가능하다는 의견이 지배적이다. 맥락 변인들이란 실험 절차 중 종의 특성에 민감한 변인들을 의미한다. 예를 들어, 개와 앵무새가 음식이 숨겨진 장소를 얼마나 오래 기억하는지를 비교하고자 한다면 각각의 실험에서 사용된 음식의 가치가 두 종 간에 동일하다는 가정에 대한 검증이 우선되어야 할 것이다. 그렇지 않다면 수행 정도의 차이는 기억 때문이기보다는 한 종이 다른 종보다 주어진 먹이에 더 주의를 기울이기 때문이거나 혹은 그 음식을 먹고자 하는 동기가 더욱 강하기 때문이라고 볼 수도 있다. 그러한 오염 변인으로부터 방어하는 한 방법은 의심이 되는 맥락 변인의 크기를 체계적으로 변화시켜 보는 것이다(Bitterman, 1975; Papini, 2008). 여기서의 체계적 변화란 동기의 강도에 의해 개나 앵무새의 수행이 변화되는지를 알기 위해 동물의 배고픈 정도나 음식의 종류를 변화시켜 보는 것을 일컫는다. 물론 사건이 제시되는 방식이나 파지 간격, 검사 시에 동시에 제시되는 방해자극의 수 등은 동일하게 유지하는 조건이어야 한다. 그러나 사실은 이러한 조건들도 일종의 맥락 변인으로 작용할 수 있으므로 체계적으로 변화시켜야 하는 실험의 수가 기하급수적으로 늘어날 수도 있기는 하다(Kamil, 1988). 어찌 되었든 이렇게 하면 이론적으로는 서로 다른 종들 간의 인지기능을 비교하는 것이 가능하다. 이러한 접근을 시도

한 두 가지 연구 중 하나는 가깝게 연관된 종 간의 비교, 다른 하나는 매우 멀리 떨어진 종 간의 비교를 소개하겠다.

캐밀(Kamil), 발다(Balda)와 동료들은 미국 남서부 지역의 먹이를 저장하는 까마귀들인 클라크잣까마귀, 피뇽어치(pinyon jay), 덤불어치(scrub jay), 멕시코어치(Mexcian jay)의 행동 중 환경에 의해 변하는 것으로 알려진 능력을 반복적으로 검사했다(Balda & Kamil, 2006). 이 네 종의 새 모두가 먹이를 숨기지만 숨기는 범위와 겨울 동안에 숨겨 놓은 음식에 의존하는 정도에 있어서 차이를 보였다. 클라크잣까마귀는 숨기기의 달인으로, 여름 동안에 수천 개의 잣을 여기저기 숨겨 놓고 다음해 봄에 새끼를 키울 때까지 찾아 먹었다. 겨울 눈에 묻혀 보이지 않는 저장물을 찾아내려면 숨겨 둔 장소에 대한 정확하고 용량이 큰 기억을 요구하므로 클라크잣까마귀의 공간기억은 특출하다고 말할 수밖에 없다. 이 가설을 검증하고자 새들로 하여금 커다란 방 안의 여기저기에 잣을 숨기게 하고 몇 주 혹은 몇 달 후에 찾아내게 하거나, [그림 2-3]에서 볼 수 있는 것과 유사한 지연 후 선택 검사를 이용해서 기억을 검사했다. 네 종의 새가 모두 이 과제를 어느 정도 잘해 냈지만, 특히나 클라크잣까마귀의 정확성이 가장 우수했다. 반면에 색깔을 목표자극으로 하는 전통적인 지연 후 선택 검사의 경우에는 모든 종이 비슷한 정도의 수행을 보였다. 이는 공간 과제에 대한 클라크잣까마귀의 우수한 능력이 실험실 상황에 잘 적응하는 능력이나 보상에 대한 선호가 특출하기 때문이 아니라는 증거가 된다. 마찬가지로 이 네 종의 새는 사회성 측면에서도 차이를 보였는데, 이로 인해 사회인지적 기술을 요하는 과제에서도 차이가 발견됐다. 피뇽어치와 멕시코어치는 떼를 지어 살고 클라크잣까마귀와 미국어치는 상대적으로 단독생활을 하는 조류이다. 이러한 사회생활 패턴의 차이에 걸맞게 피뇽어치와 멕시코어치는 자기 자신이 숨긴 장소에 대한 기억과 다른 어치가 숨기는 것을 본 장소에 대한 기억이 비슷한 데 반해, 클라크잣까마귀는 그렇지 못했다(Balda & Kamil, 2006 참조).

숨겨 놓은 음식에 의존해서 사는 새들이 그렇지 않은 새들에 비해 공간기억이 더 좋을 것이라는 가설은 박새과에 속하는 두 종, 즉 산박새(chickadees)와 박새(tits)를 대상으로도 증명된 바 있다(Shettleworth & Hampton, 1998). 심지어 같은 종 내에서도 얼마나 혹독한 겨울을 지내야 하는지에 따라서(즉, 먹이를 저장해야 하는 상황의 절박함에 따라서) 차이가 발견되었다. 예를 들어, 검은머리박새(black-capped chickadees)가 알래스카에 사느냐 아니면 콜로라도의 저지대에 사느냐에 따라 공간기억 능력의 차이 및 공간기억과 관련이 있는 해마(hippocampus)의 크기에 차이가 있음이 발견되었다(Roth & Pravosudov, 2009). 일반적으로 공간기억에 대한 요구가 큰 상황을 해결해야 하는 동물이 더 좋은 공간기억을 가지고 있고, 따라서 해마도 더 크다는 가설은 이동해야 하는 거리가 다른 철새들 간의 비교, 관리해야 하는 영역의 크기가 다른 설치류들 간의 비교, 혹은 알을 낳을 적당한 장소를 찾기 위해 탐색하는 새들을 대상으로 한 비교를 통해서도 증명이 되었다(이에 대한 전반적인 리뷰는 Sherry, 2006 참조). 생태학, 인지기능 그리고 뇌 구조물 사이의 관련을 찾으려는 시도가 언제나 성공적이지는 않았지만(Roth, Brodin, Smulders, LaDage, & Pravosudov, 2010; Sherry, 2005), **신경생태학**(neuroecology)이라고 불리는 이 분야는 비교 인지 신경과학의 중요한 영역을 담당한다(Sherry, 2006).

지금까지 살펴본 연구들은 종 간의 차이를 양적으로 비교하는 데 중점을 두었다. 어떤 인지기능을 수행하는 데 있어서 A종이 B종보다 우수한가? 이에 못지않게 중요한 질문은 종 간의 차이에 대한 질적인 비교이다. 즉, 인지 과제의 수행에 영향을 주는 어떤 독립 변인을 변화시키면 두 종의 행동이 같은 방식으로 변화하는가? 예를 들어, 대상을 탐색하는 시간을 늘려 주면 그 대상에 대한 기억도 비례해서 좋아지는가? 비교의 대상이 되는 종들이 같은 패턴의 변화를 보인다면, 심지어 한 종이 다른 종보다 주어진 변인의 모든 수준에서 더 우수한 수행을 보인다고 하여도, 두 종이 공통의 기억 처리 과정을 가지고 있다는 증거가 된다(Papini, 2008). 이렇게 한 변인의 값을 체계적으로 변화시켜 가면서 행동을 측정함으로써 여러 종 간의 기억을 비교한 멋진 예가 라이트와 동료들에 의해 인간, 원숭이, 비둘기들을 대상으로 연구된 순서 효과(serial position effect)이다(Wright, 2006).

순서 효과는 인간 기억에 관한 대표적인 현상 중 하나이다. 즉, 사람들이 여러 개의 단어로 이루어진 목록을 암기할 때 목록의 제일 처음[초두효과(primacy effect)] 혹은 마지막[최신효과(recency effect)]에 있는 단어들을 가장 잘 기억하게 되는 현상이다. 라이트와 동료들은 이 현상을 연구하기 위해 시각자극을 이용한 순차 재인 검사(serial probe recognition)를 실시했다(Wright, Santiago, Sands, Kendrick, & Cook, 1985). 시각자극은 모든 종에게 공평할 수 있도록 아무런 의미를 가지지 않는 만화경 무늬를 사용하였다. 4개의 자극을 연속해서 보여 준 후에 일정한 파지 간격이 경과하고 나서 1개의 시험자극이 제시되었다. 피험자 혹은 피험 동물은 이 자극이 과연 조금 전에 본 4개 중의 하나였는지 아닌지를 판단해야 했다. 만약 방금 전에 본 목록 중에 있었던 자극을 맞히면 보상을 받았다. 새로운 목록에 대한 기억을 시작하기 전에 시행 간에 충분한 간격을 주어서 목록들 간의 구분을 알려 주었다.

파지 간격에 따른 서열위치 효과는 비둘기, 붉은털원숭이 그리고 인간 피험자에서 같은 방식으로 나타났다([그림 2-4]). 즉, 목록을 학습한 후에 즉시 기억을 떠올릴 때는 최신효과가 뚜렷했고, 파지 간격이 길어지면 초두효과가 뚜렷하게 나타났다. 전형적인 U자형 곡선은 중간 정도의 파지 간격에서만 나타났다. 파지 간격이 길어지면 초기 항목들에 대한 기억은 오히려 좋아지는 양상을 보였는데, 이는 파지 간격이 아주 짧은 조건에서는 목록의 마지막 항목에 대한 단기기억이 그보다 먼저 제시된 항목들에 대한 기억을 방해하거나 혹은 간섭을 일으킴을 시사한다. 이런 현상을 비롯해서 시각적 항목에 대한 다른 몇몇 기억 방식은 비둘기, 원숭이 그리고 인간에게서 비슷하게 작동하는 것으로 나타났다(Wright, 2006 참조). 다만 처리의 시간 스케일은 매우 다르게 나타났는데, [그림 2-4]의 중간 및 긴 파지 간격을 비교해 보면 분명하다. 즉, 전형적인 U자형 곡선이 나타나는 파지 간격을 보면 비둘기는 2초, 원숭이는 10초, 인간은 25초이다. 이와 유사한 서열위치 효과가 쥐에서도 발견되었는데, 흥미롭게도 기억의 대상이 되는 정보들이 시각자극이 아닌 방사형 미로상의 장소라면 시간 스케일은 몇 초가 아니라 몇 분으로 바뀐다(Harper, McLean, & Dalrymple-Alford, 1993).

수 인지(numerical cognition; 제3장 참조)에 관한 연구들도 마찬가지의 이론적인 가정을 포함한다. 즉, 특정 인지기능은 뚜렷한 '고유의 지문(signature)'을 가지고 있어서 서로 다른 종 간에도, 혹은 다른 대상이나 다른 행동 측정을 사용하는 검사

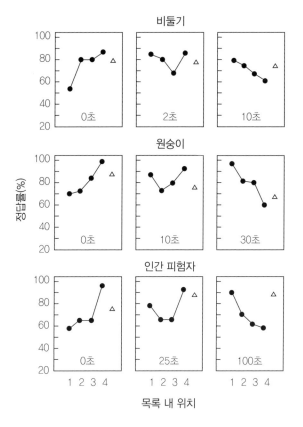

[그림 2–4] 순차 재인 검사에서 보이는 비둘기, 붉은털원숭이, 인간 피험자의 기억 수행을 검사 항목의 목록 내 위치 및 파지 간격의 함수로 나타내고 있다. 각 목록은 4개의 항목으로 이루어져 있고 파지 간격, 즉 목록의 마지막 항목과 검사 항목 제시 사이의 시간 간격이 각 패널에 표시되어 있다. 삼각형 기호는 비교를 위해 목록에 없는 항목을 제시했을 때 '없다'라고 정확히 맞힌 백분율을 표시하고 있다.

출처: Wright et al. (1985)의 허락을 얻어 게재함.

들 간에도 공통으로 나타난다는 것이다. 제1장에서 언급한 개념인 기능적 유사성 역시도 마찬가지 가정을 가진다. 여러 종 간에 공통된 어떤 특정 인지기능을 파악하기 위해서는 어떤 행동에 영향을 미치는 요인들을 변화시켰을 때 그 행동의 측정치가 변화하는 양상이 비슷한가를 판단해야 한다. 예를 들어, 인간의 경우에 기억의 대상은 주로 단어이지만, 어치들에게는 먹이를 저장해 둔 장소이고, 쥐들에게는 냄새가 된다. 그러나 이렇게 다른 대상들에 대한 기억을 측정했을 때 유사한 패턴으로 데이터가 나온다면 서로 다른 종들 사이에서 기억과 관련된 처리 과정이 유사하리라는 추측이 힘을 얻을 수 있다.

기억과 의식: 메타인지

우리는 보통 어떤 일을 얼마나 잘 기억하고 있는지에 대한 느낌 혹은 감을 가지고 있다. 운전자는 어떤 장소로 갈 때 지도를 봐야 할지 아니면 안 보고도 갈 자신이 있는지 알고 있고, 학생은 시험 대비 어떤 공부가 부족한지 감이 온다고 말한다. 자신이 기억하고 있는 것들에 대해 가지는 지식 혹은 느낌을 메타기억(metamemory)이라고 한다. 메타기억은 메타인지(metacognition)의 한 측면이며, 메타인지는 자신의 지각적 판단이 얼마나 정확한지를 아는 것까지 포함한다. 예를 들어, "저 새가 붉은꼬리말똥가리 같기는 한데 확신할 수는 없다."라고 말하는 경우이다. 말 그대로 메타인지는 인지에 대한 인지이며, 일종의 고차적인 표상이다. 메타인지적인 판단을 내릴 때는 분명하게 표현되는 의식 상태, 즉 '안다는 느낌(feeling of knowing)' 혹은 확신을 함께 경험한다. 이러한 메타인지의 속성들은 인간 위주이며, 따라서 동물에게서 이러한 상태가 존재하는지에 대해서는 주장이 엇갈린다(Carruthers, 2008). 심지어 인간에게서도 메타인지와 연결된 행동들, 즉 추가적인 정보를 찾으려고 하거나 자신의 기억이나 지각된 대상에 대한 확신을 보고하는 행위가 반드시 자신의 인지적 상태를 의식적으로 평가하고 있다는 증거는 되지 못한다. 예를 들어, 학생이 공부할 때 메타기억을 사용하기보다는 단순히 '가장 새로운 내용(따라서 가장 자신이 없을 것으로 추정되는 부분)부터 공부하기 시작하라'는 요령을 따르는 경우가 있을 수 있다. 마찬가지로 동물들에게서도 메타인지의 발현으로 보이는 행동들이 주관적인 의식 상태에서 비롯되었다고 하기보다는 객관적으로 관찰 가능한 정보에 대한 학습된 반응으로 이해하는 편이 더 적절할 수 있다(Carruthers, 2008; Hampton, 2009).

예를 들어, [그림 2–5]에 붉은털원숭이를 대상으로 진행한 메타기억에 대한 일련의 검사들을 보자(Hampton, 2001). 다른 많은 메타기억의 예에서처럼, 이 검사

역시도 기억 자체에 대한 직접적인 측정뿐 아니라 기억에 대해 얼마나 확신하는
지에 대한 자기 보고 역할을 할 수 있는 절차를 포함한다. 기억에 대한 직접적인
측정은 지연 후 선택 과제의 형태로 주어진다. 원숭이가 자신의 기억에 대해 가
지는 확신에 대한 민감성은 파지 기간의 막바지에 검사하게 되는데, 이때 목표자
극을 선택하거나 아니면 아예 응답 자체를 회피할 수도 있는 기회가 주어진다. 올
바른 선택을 하면 땅콩이 보상으로 주어지지만, 아예 응답할 기회 자체를 회피하
면 평범한 사료가 보상으로 주어진다. 사료는 별로 매력적인 보상은 아니지만 그
래도 응답을 했다가 틀려서 아무런 보상도 받지 못하는 경우보다는 선호된다. 단,
원숭이가 항상 회피하는 전략으로 대응하는 것을 막고자 전체 시행의 1/3은 무조
건 선택해야 하게끔 정해 놓았다. 이러한 강제 선택 시행보다 자신이 선택한 시행

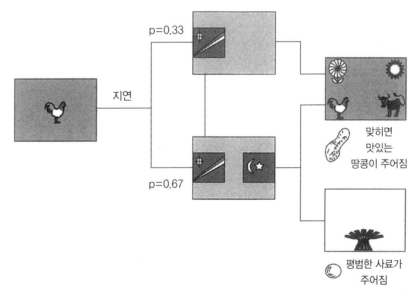

[그림 2-5] 원숭이를 대상으로 한 햄튼(Hampton, 2001)의 메타기억 검사에서 사용된 실험 절차.
각 시행은 맨 왼쪽에서 보이는 것처럼 단서자극(이 예에서는 수탉의 이미지)의 제시로부터 시작한
다. 일정 지연 시간이 주어지고 다음 단계에서 원숭이는 기억 검사를 받을 것인지, 회피할 것인지
를 선택하게 된다(아래쪽 패널을 보면 2개의 이미지가 있다. 왼쪽 이미지를 선택하면 기억 검사를
받는 것이고, 오른쪽의 튀르키예 국기처럼 생긴 이미지를 선택하면 검사를 회피하는 것이다). 67%
의 시행에서 이런 선택이 미리 주어졌다. 나머지 33%의 시행에서는 원숭이가 무조건 회피하는 것
을 막기 위해서 강제로 검사를 받게 했다(가운데 위쪽 패널).

에서의 평균 정답률이 높다는 결과가 나왔는데, 이는 검사를 받을 것인지 말 것인지를 선택하는 데 있어서 메타기억이 사용된다는 증거가 될 수 있다.

물론 다른 해석도 가능하다. 예를 들어, 자극의 선택에 있어서 파지 시간의 길이를 단서로 사용하는 경우도 비슷한 결과를 가져올 것이다. 즉, 짧은 지연 시간 후에는 검사를 받는 쪽을 선택하는 편이 보상을 받을 가능성이 높지만 지연이 길어지면 망각으로 인해 정답을 선택할 가능성이 낮아지므로 검사를 회피하는 편이 유리할 것이다. 이러한 비판에 대비하고자 이 실험에서는 후반부에서만 지연 간격을 여러 가지로 변화시켰고, 초반부에서는 일정한 지연 간격을 사용했다. 그럼에도 불구하고 초반부터 원숭이들은 강제 선택 시행들보다 자신이 선택한 시행들에서 더 나은 수행을 보였다. 뿐만 아니라 가끔 몇몇 시행에서 목표자극을 아예 제시하지 않기도 했다. 이 경우에 목표자극이 없으므로 기억에 의해 선택하는 것이 아니고 결국은 무작위적으로 선택하는 셈이 되는데(그렇다면 4개 중에 하나를 선택하게 되므로 맞힐 확률은 0.25밖에 되지 않는다), 이런 경우에는 검사를 회피하는 횟수가 급증했다. 마지막으로 파지 간격을 길게 혹은 짧게 변화시켰을 때에도 메타기억으로 설명이 가능한 데이터 패턴이 출현했다. 이 모든 결과가 기억의 강도에 비례하는 어떤 내부적인 혹은 '주관적인' 단서를 활용한다는 가설과 일치한다. 그러나 이런 행동적 특징들이 다 맞는다고 해도 기억 강도를 의식적으로 자각하고 있다고 확신할 수는 없다. 엄격한 의미의 메타인지는 의식적 자각을 포함해야 한다. 예를 들어, 굳이 의식적 자각을 도입하지 않고도 저장된 목표자극의 이미지가 얼마나 생생한가에 의해 행동이 통제된다는 설명이 가능하다(Carruthers, 2008; Hampton, 2009).

과연 원숭이가 어떤 식으로 메타기억을 표상하는지, 또 원숭이의 행동을 통제하는 내적 상태가 어떤지는 알 수 없고 앞으로도 알 수 없을 가능성이 크지만, 이 연구는 원숭이의 행동을 통제하는 것이 어떤 명백하게 외적인 '객관적인' 단서에 의한 것이라는 가능성을 배제하는 자료를 제공하는 몇 안 되는 연구 중 하나이다(Smith, Shields, Allendoerfer, & Washburn, 1988). 그러나 그러한 내적인 상태에 의한 통제를 지지하는 연구자들도 여전히 인지적 상태에 대한 내적 접근을 전제하지 않아도 동물이 정보가 불완전하거나 불확실할 때 적응적으로 행동할 수 있음을 인정한다. 이는 앞서 이야기한 효율적인 공부 방법을 따르는 학생의 경우에 비유할 수 있다. 그러한 예로 일상에서 자연스럽게 발생하는 메타인지의 암묵적 활용을 살펴본 연구들이 있다. 인간 아동과 유인원(Call & Carpenter, 2001), 그리고 붉은털원숭이(Hampton, Zivin, & Murray, 2004)에게 2개 혹은 3개의 길따란 대롱을 제시했다. 그 대롱 중 하나에는 먹이가 숨어 있었고, 피험자는 대롱을 선택하여 먹이를 취할 수 있었다. 흥미롭게도 아동과 동물 모두 대롱에 먹이를 집어넣는 광경을 미리 목격하지 못한 경우, 그 광경을 목격했을 때에 비해서 대롱을 더 자주 들여다보았다. 그러나 피험자가 아무 때나 자연스럽게 대롱을 볼 수 있는 절차의 특성상, 피험자의 행동이 기억 내용에 대한 메타인지적 확신에 기반하는 것인지 아니면 대롱을 한 번 보고 싶은 마음과 빨리 선택해서 먹이를 먹고 싶은 마음 사이의 갈등을 반영하는 것인지는 알 수 없다[하지만 Call(2010)도 참조할 것]. 피험자(인간, 원숭이 혹은 돌고래)가 소리 혹은 시각 자극을 2개의 범주 중 하나로 분류해야 하거나, 아니면 아예 어려운 시행을 회피[14]할 수 있는 옵션이 주어진 실험에서도 마찬가지 결과와 해석이 가능하다. 대략적으로 인간의 경우에는 불확실하다고 느낄 때 회피한다고 보고하고 있다(Smith, Shields, & Washburn, 2003에서 개관하고 있음). 인간과 유사하게 동물의 경우에도 역시 가장 어려운 시행에서 회피를 선택한다고 보고되고 있기는 하지만 그렇다고 반드시 동물도 인간과 같은 생각으로 회피한다고 할 수는 없다. 이런 종류의 실험에서 보이는 모든 동물의 행동은 굳이 추가적인 메타인지적인 과정을 가정하지 않아도 자신의 반응에 대해 기대되는 보상의 확률을 계산하면 충분히 예측이 가능하기 때문이다(Jozefowiez, Staddon, & Cerutii, 2009; Smith, Beran, Couchman, & Coutinho, 2008).

---

14) 원본에서는 도피(escape)로 되어 있으나 의미적으로 회피(avoidance)에 가까워서 그렇게 번역했다. 두 용어는 일반적으로 혼용되고 있으나, 엄격한 학습심리학적 의미에서 도피는 혐오자극에 접했을 때 그 자극에서 멀어지는 방향으로 행동하는 것이고, 회피는 혐오자극을 신호하는 자극이 주어졌을 때 미리 혐오자극이 나오기도 전에 피하는 경우를 일컫는다. 본문의 예는 검사가 어렵다고 예상되면 검사 자체를 피하는 것이므로 회피가 더 정확한 표현이다.

메타인지를 연구하는 또 다른 방식은 동물로 하여금 '판돈을 걸도록 하는' 실험들이다. 즉, 동물로 하여금 어떤 과제를 성공적으로 완수한 후에 얼마나 많은 보상을 받을 것인지를 미리 결정하게 하는 절차이다(Son & Kornell, 2005). 또한 새로운 과제를 학습할 때는 힌트를 요청할 기회를 제공하는 절차도 도입했다(Kornell, Son, & Terrace, 2007). 무엇보다 중요한 발견은 원숭이들이 하나의 과제에서 메타인지적인 반응을 학습할 경우에 다른 새로운 과제에서도 빠른 학습을 보이는 전이(transfer) 현상을 보였다는 사실이다. 여기서의 전이는 단순히 원래 과제에서 사용된 단서와 유사한 단서가 있기 때문에 빠른 반응이 나타나는 현상을 의미하는 것은 아니다. 물론 그럼에도 어쩔 수 없이 동물이 스스로 학습해서 알아낸 공통의 단서들(예를 들어, 올바른 선택을 하게 되면 틀린 선택을 할 때보다 더 빠르게 시행을 마칠 수 있다)의 영향을 배제할 수는 없다(Hampton, 2009; Kornell et al., 2007). 그러나 그런 학습의 영향은 인간 피험자에게도 똑같이 적용된다. 따라서 동물에게서도 사람이 경험하는 '확신이 없는 상태'와 유사한 의식적인 메타인지 상태가 존재하는지를 규명하고자 하는 많은 연구가 진행되었지만(Smith et al., 2003; Smith & Washburn, 2005), 최선의 결론은 다음과 같은 정도일 것이다. 인간과 마찬가지로 다른 동물들도 기억이나 지각된 정보를 신뢰할 수 없을 때 적응적으로 대응할 능력이 있다. 또한 이러한 적응적 행동이 반드시 자신의 인지적 상태를 의식적으로 평가하는 과정(즉, 메타인지)을 전제로 할 필요는 없다.

일화기억

일화기억(episodic memory)은 문자 그대로 개인적인 경험 혹은 일화에 대한 기억이다. 사실이나 개념에 대한 기억인 **의미기억**(semantic memory)과는 분명히 구분되게 어디서 언제 무슨 일이 일어났는가를 포함한다. 일화기억의 정의는 학자에 따라 조금씩 다르고 최근에는 **의식적 자기회고**(autonoetic consciousness), 즉 의식적으로 사건이 일어난 당시로 돌아가서 과거의 사건을 재경험하는, 즉 '마음속의 시간 여행'을 포함하게끔 변화해 왔다(Tulving, 2005). 예를 들어, 대부분의 사람은 자신이 태어난 일시 및 장소에 대한 의미적 기억을 가지고 있지만 아무도 그걸 일화적 기억이라고 부르지는 않을 것이다. 한편, 알츠하이머 질환이나 해마 손상이 있는 사람들의 경우에는 일화적 기억을 형성하고 활용하는 능력이 선택적으로 손상되기 때문에 동물의 일화기억을 연구할 수만 있다면 치료법 연구의 응용에 획기적인 도움을 줄 수 있을 것이다. 그러나 일화기억이 자기 회고를 포함해야만 한다면 동물에서 이를 증명하는 일은 불가능해진다. 따라서 차선책은 유사-일화기억(episodic-like memory)이라고 불리는 행동, 즉 어떤 사건이 어디서 언제 일어났는지가 포함된 기억으로 대신하는 수밖에 없다.

　동물의 유사-일화기억을 처음으로 보여 준 연구에서 클레이튼과 디킨슨(Clayton & Dickinson, 1998)은 서양어치(western scrub jay)들의 **먹이 감추기**(caching) 행동을 이용했다. 서양어치들에게 두 가지의 먹이, 애벌레와 땅콩을 모래 밑에 숨길 기회가 주어졌다. 둘 중 서양어치가 훨씬 더 선호하는 먹이는 애벌레이다. 먼저 모래 식판의 한쪽 절반에는 땅콩이나 애벌레 둘 중 한 가지를 숨기게 했다. 그로부터 120시간이 흐른 후에 모래 식판의 나머지 절반 쪽에 다른 종류(처음에 애벌레를 숨겼으면, 이번에는 땅콩)를 숨기게 했다. 그리고 4시간이 흐른 뒤에 먹이를 찾을 기회가 주어졌다. 만약에 애벌레를 먼저 숨기게 한 경우, 124시간은 그 애벌레들이 죽어서 썩기에 충분할 만큼 긴 시간이다. 반면에 땅콩은 시간이 흘러도 상하지 않는다. 따라서 만약에 새들이 언제 어디에 어떤 먹이를 숨겼는지를 기억한다면 시간 경과를 기준으로 두 가지의 다른 행동을 보일 것이다. 만약 애벌레를 최근에 숨긴 경우라면 애벌레를 숨긴 장소를 뒤지겠지만, 그렇지 않다면 땅콩을 찾으려고 해야 할 것이다. 몇 번의 시행 뒤에 새들은 예상한 대로 행동하기 시작했다. 즉, 시간이 오래 경과한 후라면 땅콩을, 4시간이 경과한 후라면 애벌레를 찾는 행동을 보였다. 혹시 새들이 냄새에 의존해서 먹이를 찾을 수도 있을 것이기에 검사 시에는 모래 밑에 숨긴 먹이를 아예 제거했지만, 여전히 새들은 적절한 장소를 찾아서 탐색을 계속했다. 반대로 벌레가 상하지 않도록 한 통제 조건에서는 새들은 언제나 애벌레를 먼저 찾으려고 했다. 일련의 후속 연구들도 비슷한 실험 설계를 통해 먹이 숨기는 행동과 관련된 서양어치의 기억은 장소, 시간, 그리고 대상의 정체성에 대한 정보를 통합할 뿐 아니라 유연하게 사용하는 특성을 보이고, 이는 유사–일화기억으로 불리기에 손색이 없음을 보였다(de Kort, Dickinson, & Clayton, 2005 참조).

서양어치의 먹이 숨기기를 활용한 연구는 다른 종들을 대상으로 유사–일화기억 연구, 특히 신경생물학적 연구의 대상이 될 수 있는 쥐와 생쥐에 관한 연구가 폭발적으로 일어나는 계기가 되었다(Crystal, 2009 참조). 클레이튼과 디킨슨의 연구 방식을 모델로 삼아 방사형 미로에서 이루어진 연구에서 쥐들은 초콜릿['무엇(what)']을 '어디서(where)' '언제(when)' 먹었는지를 기억함을 보여 주었다(Babb & Crystal, 2005). 미로의 한 장소에서 초콜릿을 먹고 나서 1시간이 경과할 때까지도 최초의 기억은 그대로 남아 있었다. 그러나 25시간 후에는 그렇지 못했다. 이와 같은 시행을 여러 번 반복한 후에도 쥐들은 최초에 초콜릿을 발견한 장소를 방문하는 경향을 보였는데, 파지 기간이 짧을 때보다 길 때 더 그러한 행동을 보였다. 초콜릿을 먹은 쥐에게 약한 복통을 유발시켜서 사육장에 돌려보내면 25시간의 파지 기간이 지난 후에 초콜릿을 먹은 장소를 덜 방문하는 경향을 보였다. 이 결과는 쥐가 초콜릿을 먹은 기억이 최근의 경험(먹고 나서 배탈이 난)에 의해 유연하게 수정될 수 있음을 시사한다.

지금까지의 유사–일화기억에 관한 연구들을 종합해 보면 결국 "언제?"라는 질문은 "얼마나 오래전?"을 검사하는 셈인데, 모든 시행이 하루 중 같은 시간대에 이루어지기 때문이다. 이를 확인하기 위해 방사형 미로에서 기억을 검사할 때 파지 간격(물체에 대한 첫 번째 노출과 기억 검사 사이의 시간 간격)과 하루 중 시간대 둘 다에 의해 초콜릿의 유무를 예언할 수 있는 실험적 상황을 만들었다. 그러자 쥐들은 파지 간격, 즉 "얼마나 오래전?"의 부호화에 의존하는 행동을 보였다(Roberts et al., 2008). 그러나 만약 주어진 상황에서 하루 중 시간대 외에는 가용한 정보가 없다면 또한 그 정보를 활용했다(Zhou & Crystal, 2009). 과연 이 두 가지의 시간 감각, 즉 "얼마나 오래전?" 대 "하루 중 어느 때?"가 동물 기억의 일부라는 사실이 의식적인 **회상**(recollection)의 증거로 사용될 수 있을 것인가? 어떤 학자들(예: Roberts et al., 2008)은 사람에게 있어서의 일화적 기억은 과거의 특정 시간에 일어난 것으로 기억하는 경우가 대부분이며(내가 '초등학교 1학년 때' 혹은 '지난주 월요일에'라고 표현하듯이), 따라서 "얼마나 오래전?"만 포함된 기억은 일화적 기억이 아니라고 본다. 그밖에 다른 학자들(Zentall, Clement, Bhatt, & Allen, 2001)은 다른 각도에서 동물 연구의 결과를 비판했다. 서양어치나 쥐를 이용한 연구들은 서로 다른 파지 간격 후에 각각 다른 결과물을 제시하는 훈련을 반복적으로 진행했고, 이는 이러한 기억 검사가 있을지 없을지조차 모르는 상황에서 사건을 부호화하는 자연스러운 사람의 일화적 기억과는 다른 상황이라는 것이다. 다른 학자들(Eichenbaum, Fortin, Ergorul, Wright, & Agster, 2005)은 사람의 일화기억에서 "언제"라는 정보는 단순히 시간을 의미하는 것이 아니고 공간적 및 시간적 혹은 두 차원이 모두 합한 맥락이라고 주장했다. 예를 들어, "북극 유람선을 타고 여행하던 중에"라고 기억하지, "2008년 7월"이라고 기억하지 않듯이 시간을 맥락의 일부로 통합하여 처리한다. 이러한 주장에 기반하여 일화적 기억을 연구하기 위해 고안한 실험이 [그림 2-2]에 묘사되었다. 이 실험에서 동물들은 자연스럽게 "무엇이 어디에"라는 정보를 특정 맥락에서 부호화하게 된다. 이러한 관점에 기반한 대표적인 연구들은 주로 쥐의 뛰어난 후각기억을 활용하여 특정 장소와 연합된 냄새들의 '목록'을 쥐에게 제시하는 과제를 통해 수행되었다. 그 결과 맥락 의존적인 후각기억들이 해마 의존적이고, 단순한 친숙성만으로는 설명할 수 없는 특징들을 보인다는 사실, 즉 일화기억의 주요 특징들을 보인다는 사실을 발견했다.

이러한 연구들에서는(Eichenbaum et al., 2005 참조) 쥐들이 그릇에서 모래를 파헤쳐서 음식을 찾아낼 때 냄새를 단서로 해서 선택하는 성질이 있음을 이용했다. 먼저 쥐들에게 익숙한 냄새들로 이루어진 '목록', 즉 5개의 냄새자극을 순서대로 제시한다. 가장 간단하게는 각 냄새자극 간의 순서에 대한 기억을 검사하는 절차를 사용하여 유사-일화기억을 확인할 수 있다. 즉, 2개의 냄새를 제시하면서 둘 중에 순서상 먼저 제시된 냄새를 선택하면 보상을 주게 된다. 상대적 친숙성을 통제하기 위해 목록상의 냄새와 같은 정도로 친숙하지만 목록에는 없는 냄새를 제시해서 선택하게 한다. 다양한 조건에서 동물이 얼마나 정확하게 반응하는가를 검증하기 위해서 보상의 크기를 바꾸어 보기도 하고 모래를 파는 데 드는 노력의 정도를 조절하기도 하면서 실험했다. 실험의 결과로 얻은 데이터들은 사람 피험자에게서 언어를 자극으로 사용해서 얻은 함수와 유사하게 나타났다. 사람의 경우에도 일화기억은 특정 목록상에 있던 단어를 '기억하는지(remembering)'[15]를 검사하고 이는 주어진 단어를 본 적이 있는지의 여부, 즉 단순히 '알고 있는지(knowing)'와는 구분이 된다. 일화기억과는 달리 친숙성 검사에서는 단순히 그 단어가 한 번도 본 적이 없는 '새로운(new)' 단어인지 '아닌지(old)'만을 묻는 지시사항이 주어진다. 해마가 손상된 사람 혹은 쥐의 경우 모두 이런 친숙성에 기반한 기억 검사에서는 결함이 없지만 일화기억 검사에서는 결함을 보인다. 이 연구 및 다른 냄새기억과 관련한 동물 연구들은 인간의 유사-일화기억과 동물의 유사-일화기억 간에 기능적 유사성이 있음을 보여 주는 가장 강력한 증거들을 제공했다.

　요약하자면, 이제는 동물들이 사람 못지않게 경험한 일화적 사건의 다양한 특징을 부호화해서 저장한다는 강력한 증거들이 존재한다(이에 대한 개관으로는 Crystal, 2009; Eacott & Easton, 2010 참조). 동물 연구자들은 일화기억의 기능적 측면에 초점을 둠으로써 일화기억의 정의가 인간 연구에서도 좀 더 상세하게 구체화되는 계기를 제공한다. 그러나 한편으로 **의식적 자기회고**를 일화기억의 필수 요소로 보는 관점을 고수한다면 아무리 기능적 정의를 추가한다고 해도 동물에서 일화기억이 존재한다고 보기는 어렵다는 결론에 이른다. 자각적 의식은 "상상 속

---

15) 용어의 번역만으로 설명이 부족하여 추가하면 '기억하다(remembering)'는 의식적으로 사건을 재구성할 수 있는 일화기억을, '알다(knowing)'는 자극과 자극 또는 자극과 반응 사이의 관련성을 반영하는 행동적 변화를 포함하는 모든 기억을 의미한다. 그런 이유로 해서 전자는 서술 기억(declarative memory), 후자는 비서술 기억(non-declarative memory)으로 구분할 수도 있다. 예를 들면, '자전거를 탈 줄 안다'와 '자전거 탔던 것을 기억한다'는 다른 종류의 기억을 일컫는다. 전자는 넘어지지 않고 내 몸의 균형을 유지하는 행동의 변화로 저장된 기억이고, 후자는 언제 어디서 자전거를 탔는지에 대한 일화기억이다. 두 종류의 기억이 본질적으로 다르다는 것을 실감하기 위해서는 자전거를 타기 위해서는 어떤 자세를 유지해야 하는지를 '기억'해 보기를 바란다. 혹시 자전거가 왼쪽으로 기울어지면 몸을 어느 쪽으로 움직여야 하는지 '기억'하는가? 많은 경우에 이 질문에 대해 반대편, 즉 오른쪽으로 움직여야 한다고 대답한다. 즉, 자전거를 타는 자세에 대한 기억을 회상할 수 있다고 착각한다. 실제로 밖에 나가서 자전거를 한번 타 보기를 바란다. 그 기억이 정확한가? 그러나 기억이 정확하지 않아도 내 몸은(실제로는 몸을 통제하는 신경계는) 어떻게 자세를 잡아야 하는지 '아는' 것처럼 행동할 것이다. 또 마찬가지로 어떤 사람을 보고 '내가 저 사람을 언제 어디서 만났더라?'라고 '기억'이 떠오르지 않아도 '아는' 사람인 걸 확신하는 경우가 허다하다(개인적 경험). '안다'와 '기억한다'는 분리될 수 있음을 시사하는 증거이다.

의 시간 여행(mental time travel)"을 가능하게 하는 능력이며, 이렇게 의식적으로 과거를 떠올리고 미래를 계획하는 방식은 오직 인간에게서만 가능하기 때문이다 (Suddendorf & Corballis, 2008a). 앞일을 계획하는 능력에 대해서는 제3장에서 다시 한 번 논의하기로 한다.

연합학습

넓은, 조작적 의미의 **연합학습**(associative learning)은 사건 간의 관계에 노출됨으로써 일어나는 학습을 의미한다(Balsam & Gallistel, 2009). 이러한 학습은 대부분 시간적인 예측 관계를 포함하는데, 번개가 치면 언제나 이어서 천둥소리가 뒤따르는 경우가 그 예이다. 연합학습을 검사하기 위해서는 동일한 사건들이 예측 관계를 가지게끔 배열된 경우와 무작위로 배열된 경우를 비교하여 행동 변화를 측정한다. 간단한 형태의 연합학습은 초파리에서 인간에 이르는 거의 모든 종에서 발견된다(Papini, 2008). 그러므로 어떤 새로운 종류의 학습 현상이 발견된다면 모르간의 카논 법칙(제1장 참조)에 따라 일단 연합학습으로 설명하려고 시도하는 것이 타당하다. 반면에 연합학습을 사건들 간의 관계를 학습하기 위해 특화된 것으로 제한한다면 연합학습 이외의 학습 메커니즘들이 존재한다. 데드레코닝(dead reckoning; 제1장 및 제3장 참조)은 연합적이지 않으며, 적어도 표면적으로는 **습관화**(habituation)[16]나 **따라하기**(imitation)[17] 역시도 연합학습이 아니다(제4장 참조). 이

---

16) 습관화나 탈습관화(dishabituation), 민감화(sensitization)와 같은 학습 현상은 하나의 자극에 대한 반응으로 정의되므로 포괄하여 비연합학습(nonassociative learning)이라고 부른다. 연합학습과 비연합학습을 비롯하여 다양한 학습 현상에 대한 좀 더 체계적인 설명은 글럭(Gluck), 메르카도(Mercado)와 마이어스(Myers)의 『학습과 기억(Learning and Memory from Brain to Behavior)』(최준식, 김현택, 신맹식, 한상훈 역)을 참조하기를 바란다.

17) 따라하기(imitation)는 일반적으로 모방이라고 통칭하는 다양한 행동 중에서 특히 관찰자가 시범자의 행동을 그대로 모방하는 경우를 일컫는다. 관찰자의 행동을 기억 속에 저장하고 행동으로 표현할 수 있는 능력과 동기가 필요하다는 점에서 연합학습과는 뚜렷이 구분되는 메커니즘을 가지고 있다. 제4장에서 설명하겠지만 관찰자와 시범자가 존재한다고 해서 반드시 따라하기에 의한 학습이 일어나

러한 학습들에서는 연합의 대상이 되는 개별 사건들이 뚜렷하게 정의되지 않는
다. 제3장과 제4장에서는 분명히 단순한 연합학습 이상을 포함하는 학습들이 존
재한다는 주장들을 살펴보게 될 것이다. 이러한 주장들을 평가하기 위해서는 넓
은, 조작적 의미의 연합학습에 관한 기본적인 사실들을 이해해야 할 것이다. 동물
들은 관계의 어떤 측면을 배우며, 이러한 학습을 촉진시키거나 방해하는 요소들
은 무엇이며, 이러한 학습이 어떻게 행동으로 표현되는가? 이러한 질문들에 대한
해답을 여기에 요약하고자 한다. 좀 더 상세한 설명은 바우튼(Bouton, 2007)이나
셰틀워스(Shettleworth, 2010a)의 4장, 6장, 11장을 참조하기를 바란다.

연합학습이라는 용어는 또한 이론적인 의미로 쓰이기도 하는데, 즉 학습을 설
명하는 특정 메커니즘을 일컫는다. 이 메커니즘에 의하면 연합의 형성은 사건의
표상들 사이에 신경적 연결이 생기는 과정이며, 그 결과 한 표상이 활성화되거나
억제되면 그와 연합된 표상들이 따라서 활성화되거나 억제된다. 이러한 해석에
따르면 연합 형성은 신경생물학적인 현상인 시냅스 연결의 강화로 간단히 설명할
수 있다. 이 간단한 가설적 과정에 기초한 학습 이론 중 하나인 **레스콜라-와그너
모델**[18]은 지난 40년간 엄청난 영향력을 발휘한 바 있다(Rescorla & Wagner, 1972).
한편 최근의 '인지적' 이론들은 연합학습이 명시적인 인과관계의 추론(예: "A로 인
해 B라는 결과가 나왔다.")을 반영한다고 제안한다(De Houwer, 2009; Shanks, 2010).
한편으로는 A가 B의 발생을 예측한다는 사실을 학습하는 것이 아니고 단순히
A와 B의 시간적 순서에 대해 기억된 계산을 반영한다는 이론도 존재한다(Balsam
& Gallistel, 2009).

는 것은 아니다. 정서 전염(emotional contagion), 관찰 조건화(observational conditioning), 자극 향상
(stimulus enhancement) 등 다양한 메커니즘이 존재한다. 이러한 구분을 위해 따라하기를 순수모방
(true imitation) 학습이라는 용어로 대치하기도 한다.

18) 레스콜라-와그너 모델의 학습은 주어진 조건자극(CS)에 대한 무조건자극(US)의 기대치가 실제 발생
한 US의 크기와 불일치할 때에만 학습이 일어난다는 것을 핵심 가정으로 한다. 이는 공학 분야에서
위드로우-호프 법칙(Widrow-Hoff learning rule) 혹은 델타 법칙(delta rule)이라고 부르는 예측치와
실측치 간의 차이를 활용하여 시스템을 제어하는 피드백의 원리와 수학적으로 유사하다.

학습의 조건들

연합학습의 대표적인 예는 파블로프(Pavlov)가 개들을 이용하여 실험한 타액 조건화이며, 따라서 이런 형태의 연합학습은 **파블로프 조건화**(Pavlovian conditioning) 혹은 **고전적 조건화**(classical conditioning)라고 불린다. 상대적으로 중립적인[19] 자극들[불빛이나 소리 등의 **조건자극**(Conditioned Stimulus: CS)]과 생물학적으로 유의미한 자극들[음식, 전기자극, 암컷에 접근할 수 있는 기회 등의 **무조건자극**(Unconditioned Stimulus: US)]을 짝지어 제시하면 그 결과 원래 US에 대해서 나오던 반응이 CS에 대해서 나타나게 되는 바, 이를 **조건반응**(Conditioned Response: CR)이라고 일컫는다. 그러한 반응이 과연 CS-US의 관계에 대한 학습의 결과인지, 즉 연합에 의한 것인지를 알기 위해 통제 집단의 동물들에게는 두 자극을 무작위적으로 제시하는 훈련을 시킨 뒤에 반응을 비교한다. 같은 방식의 학습 원리가 **도구적**(instrumental) **조건화** 혹은 **조작적**(operational) **조건화**에도 적용이 된다. 도구적 조건화는 레버 누르기와 같은 동물의 행동이 생물학적으로 유의미한 자극들[강화(reinforcer) 혹은 **보상**(reward)이라고 불리는]을 예언하는 경우에 일어난다.

연합학습은 생득적으로 유의미한 자극이 포함되지 않는 경우에도 일어난다. 예를 들어, 평범한 소리자극과 빛자극이 짝지어지는 경우나 레몬 맛과 팔각(anise) 맛이 짝지어지는 경우이다. 이러한 경우에 연합의 결과가 행동으로 뚜렷이 나타나기 위해서는 두 자극 중 하나가 생물학적 유의성을 획득해야만 한다. 예를 들어, **자극 내 학습**(within-event learning)의 경우에 배고픈 쥐가 레몬 맛과 팔각 맛의 두 가지 맛을 동시에 가지는 음료를 마시고 난 연후에 레몬 맛이 다른 음식과 짝지

---

19) 여기서 상대적이라는 단서가 붙는 이유가 있다. 모든 자극은 어느 정도는 생물학적으로 유의미하다. 예를 들어, 흔히 조건자극(CS)으로 쓰이는 소리나 불빛도 강도가 충분히 강하면 그 자극에 대해 주의를 기울이는 정향반응(orientation response)이나 놀람반응(startle response)을 일으키므로 생물학적으로 유의미한 자극이 된다. 다만 대부분의 파블로프 조건화에서 무조건자극(US)으로 사용되는 전기자극이나 음식처럼 강력한 정서반응을 일으키지 않는다는 차이가 있을 뿐이다. 따라서 '상대적'이라는 단서가 붙어야 정확한 표현이 된다. 또한 US에 대한 반응과 달리 CS에 대한 반응은 대부분 습관화에 의해 점차적으로 사라진다.

어진다면 레몬 맛은 물론 팔각 맛 음료에 대한 섭취도 늘어난다.[20] 이러한 예들은 학습(혹은 기억)과 **수행**(performance) 간의 차이를 구분하는 것이 중요함을 보여 준다. 즉, 동물이 아는 것과 동물이 행동으로 표현하는 것 사이에는 간극이 존재한다. 동물이 레몬과 팔각 사이의 연합을 학습했지만 레몬이 생물학적으로 유의미한 자극이 되기 전까지는 그 학습의 내용이 표현되지 않았다. 자극 내 학습의 예가 보여 주는 바는 일견 간단해 보이는 조건화의 경우에도 습득되는 정보의 내용이 인지적일 수 있다는 사실이다. 여기서 인지적이라고 함은 쥐가 팔각 맛이 첨가된 레모네이드를 마실 때 두 가지 맛의 표상을 추후에 유연하게 업데이트할 수 있는 형태로 저장한다는 사실을 일컫는다.

지금까지 연합학습이 일어나기 위한 조건들을 가볍게 '짝지어진다'거나 '예측할 수 있다' 정도로 기술했다. 추가적으로 어느 정도는 **시간적 근접성**(temporal contiguity)이 필요하다. CS와 US(혹은 도구적 조건화에서의 반응과 강화물) 둘 중 어느 한 자극만을 따로 경험하거나, 둘 다 경험하되 시간 간격이 크게 벌어져 있는 경우에 동물은 학습하지 못한다. 하지만 좀 더 핵심적인 연합학습의 조건은 **수반성**(contingency)이다. 수반성은 한 사건이 다른 사건이 발생할 확률의 변화를 예언하는 정도를 의미한다. 수반성의 위력을 보여 주는 예로서 짝지어 제시하는 CS와 US들에 추가하여 비수반적인 US를 삽입하는 경우에 학습된 조건반응이 오히려 감소하는 **소거**(extinction)가 일어나는 현상을 들 수 있다. 구체적으로 비둘기가 먹이를 얻기 위해 불빛이 켜진 원판을 쪼는 훈련을 하는 경우에 불빛이 켜지지 않은 동안에도 간헐적으로 먹이를 주게 되면 쪼는 반응은 줄어든다. 그러나 수반성이 완벽해야만 학습이 일어나는 것은 아니다. 반응에 대해 100% 보상이 제공되지 않는 경우, 즉 **부분 강화**(partial reinforcement) 조건에서도 도구적 조건반응은 잘 유지된다. 또한 충분한 훈련이 주어진다면 동물은 US 제시의 횟수나 패턴의 미묘한 변화까지도 학습한다.

---

20) 심리학에서 감각 사전 조건화(sensory preconditioning)라고 불리는 학습 현상이다. 전통적인 파블로프 조건화 이론에서는 연합이 일어나기 위해 무조건자극(US)이 필요한데, 감각 사전 조건화는 US 없이 두 조건자극(CS) 간의 연합이 일어날 수 있음을 보여 주는 흥미로운 학습 현상이다.

예측학습 모델: 예측 오류의 역할

학습과 기억이 진화한 목적을 동물이 자신이 살고 있는 주변 환경에 대한 유용한 정보들을 습득하기 위한 것으로 가정하는 관점에서 보면 학습이 이루어져야 하는 시점은 동물이 이미 알고 있는 지식과 실제로 주변에서 일어나는 사건 사이에 편차가 발생하는 순간이 되어야 할 것이다. 이러한 **예측 오류**(prediction error)의 중요성을 가장 극명하게 보여 주는 간단하면서도 놀라울 만큼 생산적인 모델이 레스콜라−와그너(Rescorla & Wagner, 1972) 모델이다([그림 2−6] 참조). 다음 그림은 가설적인 연합강도(V)가 CS-US를 짝지어 제시하는 횟수(시행)에 비례해서 점점 증가하고, 마침내 점근선(λ)에 접근하는 모양을 보여 주고 있다. 조건반응은 이러한 연합강도를 반영한다. 따라서 전형적인 학습 곡선은 **부적으로 가속하는 함수**(negatively accelerating)[21]의 형태를 가지게 되는데, 이는 어느 한 시행에서 연합강도의 변화(ΔV)는 이미 학습된 연합강도의 전체 합(ΣV)이 점근선에 가까워지면 질수록, 즉 예측오류가 작아지면 작아질수록 감소하기 때문이다. 모델에서 매개변수 α는 CS의 강도 혹은 **현출성**(saliency)를 나타내고, β는 CS-US 제시에 의해 학습이 이루어지는 속도를 결정한다.[22]

CS에 대해 학습이 일어나는 정도가 그 주어진 시행에 존재하는 총 연합강도의 합에 의해 결정된다는(반비례한다는) 특징에 기반하여 레스콜라−와그너 모델은 **블로킹**(blocking)[23]을 설명한다. 전형적인 블로킹에서는 먼저 동물이 빛자극과 음식의 연합을 학습한다. 그러고 나서 소리자극과 빛자극이 음식과 함께 제시된

---

21) X가 증가함에 따라 Y도 증가하지만 증가분이 점점 줄어드는 양상을 보이는 함수. 즉, 함수의 미분값이 감소한다는 의미.

22) 원문에는 α와 β가 각각 CS와 US의 두드러진 정도(conspicuousness)를 나타낸다고 기술되어 있으나 원래 레스콜라−와그너 모델에서 표시한 바에 따라 α를 현출성, β는 학습률로 좀 더 구체적으로 설명했다.

23) 차폐, 저지 등으로 번역되는 경우가 있는데, 바로 다음에 나오는 'overshadowing'이 오히려 차폐라는 용어에 어울리고, 지각·인지심리학 분야에서 자주 사용되는 절차인 'masking'도 역시 차폐로 번역되기 때문에 혼동될 수 있으므로 블로킹이라는 외래어로 번역하는 편이 명확하다고 판단했다. 사실 배구 경기에서도 블로킹이라는 용어를 사용하는데, 전혀 다른 경우이지만 패턴의 유사성은 있는 것 같다.

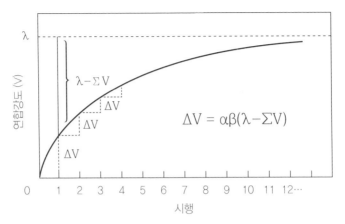

[그림 2-6] 레스콜라–와그너 모델의 공식과 모델에 의해 산출된 학습곡선(짙은 실선). 일반적인 조건화 학습곡선과 같이 기울기가 점차 감소하면서 증가하는 부적 가속 함수를 보여 준다. 점선들은 시행마다 발생하는 ΔV값을 보여 준다. ΔV는 예측 오류, 즉 가능한 연합강도의 최대치인 점근선 λ와 이미 획득된 연합강도 V와의 차이, 즉 $(\lambda - \Sigma V)$에 비례해서 감소한다. [24]

다. 통제집단은 첫 번째 단계 없이 소리자극과 빛자극을 음식과 함께 제시한다. 그리고 나서 두 집단의 동물이 소리자극에 대해 보이는 반응을 검사하면, 통제집단이 블로킹 집단보다 더 큰 반응을 보인다. 즉, 블로킹 집단에서는 소리자극에 대한 학습이 그보다 이전에 빛자극에 대해 이루어진 학습에 의해 방해가 된 것이다. 이를 조금 풀어서 설명하면 블로킹 집단의 동물들에게는 이미 빛자극이 US를 예언하는 상황이므로 추가된 소리자극이 US에 대해 아무런 새로운 정보를 전달해 주지 못한다. 레스콜라–와그너 모델식으로 설명하면 소리와 빛은 별개의 조건자극들로, 각각 독립적으로 연합강도를 습득하고, [그림 2-6]에 표시된 공식처럼 소리+빛 연합강도의 합으로서 ΣV에 기여한다. 블로킹 집단의 경우에 첫 번째 단계에서 빛자극이 이미 상당한 수준의 연합강도를 습득했고, 따라서 두 번째 단계에서 소리+빛 자극이 제시되기 시작할 즈음에는 소리자극이 습득할 연합강

24) 원문의 $(\lambda - V)$를 전부 $(\lambda - \Sigma V)$로 수정했다. 레스콜라-와그너 모델에서는 "존재하는 모든 자극의 연합강도의 합과 λ의 차이"로 정의하고 있으므로 ΣV로 표현해야 정확하다. 이렇게 하면 한 시행에 2개 이상의 CS가 존재하는 경우에도 적용할 수 있는 수식이 된다.

도가 거의 남아 있지 않은 상태가 된다. 반면에 통제집단은 소리자극과 빛자극이 동등한 수준에서 연합강도를 나누어 가지는 셈이 된다.

레스콜라-와그너 모델로 설명되는 또다른 학습 현상으로 **차폐**(oversha-dowing)[25]가 있다. 즉, 조건화 훈련 초기부터 두 CS가 함께 제시되면[복합자극(compound stimulus)의 형태로] 똑같은 수의 시행을 각각 따로 제시할 때보다 각 CS에 대해 보이는 반응의 강도가 줄어든다. 레스콜라-와그너 모델의 작동 방식을 이해했다면 쉽게 그 이유를 알 수 있다. 레스콜라-와그너 모델은 복합자극을 독립적으로 구분되는 하나의 **구성체**(configuration)가 아닌 두 요소의 합으로 본다는 사실에 주목하면 이해가 될 것이다. 그런데 이 레스콜라-와그너 모델을 확장시켜서 복합자극이 제시되면 두 자극이 합해진 구성체로 이루어진 새로운 자극의 형태로 출현한다는 가정을 더해 보자. A + B 복합자극에 대해서 훈련을 시킨 후에 B를 단독으로 제시하면 B에 대한 반응은 B가 A + B와 얼마나 유사한가에 달려 있다. 즉, 조건자극의 **일반화**(generalization) 정도에 의존한다. 그러나 요소적 접근 방식만으로는 다음과 같은 결과를 예측할 수 없다. 즉, A나 B, 단독으로 제시할 때는 US가 제시되고, A + B가 제시될 때는 US가 제시되지 않는 절차에서의 학습이다. 예를 들면, 초콜릿과 계피 맛 각각 영양가 높은 음식과 연합을 시키고, 두 가지를 섞은 혼합 맛일 경우에는 독성을 지닌 자극과 연합하는 실험 절차를 구상할 수 있다. 동물들은 실제로 이 복잡한 변별 과제를 잘해 낸다.[26] 이를 설명하기 위해서는 두 자극이 합쳐져서 하나의 복합자극으로 취급된다는 가정이 필요하다. 요소적인 관점에서 같은 결과를 설명하기 위해서도 역시 각각의 요소에 추가해서

---

25) 이 책에서 제시된 예만으로는 차폐(overshadowing)의 의미가 명확하지 않을 수 있는데, 두 조건자극 중에 조건화가 더 빠르고 강하게 형성되는 자극이 있는 경우에 약한 자극에 대한 조건화가 억제되는 현상을 일컫는다. 이는 자극 자체의 한계가 아니고 강한 자극과의 경쟁에서 뒤졌기 때문에 일어나는 현상인 것이다. 즉, 만약 그 약한 조건자극도 단독으로 제시되었다면 그보다 훨씬 큰 강도의 조건화가 가능했을 것이다. 이는 일반적인 영어 단어 overshadowing의 용례와 다르지 않다. 즉, 일반적으로 매우 현출한 자극이 존재하는 경우에 다른 자극에 대한 주의나 평가가 줄어드는 것을 의미한다. 외모 관련 예라서 좀 조심스럽기는 한데, 장동건과 같이 출연하면 다른 영화에서는 잘생겨 보였던 남자 배우도 그냥 그저 그렇게 보이는 경우를 생각해 보면 되려나?

26) 부적 형태화(negative patterning) 혹은 배타적 논리합(exclusive OR)이라고도 불리는 학습 형태이다.

복합자극의 표상이 존재한다고 가정해야 한다. 두 관점이 학습 상황에 따라 장단점을 보이는데, 이는 동물이 여러 개의 자극이 혼합되어 제시될 때 때로는 요소의 합으로, 또 때로는 하나의 복합자극으로 처리하기도 할 가능성을 시사한다.

R-W 모델의 핵심을 이루고 있는 이 간단하고 기계적인 처리 과정은 복잡한 사건들의 연쇄에서 가장 예측력이 높은 자극을 추출해 낸다. 예를 들어, 다음과 같은 조건화를 생각해 보라. 전체 시행 중 50%에서는 삐 소리 자극과 빛자극이 제시되고 연이어 US가 제시된다. 나머지 50%에서는 클릭[27] 소리자극이 제시되고 빛자극이 제시되는데, 이번에는 US가 생략된다. 여기서 가장 강력한 예측력을 가지는 자극은 삐 소리가 되고, 따라서 빛자극을 제시할 때보다 더 큰 반응을 일으킬 것이다. 그러나 만약에 빛 + 삐 소리, 빛 + 클릭 두 가지 종류의 복합자극에 대해 동일하게 50%씩만 US를 제시한다면 이번에는 빛자극에 대한 CR이 가장 클 것이다. 이 두 조건화 상황을 비교해 보면 빛 CS와 US가 짝지어 제시되는 시행의 수는 같다. 다만 후자의 경우에는 빛자극이 다른 CS들에 비해 상대적으로 예언가가 높기 때문에 빛자극에 대한 반응이 커지는 것이다.

예언가(predictiveness)의 중요성은 일차적인 조건화 상황을 넘어서도 적용될 수 있다. 도구적 조건화의 예를 들면 소리자극이 제시되는 동안은 레버를 누르면 강화물이 주어지고 체인을 잡아당기는 반응은 아무런 강화물이 제시되지 않는 반면에 소리자극이 꺼져 있는 동안은 반대로 체인 잡아당기기에만 강화가 주어진다고 하자. 당연히 쥐는 소리가 켜져 있는 동안은 레버를 누르고 나머지 시간에는 체인을 당기고 있을 것이다. 이때 소리자극은 **경우자극**(occasion setter) 혹은 **조절자극**(modulator)이라 불린다. 앞서 보인 예는 도구적 조건화이지만 파블로프 조건화에서도 이와 유사하게 경우자극에 의해 조건을 통제하는 것이 가능하다. 경우자극

---

27) 동물 실험에서는 종종 여러 종류의 소리가 자극으로 제시되는데, 다양한 주파수의 순수한 사인파(예를 들어, 1KHz와 3KHz의 사인파는 높낮이가 다른 '삐'소리를 만들어 낸다)를 사용하기도 하고 복잡하지만 그 자체로는 의미를 가지지 않는 단순한 소리(예를 들어, 백색잡음이나 클릭 소리)를 사용하기도 한다. 이를 활용한 클리커(clicker)는 양철 같은 얇은 금속판으로 만들어져서 눌렀다가 놓으면 '딸깍' 소리를 내는 도구인데, 개를 비롯한 동물들의 훈련용으로 널리 쓰인다.

은 특이하게 장식된 방과 같은 배경자극일 수도 있고, 변경된 위치일 수도 있다. 경우자극을 학습함으로써 주어진 상황에서 적절한 행동을 하는 것을 공고히 한다. 이러한 행동의 조건부 통제는 자연 상황에서도 유용할 것이다. 예를 들어, 무리에서 서열이 낮은 개코원숭이는 알파 원숭이가 있을 때와 없을 때 암컷 원숭이에 접근하는 행동이 확연히 달라지는 양상을 보인다.

시간적 요인들

예언가뿐만 아니라 시간적 요인들도 연합학습에 중요하다. 다른 조건들이 동등하다고 가정할 경우에 CS와 US 사이의 간격[자극 간 간격(Interstimulus Interval: ISI)] 혹은 반응과 강화물 사이의 간격(강화물 지연)이 짧을수록 조건화가 잘 일어난다. 레몬 맛과 팔각 맛의 예에서처럼 CS와 US가 동시에 제시될 수도 있다. 파블로프 조건화에서 ISI의 영향은 CS, US 및 종에 따라 달라진다. 대부분의 포유동물에서 새로운 맛과 배탈이 연합되는 경우에 두 사건 간의 간격이 몇 시간 정도로 떨어져 있어도 그 맛에 대한 혐오는 학습된다[미각 혐오 학습(flavor aversion learning)].[28] 다른 대부분의 조건화는 훨씬 짧은 ISI가 요구되고, 때로는 몇 초 정도가 한계이다. CS가 길게 제시되고(예를 들어, 30초 간), 마지막에 US가 함께 제시되는 **지연 조건화**(delay conditioning)의 경우, CR은 US가 제시될 시점에 즈음해서 나오는데 이는 자극의 타이밍이 학습됨을 보여 준다(타이밍에 관한 논의는 제3장 참조). CS와 US가 이어져 있지 않고 떨어져 있는 경우, 예를 들어 소리자극이 잠깐 제시되고 나서 30초가 지나간 후에 제시되는 절차[**흔적 조건화**(trace conditioning); 도구적 조건화에서는 강화의 지연으로 불린다]에서도 동물의 조건반응은 US가 나오는 타이

---

28) 우리말로는 flavor와 taste 모두 '맛'으로 번역되지만 엄밀하게 말하면 taste는 입안에서만 느껴지는 맛을 의미하고, flavor는 코와 입으로 모두 느끼는 맛을 의미한다. 실제로 입안에서 느낄 수 있는 맛은 단맛, 쓴맛, 짠맛, 신맛, 감칠맛 등 몇 개에 지나지 않으며, 우리가 맛에 대해 경험하고 기억하는 대부분의 감각정보는 사실 후각에서 온다. 믿기 어렵다면 코를 막고 콜라, 사이다, 환타의 맛을 구분할 수 있는지 시도해 보라.

밍을 학습했음을 보여 주는 형태로 나타난다. 자극 간 간격뿐 아니라 **시행 간 간격**(Intertrial Interval: ITI) 또한 중요하다. ISI가 동일하다면 ITI가 길수록 학습이 빠르게 일어난다. 미각 혐오 조건화나 공포 조건화(CS가 다가올 전기 충격을 신호)의 경우에 단 한 번의 시행만으로도 학습이 일어나므로 별 상관이 없지만, 여러 번 혹은 그 이상의 시행이 필요한 학습에 있어서는 ISI와 ITI의 비율이 중요하다. ISI에 비해 ITI가 상대적으로 긴 경우에는 CR이 빨리 나타난다. 이는 예언가 효과와 관련이 있다. 긴 ITI의 경우에는 CS가 US가 제시되는 타이밍에 대해 상대적으로 더 정확한 정보를 주기 때문이다.

합치성과 행동 시스템

쥐의 조건화된 미각 혐오는 **합치성**(belongingness) 효과, 즉 어떤 자극쌍은 유난히 서로 잘 연합이 되는 경우가 있다는 사실을 보여 준 최초의 본격적인 연구 사례이다. US가 독성 물질에 의해 유발된 복통일 경우에는 몇 시간 전에 경험한 맛이 복통과 연합이 되어서 나중에 회피반응을 유발하게 되는 반면, 소리나 빛을 조건자극으로 사용하면 연합이 잘 일어나지 않는다. 반면에 쥐에게 빛이나 소리자극을 제시하면서 어떤 맛을 지닌 음료를 마실 때마다 전기 충격을 US로 제시하면 나중에 빛이나 소리자극에 의해 마시기가 억제되지만, 맛에 대한 전기 충격과의 연합은 일어나지 않는다. 합치성 혹은 **생물학적 연관성**(biological relevance)[29]은 연합학습 전반에 걸쳐 나타나는 법칙이며, 인지 과정이 적응에 유리하게 진화했음을 보여 주는 좋은 예이다. 음식임을 나타내는 단서(맛, 냄새)와 음식에 의해 일어날 수 있는 결과(복통) 간의 관계를 빠르게 학습하는 과정은 쥐와 같은 잡식성 동물의 음식 선택에 있어 중요하다.

이와 마찬가지로 **실행법칙**(performance rules), 즉 고전적 조건화와 도구적 조건화가 행동을 산출하는 방식 역시도 적응적 가치를 반영한다. 도구적 조건화의 이

---

29) 심리학 분야에서는 생물학적 준비성(biological preparedness)이라는 용어가 더 자주 사용된다.

점은 분명하다. 음식이나 짝짓기 파트너와 같이 **적합성**(fitness)을 증가시키는 결과를 낳는 행동들은 결국 빈도가 증가할 것이고, 반대로 고통이나 포식자와 같이 적응을 위협하는 결과를 낳는 행동들은 감소할 것이다. 파블로프 조건화에서 조건반응은 주로 US에 특정적인 행동 시스템 및 CS의 특성과 관련이 있다. 그러한 예의 극단적인 형태가 비둘기의 **자동조형**(autoshaping)인데, 쪼는 키에 불이 들어오고 뒤따라서 음식이나 물과 같은 US가 제시된다. 비둘기의 행동과는 무관하게(키를 쪼든, 쪼지 않든) 무조건자극이 제시되는 전형적인 파블로프 조건화 절차임에도 불구하고 비둘기는 키를 쪼는 행동을 보인다. 배고프고 목마른 비둘기에게 제시하는 US가 음식 알갱이일 경우에 부리의 움직임은 알갱이를 먹을 때와 비슷한 반응을 취하고, US가 물인 경우에는 마치 물을 마실 때처럼 부리를 키에 눌러대는 반응을 보인다. 반면에 시각 단서인 키가 아니고 청각자극이나 복합적인 자극을 CS로 제시할 경우에 나타나는 CR은 어떤 특정한 움직임이 아니라 전반적인 활동성이 증가하는 양상으로 나타난다.

학습의 내용

전통적인 연합학습 이론은 오직 한 가지 차원, 즉 연합강도만을 고려하지만 실제 CS와 US의 표상은 매우 다면적일 수 있다. 예를 들어, 훈련이 완료된 후에 강화의 가치를 재평가(revalue)하도록 조작을 가하는 실험들은 US의 표상이 자극의 가치와 속성 둘 다를 포함할 수 있음을 보여 준다. 가치 재평가 실험의 예를 들면 먼저 쥐에게 빛자극을 사료 알갱이와 연합하고 소리자극을 설탕물과 연합하여 제시하여 훈련시킨다. 그러고 나서 홈케이지로 돌아가서 사료 알갱이를 먹으면 배가 아파진다는 것을 경험하게 하면 빛자극에 대한 조건반응은 줄어들지만 소리자극에 대한 반응은 변함이 없다. 중요한 사실은 이러한 거부감이 어떤 새로운 학습을 거치는 것이 아니라 단지 이전에 경험했던 내용을 조합해서 나타난다는 것이다. 마찬가지로 특정 음식을 배부르게 먹거나 혹은 굶기는 경우에도 가치 재평가 현상을 관찰할 수 있다.

도구적 조건화에서도 비슷한 재평가 효과가 나타나며, 이는 도구적 조건화에서 학습되는 내용이 하나의 연합형성만은 아니라는 사실을 시사한다. 전통적으로 도구적 조건화에서 학습되는 내용은 자극-반응(S-R)연합으로 인식되어 왔다. 즉, 강화물이 하는 역할은 학습 상황에 존재하는 자극들과 반응 간의 연결에 '도장을 찍어' 연합을 공고히 하는 데에만 국한된다고 생각해 왔다(이와는 대조적으로 파블로프 조건화에서는 S-S, 즉 CS와 US 간의 연결이 생성된다고 본다). 그러나 이러한 입장은 강화물의 표상이 하는 역할을 간과하게 된다. 방금 앞에서 설명한 것과 유사하게 재평가 절차를 적용한 실험들은 강화물의 가치와 속성에 관해 갱신 가능한(updatable) 기억이 존재하고, 따라서 이러한 기억들이 훈련 이후의 상황에서 행동을 통제한다는 것을 보여 주었다. 이러한 결과들은 도구적 조건화의 내용이 특정 행동의 결과로 주어지는 강화물의 종류(반응-결과 연합)는 물론이고, 그런 결과물에 대한 갈망까지도 포함한다는 이론(Dickinson, 2008)을 지지한다. 동물의 반응은 다음과 같은 암묵적인 추론의 결과를 반영하는 것이 아닐까 한다. "레버를 누르면 음식이 나온다. 그 음식은 내가 원하는 것이고, 고로 나는 다시 레버를 누른다." 이러한 암묵적 추론을 포함하는 설명이 도구적 조건화 상황에서 나타나는 다양한 행동을 더 잘 설명하기는 하지만(Dickinson, 2008), 만약에 훈련을 많이 시키게 되면 조건반응의 유연성이 사라지고 좀 더 자동화된 습관과 같은 반응이 나타나는 것으로 보아 레스콜라-와그너 이론에 의한 설명 역시도 경쟁력을 가진다.

이론적 논쟁: 연합 대 의미 표상

레스콜라-와그너 모델은 흥분성 연합과 억제성 연합으로 이루어진 단순한 모델이 세상에 존재하는 인과관계에 대한 표상 없이도 그에 준하는 예측력을 발휘할 수 있음을 보여 준다. 한편으로는 좀 더 현대적인 모델들(De Houwer, 2009; Shanks, 2010)에서는, 외현적 표상이 존재하지는 않는다고 하여도 어느 정도 인과관계의 추론을 반영하는 과정들이 파블로프 조건화에서도 진행된다고 주장한다. 이를 지지하는 증거들은 대부분 인간 피험자 대상의 인과관계 학습, 예를 들어 사람들이 음식과 알레르기 반응 간의 관계를 학습하는 것과 같은 과제들을 포함한 연구들로부터 온다. 특히 **역방향 블로킹**(backward blocking), 즉 통상의 블로킹 실험과 반대되는 순서로 진행되는 실험으로부터 얻은 결과들이 핵심적인 증거를 제공한다. 예를 들어, 피험자들은 처음에는 우선 대황(rhubarb)[30]과 딸기 맛이 복통을 일으킨다는 것을 학습한 뒤, 그러고 나서 대황 단독으로도 같은 효과가 나온다는 것을 학습한다. 이 경우에 레스콜라-와그너 모델에서는 (나중에 발생한) 대황에 대한 경험이 (먼저 학습된) 딸기에 대한 연합의 내용에는 영향을 주지 않을 것으로 예측한다. 그러나 실제로 피험자들은 대황 단독으로 복통을 일으킨다고 학습한 후에는 딸기 단독에 의해서는 복통을 일으키지 않는다고 추론한다. 한편으로 쥐에게서도 역방향 블로킹 효과[31]가 유사하게 나타났는데, 몇몇 이론가는 이를 연합학습 이론으로 설명하려고 시도했다(Shanks, 2010). 하지만 피험자들에게 US의 최댓값을 미리 알려 줌으로써 역방향 블로킹은 물론이고 순방향 블로킹에도 영향을 줄 수 있음을 보인 바가 있고, 쥐들도 처음 접하는 도구적 조건화 상황에서 추론을 활용하는 것처럼 행동한다는 결과가 존재한다는 사실(Waldmann, Cheng, Hagmayer, & Blaisdell, 2008)은 연합 이론만으로는 설명의 한계가 있음을 시사한다. 이러한 발견들은 연합학습이 무의식적이고 자동적인 과정에 기인하는 것인지 아니면 좀 더 '인지적인', 즉 의미 표상에 해당하는 과정에 의해 나타나는 것인지에 대한 오래된 논쟁에 또다시 불을 붙인다. 그러한 논쟁에 대한 정답은 종에 따

---

30) 대황 혹은 루바브는 서양에서 주로 디저트를 만드는 데 쓰이는 새콤한 맛의 야채이다. 주로 딸기와 같이 넣고 케이크나 파이를 만드는데, 그럴 경우에 딸기 맛과 구분되는 독특한 신맛이 감지된다.

31) 원문에 이 부분이 너무 간략하게 되어 있어서 추가하자면 역방향 블로킹은 전통적인 연합학습 이론에 간단한 가정을 추가함으로써 설명이 가능하다. 예를 들어, 하나의 연합 노드가 아닌 다수의 노드를 포함시킨다거나(Ghirlanda, 2005), CS와 US의 연합뿐 아니라 CS-CS 간의 연합이 가능하다고 가정해도(Dickinson & Burke, 1996) 역방향 블로킹이 가능해진다. 실제 그러한 모델들이 어떻게 작동하는지 알고자 한다면 다음의 논문들을 참조하기를 바란다.

　-Ghirlanda, S. (2005). Retrospective revaluation as simple associative learning. Journal of Experimental Psychology: Animal Behavior Process: Anim. Behav. Process, 31, 107-111.

　-Dickinson, A., & Burke, J. (1996). Within-compound associations mediate the retrospective revaluation of causality judgements. Quarterly Journal of Experimental Psychology, 49B, 60-80.

라, 혹은 상황에 따라 정도의 차이는 있을 수 있지만 아마도 결국 두 가지 메커니즘이 모두 작동하고 있다는 결론으로 수렴할 것이다.

맺음말

연합학습은 동물들이 정교하고 유연한 방식으로 사건 간의 관계를 학습할 수 있도록 해 준다. 이러한 연합학습의 포괄적인 역할에 대해서 현대적인 연합학습 이론은 물론이고, 전통적인 연결주의적 접근도 의견을 같이하고 있다. 우선은 연합되는 사건들의 다양한 특성과 그들 간의 조건적 관련성에 대해서 학습이 이루어질 것이지만, 그들 간의 관련성이 변화되면 학습된 행동 역시도 변화될 수 있다. 연합학습이 고작해야 "침 흘리기나 단순 반사 행동들(spit and twitches)"을 설명하는 이론이라는 관점은 오래된 오해이다(Rescorla, 1988). 인과관계에 대해 명시적인 표상을 가지고 있든 아니든 간에 동물들은 그들이 인과관계를 상당히 잘 파악할 수 있음을 행동으로 보여 준다. 연합학습은 실제로 매우 다양하고 풍부한 행동들을 설명할 수 있음이 분명하고, 따라서 어떤 현상들을 '좀 더 인지적인' 관점이나 다른 학습 과정으로 이해하기 전에 연합학습에 의한 해석을 먼저 고려해야 할 것이다.

변별, 유목화, 개념 형성

학습이든 아니면 어떤 다른 과정에 의해서든 동물들이 각기 다른 대상에 대해 다른 행동을 보인다는 점은 분명하다. 즉, 적응적 행동은 **변별**에 의존한다. 변별학습의 한 예는 이미 이전 절에서 언급한 바 있다. 가장 단순한 형태의 변별학습은 하나의 자극 혹은 반응에 대해서만 강화가 주어지고 다른 자극이나 반응에는 강화가 주어지지 않는 상황이지만, 더 복잡한 조건화 학습이나 훈련, 즉 여러 개의 자극에 대해 여러 가지의 결과가 연합되는 경우도 얼마든지 가능하다. 변별의 기본 원칙은 도구적 조건화나 파블로프 조건화에 모두 적용되므로 이 절에서는 주로 도구적 조건화를 예로 들어 설명하겠다.

가장 간단한 형태의 변별학습은 보상이 주어지는 자극(S+)과 주어지지 않는 자극(S-)을 포함하는 형태이다. S+와 S-는 동시에 제시되어 동물이 옳은 자극을 선택하도록 훈련을 시킬 수도 있고, 한 번에 하나씩 제시되면서 각각의 자극에 따른 반응률이나 반응 개시 시간을 비교할 수도 있다[후자의 경우에는 **순차 변별 훈련**(successive discrimination training)이라고 불린다]. **변별 역전 과제**(discrimination reversal learning)에서는 통상 동물들이 S+와 S-에 대해 정확한 반응을 보이는 기준점, 예를 들어 80% 이상이 될 때까지 훈련을 시킨 후에 S+와 S-를 반대로 바꿔서 다시 기준점 이상으로 반응할 때까지 더 훈련을 시키는 절차를 사용한다. **학습 세트**(learning set)를 포함하는 실험에서는 S+와 S-를 어떤 기준점 이상으로 변별하도록 훈련을 시킨 후에 다른 종류의 자극으로 S+와 S-를 대치한 다음에 계속해서 변별학습을 시키게 된다. 이렇게 계속해서 같은 형식의 변별학습을 시키는 절차를 통해서 동물이 '**학습하는 방식을 학습하도록**(learn to learn)' [32]훈련시키면 언젠가는 하나의 학습 세트에서 단 하나의 오류만 나올 정도로 최적의 학습 수준에 도달할 수도 있다. 이러한 학습 세트에서 상승효과가 나타난다는 사실은 변별학습에서 동물이 배우는 것이 S+와 S- 각각에 대한 연합강도 이상의 그 무엇이라는 사실을 시사한다.

이러한 순차 역전 과제나 학습 세트를 이용한 실험들을 종 간의 지능을 비교하는 데 적용할 수 있다고 생각한 적이 있다. 즉, 순차적으로 학습 속도가 증진되는 종일수록 높은 지능을 가진 것으로 가정하는 것이다. 그러나 이러한 방식으로 종 간의 우열을 가리는 것은 어려운 문제이다. 무엇보다도 검사가 주어지는 맥락에 따라, 그리고 제시되는 자극의 종류에 따라 특정 종에 더 유리하거나 불리할 수 있

---

32) 과제에 대한 규칙(rule)을 학습하는 것을 의미한다. 이는 자극 자체의 특성에 대한 학습과는 별개의 학습이다. 예를 들어, 카드놀이를 한다고 할 때 카드의 숫자는 매번 바뀌지만 두 숫자가 같은 번호이면 이긴다거나 하는 규칙을 학습하게 되면 점점 더 판단을 빠르게 내리게 된다.

기 때문이다. 예를 들어, 쥐들은 주어지는 학습 세트가 시각자극보다 냄새나 공간 정보일 때 훨씬 더 빠른 변별학습을 보인다. 또 순차 역전 과제가 종 간의 비교에 흥미로운 정보를 제공할 수 있는데, 이 과제가 요구하는 인지적 유연성이 계절 간의 차이가 뚜렷한 환경이나 소속된 사회 집단을 자주 바꿔야 하는 상황에서 발휘될 필요가 있을 것으로 생각되기 때문이다. 물론 인지적 유연성과 같은 가설적이고 일반적인 인지기능을 종 간의 비교에 적용하기 위해서는 여러 가지의 과제를 사용하는 것이 중요하다. 각기 다른 사회 시스템하에서 살아가는 영장류 일곱 종을 비교한 아미치, 아우렐리와 콜(Amici, Aureli, & Call, 2008)의 연구가 좋은 예이다.

변별과 반대되는 학습 현상은 **일반화**로, 다른 자극에 대해 유사한 반응을 보이는 경우를 일컫는다. 어느 정도의 일반화는 필요한 기능이다. 어떤 블루베리도, 아기들도, 심지어는 실험실에서 제시되는 통제된 자극마저도 언제나 똑같은 형태일 수는 없지만 그들에 대해 동일한 방식으로 반응하는 것이 적응에 유리하기 때문이다. 변별과 일반화 사이의 균형을 보여 주는 그래프가 **일반화 구배**

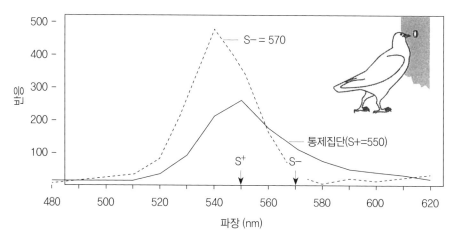

[그림 2-7] 비둘기에서의 파장에 대한 일반화와 정점 이동을 보여 주는 그래프. 통제집단은 550㎚의 파장으로 빛을 내는 키를 쪼면 강화를 받는 단순 조건에서 훈련되었다(실선). 다른 집단은 550㎚에 추가해서 570㎚의 빛이 키에 켜지면 강화가 주어지지 않는, 즉 S-까지 포함된 변별 조건화 절차에서 훈련되었다(점선).

출처: Hanson (1959)을 기반으로 작성됨.

(generalization gradient)이다. 일반화 구배는 훈련에 사용되는 자극을 어떤 한 물리적 차원에서 체계적으로 변화시켜 가면서 제시하고 그에 대한 반응을 측정함으로써 구할 수 있다. [그림 2-7]에서 볼 수 있듯이, 일반화 구배에서 비둘기는 550nm 파장의 빛에 대해 쪼기 반응을 하도록 훈련된다. 그러고 나서 550nm를 기준으로 파장을 변화시켜 가면서 빛을 제시하면 쪼기 반응률은 S+에 대해서 가장 높고, 그 앞뒤의 파장들에 대해 점진적으로 줄어드는 형태의 곡선을 그리게 된다(그림의 '통제' 곡선). 그림의 그래프는 또한 **정점 이동**(peak shift)을 보여 준다[그림의 점선으로 된 S- 곡선]. 즉, 비둘기가 S+=550nm이고, S-=570nm인 변별학습을 하게 되면 실제 S+인 550nm보다 약간 더 짧은 파장인 약 540nm에서 최대의 반응률을 보인다(마치 S-의 제시가 정점을 반대 방향으로 이동시킨 것처럼). 일반화와 정점 이동은 광범위하게 관찰되는 현상이며, 선천적이고 자연 발생적인 행동과 연합학습 간의 상호작용을 보여 준다(Ghirlanda & Enquist, 2003).

범주학습

변별학습과 일반화에 대한 이해를 바탕으로 동물들이 범주학습(category discrimination), 즉 수많은 학습 세트에서 S+와 S-를 구분하는 경우를 분석해 보고자 한다. 그런 과제의 가장 기본적인 형태는 **지각 범주화**(perceptual discrimination)로서 여기서 학습하는 범주는 어떤 표면적인 특징들에서 다른 경우, 예를 들면 사람과 물고기를 변별하는 것과 같은 경우를 일컫는다. 대표적인 초기의 연구에서 비둘기들은 총 80개의 사진을 보았는데, 그중 절반의 사진에는 나무가 있었고 나머지 절반에는 나무가 없었다(Herrnstein, Loveland, & Cable, 1976). 물론 비둘기들은 이를 잘 변별하도록 학습했지만, 과연 한 번도 본 적이 없는 사진을 구분할 수 있었을까? 답은 '구분할 수 있었다'였다. 즉, 학습된 변별의 전이가 일어났다. 그러나 전이된 변별은 완벽하지 않았다. 이는 훈련에 사용된 사진들에 대한 기억과 그 기억으로부터의 일반화가 혼재되어 있다는 것을 의미한다. 비둘기가 사진에 대해 기억하는 것은 사진의 이미지 전체일 수도 있고 혹은 한 범주에 속하는 사진들에 공통으로 존재하는 어떤 특징들일 수도 있다. 혹은 그러한 특징들을 모두 합한 평균적인 특징 혹은 그로부터 만들어진 하나의 **원형**(prototype)일 수도 있다. 즉, 나무와 나무가 아닌 것으로 나누는 범주화는 하나의 특징만으로는 구분이 불가능하다. 예를 들어, 나무는 일반적으로 둥치에 해당하는 부위가 있지만 나무마다 색깔이 다르다. 모든 나뭇잎이 녹색인 것은 아니지만 샐러리는 나무가 아니면서 녹색을 띤다. 따라서 하나의 특징에 기반해서 범주를 구분하는 것은 불가능하고, 여러 개의 특징이 어떤 식으로든 결합이 되어야 한다.

특징에 기반한 학습에 대한 대안은 하나의 사례를 통째로 기억하는 것이다. 앞에서 언급한 실험을 변경해서 가짜 범주화 학습(pseudocategory learning) 상황을 만들어 제시한, 즉 모든 사진자극을 임의로 S+와 S-로 배정하여 훈련을 시킨 실험이 있다. 놀랍게도 비둘기들은 무려 2년 뒤에까지 320개 이상의 사진자극에 대해 정확히 구분하는 수행을 보였다(Cook et al., 2005). 동물이 개별자극에 대한 기억과 일반화, 두 가지의 방식을 모두 사용해서 범주학습을 한다는 증거 역시 비둘기를 사용한 실험에서 나왔다(Bhatt, Wasserman, Reynolds, & Knauss, 1988). 이 실험에서 비둘기에게 사진을 보여 주면서 4개의 범주(고양이, 꽃, 차, 의자)로 구분하게 했다. 이때 한 범주당 속한 자극의 수가 많을수록 학습 속도가 느려지는 결과가 나왔는데, 이는 어느 정도 예상되는 결과이다. 이렇게 많은 자극으로 훈련된 비둘기들은 전이 과제에서도 더 높은 수행을 보였다. 이 역시도 예상할 수 있는 결과이다. 더 많은 특징이 기억될수록 새로운 자극이 그 범주에 포함될 것인지를 판단하는 단서가 늘어나기 때문이다. 자극을 통째로 기억하는 학습은 매우 빠르게 일어난다. 비둘기들은 앞의 범주 구분 훈련의 초기에는 단 1회의 자극 제시만으로도 범주를 학습할 수 있었다. 즉, 새로운 자극에 비해 한 번이라도 본 적이 있는 자극을 더 정확하게 범주화했다. 이는 자극을 통째로 기억해야만 가능한 결과이다.

이렇듯 사물이나 풍경이 포함된 사진을 보여 주면서 훈련하는 실험들이 진짜 자연의 물체들을 범주화하는 데 관여하는 처리 과정을 발견하는 데에는 도움을 줄 수 있지만, 이러한 과정을 상세하게 이해하기 위해서는 인위적인 조작에 의해 만들어진 실험자극들을 사용하는 것이 필요하다. 예를 들어, 한 범주에 속하는 동물이 다른 범주에서도 발견되는 특징을 가지고 있는 경우를 고려해 보자. 오리너구리는 조류가 아닌 포유류에 속하지만 알을 낳고 부리를 가지고 있다. 이러한 범주화를 처음에 배우는 인간 학습자는 한 범주에 속하는 대상이 전형적인 동물일 경우에는 빠르게 학습을 하다가 오리너구리와 같은 예외적인 사례를 만나면 이를 조류로 구분하게 되면서 학습이 정체 상태에 이르게 된다. 물론 결국에는 이러한 예외를 포함한 범주화를 학습하게 된다. 이러한 패턴, 즉 일반적인 특성을 추출하여 추상화된 범주를 형성하는 과정에서 예외가 발생하면 지연을 보이는 학습 패턴은 붉은털원숭이(Smith, Chapman, & Redford, 2010)와 비둘기(Cook & Smith, 2006)에서도 관찰되었다.

이와 대조되는 범주화 문제로 2개의 요소를 가진 패턴을 구분하는 과제가 있다. 예를 들어, 줄무늬는 두 가지 요소로 넓이와 기울어진 정도를 가지고 있고, 간단한 규칙, 예를 들어 줄무늬의 넓이가 범주를 정의한다고 하자. 줄무늬 넓이가 어느 정도 이상이면 A라는 범주에, 이하이면 B라는 범주로 구분된다. 즉, 넓이라는 하나의 특징만 고려하면 되는 과제이다. 이번에는 두 가지 요소를 고려하되 소위 선형으로 분리 가능한(linearly separable) 방식으로 배열하는 경우를 생각해 보자. 즉, 하나의 정사각형 공간에서 한 축을 따라서는 줄무늬의 넓이가 변화하고 다른 축을 따라서는 각도가 변화하는 경우이다. 두 범주를 나누는 경계는 대각선을 형성한다. 즉, 넓이나 기울기 하나만으로는 범주화 문제를 해결할 수 없다. 줄무늬가 좁아도 각도가 많이 기울어져 있으면 다른 범주로 구분된다. 소위 말하는 선형 분리(linear separation) 과제이다. 연구 결과, 사람뿐 아니라 붉은털원숭이도 선형 분리 과제보다 규칙에 기반한 범주화를 더 빨리 배웠다(Smith, Beran, Crossley, Boomer, & Ashby, 2010). 붉은털원숭이가 유사한 경향을 보인다는 사실은 '규칙-기반' 범주화에 반드시 언어적인 표상이 필요하지는 않다는 것을 의미한다. 그러나 비둘기는 두 가지 종류의 과제에서 비슷한 수행을 보였다(Smith et al., 2011). 즉, 비둘기는 하나의 결정 기준만으로 충분한 상황에서도 두 가지 요소를 다 고려하는 것 같다(이와 다른 결과는 Lea & Wills, 2008 참조).

기능적 범주화와 학습된 등가

초기의 심리학자들이 동물의 지각 범주화 학습을 **개념학습**(concept learning)이라고 불렀지만(예: Herrnstein et al., 1976), 아무래도 동물들이 여러 개의 사례 간의 깊은 연관관계를 추론해서 개념을 형성한다고 보기는 어렵다. 이러한 개념 형성에 보다 가까운 예로 **기능적 범주화**(functional category)를 들 수 있다. 예를 들어, 오렌지와 콩은 둘 다 지각적 범주화에 의해 '둥그런 물체'로 묶이지만, '음식'이라는 기능에 의해서 양갈비나 사모사[33]와 같은 범주에 묶인다. 가족과 같은 사회적 관계는 많은 종에 있어서 중요한 기능적 범주를 정의하는 데 사용된다. 범주에 소속된 사례들에 내재된 모든 가치가 연동되어 변한다는 특성이 기능적 범주화를 지각적 범주화로부터 구분하는 가장 중요한 차이점이다. 예를 들어, 개코원숭이 사회에서는 일가족 전체가 다른 가족에 대한 **사회적 우세**(social dominance)를 공유한다. 만약 구성원 한두 명의 우세성이 변화하면[34] 가족 전체의 우세성도 따라서 변화한다(Cheney & Seyfarth, 2007).

실험실의 비둘기들도 인공적인 자극을 사용한 범주화 역전 과제를 통해 기능적 범주화의 증거를 제공한다. 예를 들어, 공통된 시각적 특징이 없는 그림 12개(1~12)를 범주 1로, 13~24를 범주 2로 구분하도록 훈련시켰다고 하자. 범주 1에 속하는 그림들은 S+이고, 범주 2는 S-이다. 이 학습이 완료된 후에는 이를 역전시켜서 범주 1이 S-가 되고, 범주 2가 S+가 되도록 새로운 훈련을 시킨다. 역전화 훈련 초기에 제시되는 그림자극들에 대해서는 하나씩 새롭게 학습해야 하지만(S+와 S-가 반대로 바뀌었으므로), 이런 역전 학습이 하나 혹은 몇 개에 대해 일어나고 나

---

33) Samosa는 인도 요리로, 튀김 만두와 비슷한 음식이다.

34) 조금 더 풀어서 설명을 하면, 예를 들어 개코원숭이 A 가족이 B 가족보다 우세하다고 하자. 그 의미는, 예를 들어 A 가족의 멤버(A1)는 B 가족 중 한 명(B1)을 만나도 피할 필요가 없다는 뜻이다. 그런데 어느 날 A 가족의 두목과 B 가족의 두목이 대결을 벌여서 B 가족의 두목이 승리했다고 하자. 이는 가족 간 서열이 바뀐 것을 의미하고, A1과 B1은 한 번도 맞붙어 싸운 적이 없지만 이제 A1은 B1을 보면 도망가야 한다.

면 나머지 그림들에 대해서는 즉시 전이가 일어나서 바뀐 규칙대로 S+와 S−를 구분하게 된다. 이런 학습된 등가를 볼 수 있는 과제의 가장 간단한 형태는 2개 혹은 3개의 자극이 하나의 선택과 연합되는 다대일 선택 과제(many to one matching to sample)이다. 이러한 학습의 전이를 가능하게 하는 메커니즘은 매개된 일반화(mediated generalization)로서 범주에 속하는 자극들이 공통의 연합을 통해서 일반화가 되는 방식을 일컫는다.

관계성 기반 범주화

지금까지 살펴본 범주화는 모두 물리적인 특징에 기반한 것들이었다. 좀 더 복잡한 형태의 인지적 능력을 요구하는 범주화는 대상 간의 관계에 기반한 방식이다. 예를 들어, 엄마와 딸의 관계, '같다'와 '다르다'의 구분 등을 들 수 있다. 어떤 대상을 사람이나 나무로 분류하기 위해서 일차적인 표상을 필요로 한다면 2개 혹은 그 이상의 대상이 같다고 인식하는 것은 고차적인 표상을 필요로 한다. 즉, 각각의 개별 대상이 지닌 지각적 특성을 넘어서는 과정이 필요하다. 우리가 가진 '같다' 혹은 '다르다'라는 일반적인 개념은 지각적 속성을 가진 대상에만 한정되는 것이 아니라 개별 도메인을 넘어서 추상적 개념에까지 확장될 수 있다. 마치 우리가 학습이론을 공부하면서 공통점과 차이점을 파악할 때처럼 말이다. 관계성 기반 범주화는 대상 간의 관계를 둘 중 하나로 정의한다. 어떠한 대상 간의 차이점이 미묘할 수도, 뚜렷할 수도 있고, 적을 수도, 많을 수도 있지만 최종적으로 그 대상들의 관계에 대한 판단은 '같다' 아니면 '다르다'가 된다.

얼핏 생각하기에 지연 후 선택 과제 역시도 '같다'는 개념을 필요로 하는 것처럼 보이지만 꼭 그렇지는 않다. 첫째, 동물이 자극의 일치 여부를 판단하는 것이 아니라 상대적으로 좀 더 눈에 익은 자극, 따라서 가장 최근에 경험한 자극을 선택하는 것일 수 있다. 둘째, 하나의 지연 후 선택 과제에서 수행이 좋은 동물들이 반드시 다른 자극 세트에서도 좋은 수행을 보이지는 않는다. 학습의 전이라는 측면에서 원숭이들은 비둘기들보다 관계성 기반 범주화를 잘하고, 같은 조류이지만 까마귀들은 원숭이 못지않게 잘한다. 비둘기들도 마침내는 일치 판단 과제에서 일반화를 학습할 수 있게 되지만 매우 많은 과제 세트와 훈련을 요한다(Wright, Cook, & Rivera, 1988). 비둘기들은 훈련 초기에는 "샘플이 빨간색이면 빨간색을 쫄 것, 녹색이면 녹색을 쫄 것……" 하는 식으로 먼저 단순한 자극–반응 연합을 학습하는 것 같다. 이를 뒷받침하는 증거로 비둘기들은 지연 후 일치 판단 과제에서 두 자극이 상징적(혹은 조건적)이든, 실제로 유사한 자극이든 간에 학습 속도가 비슷하다. 상징적 일치는 예를 들자면 샘플이 빨간색이면 원형 자극을, 샘플이 녹색이면 사각형 자극을 쪼는 훈련 형태를 일컫는다.

관계성 기반 범주화를 검증하는 가장 확실한 실험 절차는 동시에 '같다'와 '다르다'를 구분하는 과제이다. 여기서 피험자는 일련의 자극 세트가 같은지 다른지를 판단하게 된다. 흥미롭게도 비둘기들은 단 2개의 자극만 제시될 경우에는 이 과제를 잘 배우지 못한다(예를 들어, AA, BB, CC는 '같다'로, AB, CB 등은 '다르다'로 구분해야 하는 경우). 그러나 더 많은 자극이 제시되면, 예를 들어 4×4 매트릭스 형태인 16개의 아이콘으로 이루어진 세트가 모니터에 제시되는 경우에 16개가 모두 같으면 '같다', 모두 다르면 '다르다'를 학습할 수 있다. 이러한 학습이 전이될 수 있는지 보기 위해 16개의 새로운 아이콘을 제시하여도 같다와 다르다를 구분할 수 있었고, 점차 한 세트 내의 자극 숫자를 줄여 가면서 학습의 전이를 살펴본 결과 마침내 2개에 대해서도 학습이 전이되는 것을 발견했다(Wasserman & Young, 2010). 원숭이들도 이 과제를 잘 배웠고, 비둘기만큼 많은 훈련을 필요로 하지도 않았다.

이러한 실험 결과들은 동물도 관계에 기반한 개념을 학습할 수 있다는 것을 보여 준다. 그러나 '다르다'를 판단하기 위해 몇 개의 다른 자극이 필요한지를 알고자 하는 실험들이 얻은 결과에 의하면 판단의 정확도는 자극의 숫자에 따라 점진적으로 변한다. [그림 2-8]의 오른쪽 그림을 예로 들면 아이콘 16개 중에서 같은 아이콘의 개수가 늘어나면 늘어날수록(예를 들어, 16개 중 8개가 소 모습 아이콘이라면) 정답률은 떨어진다. 이와는 대조적으로 사람의 경우에는 16개 중에서 단 1개만 다른 아이콘이 섞여 있어도(예를 들어, 15개가 전부 소 모양 아이콘이고 1개만 자동차인 경우) '다르다'고 응답했다. 따라서 사람은 이분법적 범주화 개념(전부 같은 패턴이 아니면 다르다고 판단)을 활용하는 데 비해 원숭이와 비둘기는 지각적 변산에 기반한 판단을 내리는 것 같다. 보다 중요한 사실은 사람의 경우도 어느 정도는 후자의 과정에 지배되는 것 같다는 점이다. 그 증거로 서로 다른 자극의 개수가 많을수록 '다르다'는 판단을 내리는 데 소요되는 시간 지연이 짧아졌다. 따라서 동물과 인간이 공통으로 보이는 지각적 범주화가 바탕이 되어 추상적이고 일반화된 '같다'와 '다르다'의 개념이 형성되는 것으로 보이고, 인간의 언어기능과 결합되어 인간만이 가진 고유의 능력으로 발전한 것이 아닐까 생각된다. 이러한 종 간의 차이를 보여 주는 결과는 고차적인 표상을 형성할 수 있는 능력이 인간에게만 유일하게 존재한다는 주장(제5장에서 설명하는 Penn et al., 2008의 연구 참조)과 일맥상통한다. 한편으로 판단 시간의 변산을 보여 주는 연구들은 인간이 고차적인 표상과 함께 진화적으로 오래된 일차적인 지각 범주화 능력도 가지고 있음을 나타낸다.

'같다'   '다르다'

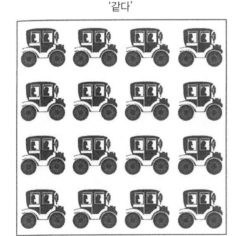 

[그림 2-8] 비둘기들을 대상으로 같다/다르다를 구분하는 훈련 과제에서 사용된 자극의 예.

출처: Wasserman et al. (1995)의 허락을 얻어 게재함.

두 자극 간의 관계들이 동일한지를 판단하는 과제들은 일종의 논리적 유추라고도 볼 수 있다. AA는 CC와 유사한 관계를 표상하고, AB는 CD와 유사한 관계를 표상한다. 이런 관점에서 침팬지가 많은 자극을 동원한 사전 훈련 없이도 두 자극 간의 관계들이 동일한지를 판단할 수 있다는 사실은 인간과의 유사성 측면에서 주목할 만하다. 다른 영장류(개코원숭이나 붉은털원숭이)는 그런 능력을 가지지 못한 것 같다. 그러나 동물에게서는 맥락 변인의 역할이 중요한 것 같고, 이를 고려하면 종 간의 차이에 대해 우리가 가진 선입견을 확증하는 것은 너무 성급한 판단일 수 있다. 붉은털원숭이들을 훈련시킬 때 '같다'를 맞힐 때와 '다르다'를 맞힐 때 제공하는 보상의 양을 다르게 하면 붉은털원숭이들도 처음부터 두 자극 간의 관계 과제를 학습할 수 있다는 사실[차별화된 보상 훈련(differential outcomes training); Flemming, Thompson, Beran, & Washburn, 2011]이 이를 지지한다. 그러나 이러한 훈련 절차나 혹은 이를 변형한 다른 절차들이 필요하다는 사실은 어쨌든 원숭이들이 관계와 관계 사이의 동일성 여부를 판단하려면 뭔가 추가적인 도움이 필요함을 시사한다.

맺음말

이 절의 내용을 요약하자면 인간 이외의 다른 종이 추상적인 '같다'와 '다르다'의 범주화를 할 수 있는 능력을 가졌는지를 '예' 또는 '아니요'로 잘라서 판단할 수는 없다는 것이다. 기본적인 지각적 분류 능력은 여러 동물에 공통적으로 존재하는 것 같지만 좀 더 고차적으로 범주화에 기반하여 '같다'와 '다르다'를 판단하는 능력은 그렇지 않은 것으로 보인다. 이미 유사─일화기억과 메타인지에 관한 논의에서도 제안된 바와 같이, 이러한 결과들은 상향식 접근, 즉 요소적인 기능에 기반하여 고등 인지기능을 추론하려고 하는 접근 방식이 중요하다는 점을 뚜렷하게 보여 준다. 앞으로 제3장과 제4장에서도 같은 접근 방식을 적용할 것이다.

또한 동시에 원숭이가 오직 2개의 대상만 포함된 훈련을 통해서 '같다'와 '다르다'를 구분(혹은 논리적 추론)할 수 있기 위해서는 맥락 변인이 중요하다는 사실은 종 간의 능력 차이에 대한 결론이 언제나 잠정적일 수밖에 없음을 다시 한번 보여준다. 어떤 종의 동물에서는 빠르게 학습될 수 있는 과제가 다른 종의 동물에서는 추가적인 절차를 필요로 할 수도 있다. 동시에 그런 추가적인 절차로 인해 단순히 과제의 난이도만을 개선하는 것이 아니라 검사하고자 하는 측면이 근본적으로 바뀔 수 있는 위험도 감안해야 한다. 즉, 종 간의 차이가 맥락 변인으로 인한 것인지 아니면 근본적인 인지 역량의 차이에 기인한 것인지를 판단하기 위해서는 지속적인 연구가 필요하다.

마지막으로 이 절에서는 범주화 혹은 개념 형성이라고 불리는 학습의 내용을 정확하게 파악하기 위해서는 훈련 중에 한 번도 제시된 적이 없는 새로운 자극을 제시해서 검사하는 것이 필요하다는 논리적 근거를 설명하였다. 앞으로 제3장과 제4장에서도 이러한 논리에 근거하여 특정한 인지적 도메인에서, 예를 들어 동물이 추상적인 수 개념이나 사회적 위계와 같은 개념들을 가지고 있는지를 검증하게 될 것이다.

추가적인 읽을거리들

Bouton, M. E. (2007). *Learning and Behavior*. Sunderland, MA: Sinauer.

Eacott, M. J., & Easton, A. (2010). Episodic memory in animals: Remembering which occasion. *Neuropsychologia, 48*, 2273-2280.

Hampton, R. R. (2009). Multiple demonstrations of metacognition in nonhumans: Converging evidence or multiple mechanisms?. *Comparative Cognition and Behavior Reviews, 4*, 17-28.

Rescorla, R. A. (1988). Pavlovian conditioning: It's not what you think it is. *American Psychologist, 43*, 151-160.

Shanks, D. R. (2010). Learning: From association to cognition. *Annual Review of Psychology, 61*, 273-301.

Shettleworth, S. J. (2010). *Cognition, Evolution, and Behavior* (2nd ed.). New York:

Oxford University Press. Chapters 3-7.

Wasserman, E. A., & Young, M. E. (2010). Same-different discrimination: The keel and backbone of thought and reasoning. *Journal of Experimental Psychology: Animal Behavior Processes, 36*, 3-22.

Wright, A. A. (2006). Memory processing. In E. A. Wasserman & T. R. Zentall (Eds.), *Comparative cognition: Experimental explorations of animal intelligence* (pp. 164-185). New York: Oxford University Press.

Zentall, T. R., Wasserman, E. A., Lazareva, O. F., Thompson, R. R. K., & Rattermann, M. J. (2008). Concept learning in animals. *Comparative Cognition and Behavior Reviews, 3*, 13-45.

제**3**장

물리 인지

동물들은 어떻게 길을 찾을까? 시간이라는 개념을 가지고 있을까? 수 개념은? 계획을 세울 능력이 있는가? 도구를 어떻게 이해하고 있을까? 이 장은 물리적 대상에 대한 동물의 지식과 관련된 내용을 다룬다. 세상에 대한 근본적인 이해는 언제, 어디서, 얼마나 많이 등과 같은 물리적 개념을 필요로 한다. 물리적 개념의 인지적 메커니즘에 대한 연구는 신경생물학에서부터 자연 관찰에 이르기까지 다양한 방법과 다양한 종류의 동물을 대상으로 이루어져 왔다. 그 결과 공간 인지, 타이밍, 수 개념에 관한 연구들은 인지기능의 모듈화를 지지하는 것으로 보인다. 즉, 특정 정보들을 처리하고 저장하며 조작하는 데 전문화된 메커니즘들이 존재한다는 것이다. 그러나 우리가 제2장에서 논의한 기본 과정들을 배제할 수는 없다. 비교 인지 연구의 핵심 질문 중 하나는 "물리 인지와 사회 인지(제4장 참조)로 분류되는 행동들이 어느 정도까지 연합학습으로 설명될 수 있는가?"이기 때문이다. 단적으로 표현한다면 물리적 인과관계, 통찰, 예측 등을 담당하는 전문화된 처리 과정들이 정말로 존재하는가이다.

공간 인지: 동물들은 어떻게 길을 찾는가

　길찾기는 거의 모든 동물에게 광범위하게 존재하는 필연적인 문제이다. 중요한 자원들이 공간 여기저기에 흩어져 있는 경우, 그 사이를 오가면서 길을 잃지 않는 능력은 중요하다. 이 문제는 무척추동물의 작은 움직임에서부터 대륙을 오가는 철새의 이동, 가상환경에서 인간 피험자의 내비게이션, 혹은 지자기 감지(magnetoreception)와 같은 특수 감각 메커니즘에 이르는 광범위한 경우들을 포함하며, 그중 동물의 위치와 관련된 뇌의 **장소세포**(place cell)에 관한 연구는 그 어떤 행동보다도 더 많은 신경생물학적 분석이 이루어진 분야이다(Jeffrey, 2010 참조; McNaughton, Battaglia, Jensen, Moser, & Moser, 2006).[1] 이 책에서는 주로 짧은 거리에서의 방향 찾기를 살펴본 연구들을 다루겠지만 장거리 **귀소행동**(homing)과 철새의 이동도 같은 방식으로 연구가 가능하다(Bingman & Cheng, 2005). 이러한 행동 연구들은 그에 기저하는 신경생물학적 메커니즘을 밝히려는 연구들로 이어진다.

지난 50여 년간 공간 인지의 핵심 질문은 "동물들이 **인지 지도**(cognitive map)를 가지고 있는가?"라는 것이었다. 결국 이는 의인화적 관점이 옳은가의 문제가 되는데, 왜냐하면 많은 사람이 공간정보를 처리할 때 실제로 종이로 된 지도를 들여다보듯이 마음의 눈을 사용해서 인지 지도를 읽는 것처럼 생각하기 때문이다. 종이 지도는 공간을 **타자중심적**(allocentric) 관점으로 파악하는 것이다. 즉, 지도상의 위치는 관찰자의 관점과 무관한 객관적인 좌표를 참조하여 결정된다[관찰자 중심의 프레임은 **자기중심적**(egocentric)이라고 일컬음]. 인지 지도가 방향과 거리를 정확하게 제공한다면 한 번도 가 본 적이 없는 장소를 찾아서 이동하는 것도 가능하다. 또한 이런 가상의 인지 지도를 가지고 있는 개체는 지름길을 찾거나 같은 장소를 방문할 때 새로운 경로를 시도하는 등의 과제들을 해낼 수 있다. 하지만 타자중심적 관점에 의한 공간 표상을 가정하지 않고도 인지 지도를 설명할 수 있는 메커니즘들이 존재하며, 어쩌면 타자중심적 관점의 지도는 길찾기 행동의 일부에 불과할지도 모른다. 우선 그러한 대안적 메커니즘들을 살펴보자.

공간에서의 위치 파악을 결정하는 요소들

공간정보는 거리와 방향을 포함하는 벡터의 속성을 가진다([그림 3-1]의 b 참조). 예를 들어, 다람쥐가 "나의 집은 커다란 바위의 북서쪽 3m 지점에 있는 소나무 밑

---

1) 이 책이 출간된 이후인 2014년에 뇌에서 장소세포(place cell)의 발견과 연구에 공헌한 공로로 여기 인용된 논문의 저자인 브루스 맥노튼(Bruce McNaughton)과 마이브리트 모세르(May-Brit Moser) 및 애드바르드 모세르(Edvard Moser)가 노벨 생리의학상을 공동 수상했다.

에 있어."라고 기억하고 있으리라 가정할 수 있다. 그러나 벡터를 활용한 공간정보의 표상이 효율적인 길찾기에 반드시 필요한 것은 아니다. 어떤 동물들은 외출 후에 돌아올 때 동선을 따라 흘려 놓은 화학물질을 추적해서 돌아온다. 반면에 다람쥐들은 어느 바위 앞에서 방향을 꺾고 어느 수풀 앞에서 얼만큼 더 가야 하는지를 기억함으로써 자신의 동선을 기억하는 것 같다. 이러한 동선 학습은 자주 방문하는 익숙한 장소로 효율적으로 이동하는 것을 가능하게 하는 일종의 자극-반응(S-R) 연합이다. 우리의 귀염둥이 다람쥐들은 소나무를 **표지**(beacon), 즉 보금자리를 찾기 위해 접근해야 하는 신호물로 사용하는 것으로 보인다. 표지([그림 3-1]의 a 참조)는 목표와 연합된 자극일 수도 있고, 매력적인 암컷의 냄새처럼 태생적으로 끌리는 자극일 수도 있다. 어느 경우이든 표지를 향해 접근하는 것은 공간정보의 활용이라기보다는 신호가 지닌 가치에 끌리는 반응이라고 할 수 있다.

목표로 하는 지점과 이에 대한 단서로 사용이 가능한 물체 사이에 충분한 거리가 존재하는 경우, 예를 들어 다람쥐의 집이 바위와 소나무 사이 어디인가에 위치한다고 할 때 바위와 소나무는 **이정표**(landmark) 역할을 한다. 어떤 물체를 이정표로 사용한다는 것은 동물이 물체의 위치와 목표 사이를 벡터로 계산한다는 의미이다([그림 3-1]의 b 참조). 그리고 나서 다음번에 목표를 향해 갈 때는 현재 위치와 이정표 간의 방향 및 거리를 목표 벡터와 끊임없이 비교해 가면서 이동한다. 목표의 위치는 2개 이상의 이정표가 있다면 정확하게 계산될 수 있지만(Kamil & Cheng, 2001), 벡터의 사용 방식은 종에 따라 다르다. 클라크잣까마귀의 경우에는 숨긴 씨앗에서 이정표에 이르는 거리와 **방위**(bearing; 각도 및 방향)를 기억하는데, 특히 방위가 정확하게 저장된다. 반면에 꿀벌들이 길을 찾는 방식은 마치 목표 지점에서 '스냅사진'을 찍은 후에 나중에 자신이 보고 있는 풍경이 스냅사진과 일치하는지를 맞추어 보는 것처럼 움직인다. 즉, 목표 지점 부근의 이정표를 더 크게 하면 목표에서 멀어지고, 작아지게 하면 그에 맞추어서 더 가까운 곳에서 목표를 찾는다.

제1장에서 사막개미의 먹이 찾기 행동을 설명하면서 **데드레코닝**[경로 재구성(path integration)과 동일한 의미][2]을 언급한 바 있다. 데드레코닝은 자기중심적이다. 집

을 떠나 여행하는 동물이 집으로 돌아오고자 한다면, 출발 장소로부터의 거리와 방향을 끊임없이 기록해서 중간에 지그재그로 이동했더라도 언제든지 표지나 이 정표 없이도 집으로 향하는 최단 경로를 찾아낼 수 있어야 한다([그림 3-1]의 c 참조). 데드레코닝이 자기중심적 방식이라는 사실은 제1장에서 설명한 사례에서도 명백하다. 먹잇감을 찾아 집으로 돌아가려는 개미를 잡아서 옆으로 50m 옮겨 놓으면 개미는 집에서부터 딱 50m만큼 이동된 위치로 찾아가서 마치 집이 그 근처 어디인 것처럼 빙빙 돌며 찾기 시작한다(Wehner & Srinivasan, 1981). 개미는 태양의 위치에 의해 방향을 찾고, 태양의 이동으로 생기는 오차는 내재적인 시계를 이용해 보정한다. 움직인 거리는 걸음걸이를 세어서 측정하고 중간에 만나는 경사진 지형, 언덕 등에 대해서 보정을 추가한다(Wittlinger et al., 2007). 데드레코닝은 쥐나 사람을 포함한 포유류에서도 사용되는 방식인데, 다만 포유류는 방향에 대한 정보를 내이(inner ear)의 전정기관으로부터 얻는다(Etienne & Jeffery, 2004). 이에 대한 증거로 쥐나 사람을 어둠 속에서 몇 바퀴 회전시키면 방향감각을 상실하고 마는 것을 볼 수 있다.

작은 설치류나 조류, 어류, 원숭이, 개미, 인간 유아가 [그림 3-1]의 d에 제시된 것과 같은 장방형의 상자 한쪽 구석에 있는 목표를 찾도록 훈련된 후에 방향을 잃게 만들면(예를 들어, 여러 번 빠르게 회전시킴으로써) 동물이나 유아는 목표가 있는 모서리뿐 아니라 대각선 방향의 맞은편 모서리를 같은 빈도로 방문한다(Cheng & Newcombe, 2005). 2개의 모서리를 구분해 주는 다른 단서가 없을 경우에 나타나는 이러한 행동은 기하학적 민감성(상자의 공간적 형태를 일컬음)을 나타낸다. 각각의 벽을 다른색으로 칠해서 뚜렷한 단서를 제공하는 경우에도([그림 3-1]의 d 참조) 많은 훈련을 거치지 않는 한 피험자들은 여전히 대각선 방향을 방문하는 실수를 한다. 이러한 발견은 처음에는 동물에서 기하학적 모듈이 공간정보 처리를 주

---

2) 데드레코닝은 자신이 움직인 방향 및 거리에 근거하여 현재의 위치를 추정하는 인지적 과정을 일컫는다. 해운학에서는 추측 항법이라고 부르는 항해 용어이며, 이 용어가 의미적으로는 동물이 보이는 행동에 부합하지만 동물 인지의 문맥과는 너무나 안 어울린다고 판단하여 차라리 영어 발음 그대로 데드레코닝이라고 부르고자 한다. 같은 의미로 경로 재구성이라는 용어도 사용된다.

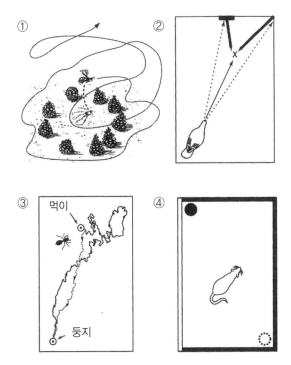

[그림 3-1] 대표적인 길찾기 메커니즘의 예들. ① 나나니벌(digger wasp)의 둥지(솔방울로 둘러싸인 모래 위에 작게 돌출된 구멍)는 표지 역할을 한다.[3] ② 감춰진 목표 X의 위치를 파악하기 위해 사용된 가상의 벡터들. 비둘기는 눈에 잘 띄는 이정표(벽면의 까만 막대)가 포함된 상황에서 목표를 찾는 훈련을 받는다. 상자 안에서 4개의 모서리 중 목표가 있는 쪽 모서리는 두 번째 이정표 역할을 한다. 점선 화살표는 지각된 자기 위치에서부터 이정표로의 벡터이며, 굵은 선의 화살표는 비둘기가 기억하고 있는 이정표에서 목표로의 벡터이다. 이 벡터들로부터 자기가 움직여야 하는 거리와 방향이 계산된다(가는 선의 화살표). ③ 사막개미에 의한 경로 재구성. 둥지에서 꾸불꾸불한 동선을 따라 움직이면서 음식을 찾은 후에 사막개미는 둥지를 향해 직선 경로로 되돌아온다(점선으로 표시된 경로). ④ 하얀 벽 하나와 검은 벽 3개로 이루어진 직사각형의 개방장. 검은색 점은 음식이 묻혀 있는 장소(목표 지점)를 표시한다. 강제로 회전시켜서 방향성을 상실한 쥐는 원래 목표가 위치한 모서리뿐 아니라 대각선 방향에 위치한 모서리를 같은 빈도로 방문한다. 이는 쥐가 벽의 색깔과 같은 국지적인 단서가 아닌 기하학적 단서에 의존한다는 증거이다.

출처: ① Tinbergen (1951)에서 인용; ③ Muller & Whner (1988)의 허락을 얻어 게재함.

---

3) 사실 이 그림은 나나니벌의 둥지가 표지(beacon)로 사용되는 일례를 보여 주기 위한 삽화지만, 동시에 이정표로 쓰이는 솔방울의 역할도 보여 주고 있다. 틴버겐의 고전적 실험에서는 솔방울의 위치를 옮겼더니 나나니벌이 원래 둥지가 있던 위치가 아닌, 솔방울이 옮겨진 위치 주변을 탐색하는 행동을 보인다는 사실을 발견했다. 즉, 먼 거리에서는 솔방울을 이정표로 사용하고, 솔방울에 근접해서는 둥지 자체를 표지로 활용한다는 사실을 증명했다. 저자인 셰틀워스 박사와의 대화를 통해 이 설명을 추가한다.

도하는 증거로 받아들였으나(Cheng, 1986), 동물이 과연 어떻게 기하학적 정보를 부호화하고 그에 대해 반응하는지에 대해서는 논란이 많다. 몇 가지 가능한 설명 들로는 목표 지점에서 왼쪽과 오른쪽 벽의 위치(벽으로부터의 거리 감지) 및 벽면의 상대적 길이와 같은 지역 단서의 활용, 또는 직사각형 상자의 긴 변을 축으로 하는 좌표상에서의 위치와 같은 전역 단서의 활용을 들 수 있고, 기하학적 정보의 부호 화와는 전혀 다른 장면-일치 메커니즘⁴⁾도 하나의 가능한 설명이다. 장면-일치 방식은 단순한 형태를 기억하는 것이 아니라 자기중심적 처리를 반영하는데, 먼 저 목표 지점에서 바라본 주변 풍경을 파노라마 형태로 부호화하고, 기억 속의 파 노라마 장면과 현재 보이는 장면을 계속해서 비교해 가면서 그 차이를 줄이는 방

목표 지점에서
바라본 파노라마 풍경

장면-일치 방식에
기반한 머리 움직임

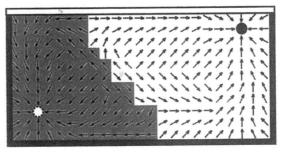

[그림 3-2] (위) [그림 3-1]의 d에 예시한 직사각형 개방장의 목표 지점에서 쥐가 사방을 둘러볼 때의 시야를 파노라마 뷰로 보여 주고 있다. 즉, 360도의 시야를 펼쳐서 보여 주고 있다. 이때 중심 에서 약간 오른쪽 지점이 목표 지점 쪽 모서리에 해당된다. (아래) 개방장의 각 지점에서 움직이는 개체가 현재 보이는 장면과 목표 지점에서 보이는 장면과의 차이를 최소화하기 위해 움직여야 하 는 방향을 화살표로 표시했다. 화살표대로 움직이면 목표 지점(검은색 점으로 표시) 혹은 기하학적 동일 지점(대각선 방향에 흰색 점으로 표시)에 도달하게 된다.

출처: Stürzl et al. (2008)의 허락을 얻어 재구성함.

---

4) 앞서 언급한 스냅사진 방식. 즉, 목표 지점에서의 풍경을 사진을 찍듯이 기억했다가 현재의 풍경과 기 억된 풍경과의 비교를 통해 점점 더 목표 지점에 가까워지는 방식이다.

향으로 움직이는 과정을 일컫는다([그림 3-2] 참조). 장면-일치 모델은 공간에서의 위치 파악을 설명하는 중요한 대안으로 떠오르고 있다(Cheung, Stürzl, Zeil, & Cheng, 2008; Sheynikhovich, Chavarriaga, Strosslin, Arleo, & Gerstner, 2009). 무엇보다도 이러한 장면-일치 방식은 순전히 기계적인 절차이며, 따라서 로봇 등에 적용하기가 쉬운 알고리즘이다. 이 모델에서 기하학적 정보나 표지, 이정표는 선택적으로 부호화될 수 없고 그저 시각적 파노라마의 일부로 처리될 뿐이다.

공간정보의 통합

자연의 환경은 보통 다양한 공간 단서로 가득 차 있다. 어떤 단서들이 선택되며, 이러한 단서들이 제공하는 정보는 어떻게 통합되는가? 이 질문은 2개 혹은 그 이상의 단서들을 분리시켜서 하나는 한쪽 길을, 다른 하나는 다른 길을 유도하는 상황을 만드는 실험을 고안함으로써 답을 구할 수 있다. 대표적인 예로서 틴버겐(Tinbergen, 1932/1972)의 나나니벌 연구를 들 수 있다. 나나니벌이 광역 단서를 사용하는지 지역 단서를 사용하는지를 보고자 틴버겐은 둥지 주변에 동그란 형태로 솔방울을 늘어놓았다([그림 3-1]의 a 참조). 그리고 나서 나나니벌이 몇 차례의 먹이 찾기 출장을 다녀온 후에 둥지가 비어 있는 틈을 타서 솔방울의 위치를 약간 옆으로 옮겨 놓았다. 돌아온 나나니벌은 솔방울 원의 가운데에 착륙해서 둥지를 찾기 시작했다. 조금만 옆으로 가면 둥지가 있는데도 불구하고 솔방울 원의 안쪽만 탐색했다. 이 경우에 근거리에 있는 이정표가 원거리에 있는 이정표나 둥지 입구 같이 뚜렷한 지표보다 더 중요하게 작용했다. 물론 솔방울을 찾기 위해서 멀리서 날아왔을 때는 먼저 광역 이정표를 사용했을 것이 틀림없다. 이렇게 단서를 위계적으로 사용한 또 다른 예로 햄스터가 먹이를 집에 모으는 행동을 들 수 있다. 햄스터가 먹이를 구하러 낯선 영역을 방문하면 처음에는 데드레코닝을 사용해서 집으로 돌아가지만 나중에는 이정표들의 위치를 배워 활용한다. 이정표들을 약간만 움직였을 경우에 경험이 많은 다람쥐는 데드레코닝은 무시하고 이정표에 의존한다. 그러나 만약 이정표들을 다 없애 버리거나 아주 멀리 옮겨 놓은 경우라면 다시 데드레코닝으로 돌아간다(Etienne, 2003).

원거리에 있는 공간 단서들은 단독적으로 사용되기보다는 합쳐져서 평균치를 제공하기도 한다(Cheng, Shettleworth, Huttenlocher, & Rieser, 2007). 2개의 단서가 존재할 때 동물은 그 두 단서 사이의 위치를 탐색하되, 그 둘 중에 좀 더 많은 정보를 제공하는 단서에 더 가까이 간다. 즉, [그림 3-1]의 b에 예시된 것처럼, 이정표와 목표를 연결하는 벡터들에 가중치를 부여한 뒤에 평균을 계산해서 움직인다. 목표에 더 가까이 있는 이정표에 의존할 경우에 더 정확한 길찾기가 가능하며, 따라서 멀리 있는 이정표보다 더 큰 가중치를 부여하게 된다(Kamil & Cheng, 2001).

연합학습과 다중 공간 단서

톨만(Tolman, 1948)의 고전적 이론에 의하면, 인지 지도는 환경자극 간의 관계를 학습하는 자극-자극(S-S) 학습이며, 이는 그 당시 주류를 이루고 있던 자극-반응(S-R) 이론으로 경로 학습을 이해하려는 방식과 대조적이다. 쥐는 탐색하는 동안에 자연스럽게 물체의 위치를 배우게 되며, 인지 지도는 가시적인 보상 없이도 습득된다는 주장은 당시로서는 혁신적이었다(제2장의 [그림 2-2] 참조). 이를 지지하는 예로서 톨만의 고전적 연구에서 보인 **잠재학습**(latent learning)을 들 수 있다. 잠재학습은 쥐들이 보상이 없는 탐색 기간 동안에 미로의 구조에 대해 학습하였다는 명백한 증거가 된다. 보상 없이 탐색했던 쥐들에게 이후에 보상이 제공되면 사전 탐색을 경험하지 못한 쥐들보다 훨씬 더 빠르게 보상의 위치를 학습한다. 오키프와 네이델(O'Keefe & Nadel, 1978)의 영향력 있는 이론에 따르면, 인지 지도는 **지역 시스템**(locale system)이라고 불리는 해마 의존적인 특별한 학습 시스템에서 비롯된다.[5] 이와 대조적으로 **분류 시스템**(taxon system)은 연합학습을 관장한다. 공간에 대한 새로운 정보는 마치 종이 지도처럼 인지 지도에 거의 무제한적으로 추가될 수 있다. 이러한 특성은 인지 지도를 조건화 학습과 완전히 다른 것으

---

5) 지역 시스템의 대표적인 예로 앞서 언급한 이정표의 활용을, 분류 시스템의 예로는 표지를 들 수 있다.

로 구분되게 한다. 반면에 조건화 학습에서는 복합자극이 제시되는 경우에 오히려 자극들 간에 제한된 연합강도를 놓고 경쟁이 일어난다(제2장 참조).

사전에 훈련에 사용된 단서에 의해 이후의 학습이 방해받는 현상인 블로킹은 학습에서 단서 간에 경쟁이 존재함을 보여 주는 대표적인 증거이다. 즉, 한 단서를 사용해서 목표 지점을 찾게 훈련시킨 후에 두 번째 단서를 추가해서 훈련시키는 실험을 수행한다. 통제집단에서는 한 단서에 대한 사전 훈련 없이 처음부터 2개의 단서를 같이 사용해서 훈련시킨다. 그리고 나서 두 집단 간에 목표 지점을 찾는 정확도를 비교한다. 블로킹 집단과 통제집단의 수행을 비교한 결과(즉, 블로킹 집단의 수행이 더 저조하다면 연합학습과 마찬가지의 결과인 것이고, 그렇지 않다면 인지 지도의 특수성을 지지하는 증거가 될 것이다), 단서에 따라 결과가 다르게 나타났다. 쥐가 표지를 이용해서 수영장 내의 도피대를 찾는 걸 학습했을 경우에는 나중에 추가된 이정표에 대한 학습이 방해를 받았다. 또한 이정표를 사용하여 먼저 학습했을 경우에도 추가적인 이정표에 대한 학습이 방해를 받았다(Pearce, 2009). 그러나 데드레코닝으로 집에 돌아오는 경험을 먼저 한 경우, 나중에 추가된 표지나 이정표에 대한 학습은 방해를 받지 않았다. 이는 데드레코닝이 다른 타자중심적 방법에 의존한 방향 찾기와 병행해서 처리될 수 있다는 사실을 지지하는 결과이다(Shettleworth & Sutton, 2005).

얼핏 보아서는 기하학적 단서에 의한 학습과 이정표나 표지에 의한 학습 역시도 서로 경쟁하지 않는 것 같다(Pearce, 2009). 예를 들어, 쥐를 정사각형 상자 안의 검은색 줄무늬로 표시된 위치에서 먹이를 찾도록 훈련시킨 후에 직사각형 상자로 옮기면 줄무늬에 대한 학습을 그대로 보존할 뿐만 아니라, 추가적인 훈련을 시킬 경우에 처음부터 기하학적 단서만으로 훈련된 쥐들(즉, 검은색 줄무늬가 없는 상자에서 훈련된 쥐들)만큼이나 기하학적 단서를 잘 이용한다(Wall, Botly, Black, & Shettleworth, 2004). 이러한 결과는 상자의 모양을 학습하는 기하학적 모듈이 따로 존재한다는 가설에 잘 부합한다(Cheng, 1986). 그러나 한 가지 해석에 있어 유의할 점은 동물이 자신이 어느 모서리를 방문할 것인지를 자유롭게 결정할 수 있기 때문에 시각 단서와 보상 간의 수반성을 통제할 수 있는 상황이라는 점이다. 이러한 사실을 반영하여 모델을 구성했을 때는 기하학적인 단서(모서리의 형태)들과 시각적 단서(검은색 줄무늬와 같은 특징들) 간의 경쟁이 학습에 중요한 영향을 미치는 것으로 나타났다(Miller & Shettleworth, 2007; 하지만 Pearce, 2009도 참조할 것).

그렇다면 과연 동물들이 인지 지도를 사용하는가

전통적으로 인지 지도 이론은 익숙한 경로가 차단되었을 때 새로운 지름길 혹은 우회로를 찾아내는 능력을 증거로 삼는다. [그림 3-3]에 나타낸 미로는 이러한 경우를 보여 주는 고전적인 검사 방법인 '방사형(sunburst)' 미로이다.6) 그러나 이러한 형태의 미로는 중대한 결함을 가지고 있다. 목표 지점 옆의 불빛은 표지에 해당하며, 따라서 미로의 중심에 놓인 쥐가 목표 지점을 향해 움직이는 것은 반드시 인지 지도대로 움직인 것이 아닐 수 있다. 쥐의 인지 지도를 검증한 최근 연구들은 이러한 문제를 피해 가기 위해서 미로에 덮개를 씌워서 오직 바닥의 질감과 같은 지역 단서들만 가용한 상황을 만들어서 실험했다(Roberts, Cruz, & Tremblay, 2007; Singer, Abroms, & Zentall, 2006). 쥐들은 반복적으로 미로를 가로질러 왕복하면서 이러한 지역 단서와 전정감각(vestibular), 그리고 고유감각(proprioceptive) 단서만을 이용해서 각각의 통로(arm)들이 상대적으로 어떻게 위치했는지를 배울 수 있었다. 이러한 새로운 실험 절차를 적용했을 때에도 쥐들은 적절한 새 경로를 찾을 수 있었고, 그 경로는 우연 수준 이상으로 기존의 경로와 가깝게 나타났지만 이를 과연 인지 지도가 존재한다는 증거로 삼을 수 있을지는 논란의 여지가 있다.

---

6) [그림 3-3]에 설명이 있지만 조금 더 보충 설명을 추가한다. 훈련 기간 동안의 쥐는 방사형 미로가 아닌 'ㄷ'자 미로를 통과해서 북동쪽(그림의 위쪽을 북쪽이라고 가정하면)에 있는 먹이를 얻는다. 이렇게 잘 훈련된 쥐를 방사형 미로에 놓게 되면 먹이가 놓인 위치와 가장 근접한 통로를 선택하는 경향을 보인다는 것이 톨만의 실험 결과이고, 이는 인지 지도 이론을 지지한다. 만약 이러한 인지 지도가 없다고 가정하면 쥐는 새로 놓인 미로 상황에서 다른 방향에 있는 여러 통로를 방문하는 시행착오 학습을 보일 것이다. 또한 만약 쥐가 자극-반응 기억에 의해 먹이에 접근하는 방식을 학습했다면 오히려 서쪽의 통로를 방문할 가능성이(최초의 'ㄷ'자 미로에서는 먼저 서쪽으로 이동하는 경로를 택해야만 했으므로) 더 높았을 것이다.

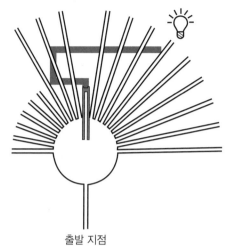

출발 지점

[그림 3-3] 톨먼, 리치와 칼리시(Tolman, Richie, & Kalish, 1946)가 쥐의 장소학습을 연구하기 위해 사용한 실험 장비. 훈련 기간 동안에는 그림에 약간 흐린 색으로 표시된 'ㄷ'자 모양의 통로만 존재하고 쥐는 출발 지점에서 그 통로를 통해서 불빛 아래에 있는 먹이에 접근하는 행동을 학습한다. 그리고 나서 검사 시행에서는 여러 개의 통로로 이루어진 '방사형 미로'가 주어지고 쥐는 여러 개의 통로 중 하나를 선택하게 된다.

꿀벌들은 벌집 주변 영역에 대한 공간적인 정보를 높은 수준으로 습득함이 알려져 있고, 따라서 인지 지도에 관한 연구에서 단골로 등장한다. 초기의 연구들에서는 톨만의 쥐들이 보인 행동처럼 꿀벌들의 행동 역시도 인지 지도의 활용인지, 아니면 목표물 근방에 있는 자극 단서를 향해서 접근하는 행동인지를 구분할 수 없었다(Dyer, 1991). 그러나 이후의 연구에서는 이런 문제가 해결되었다(Menzel et al., 2005). 이러한 연구에서는 자신의 둥지와 꿀이 있는 장소 사이를 왔다 갔다 하는 데 익숙해진 꿀벌들을 잡아서 막 꿀을 짊어지고 떠나려는 찰나에 초소형 레이다 안테나를 부착한 후에 수백 미터 떨어진 곳에 놓아주게 된다. 처음에 이 꿀벌들은 원래 출발하려던 장소에서 둥지를 향하던 그 방향 그대로 날아간다. 그리고 원래 둥지에 도달하는 데 필요한 거리만큼 날아간 뒤에는 둥지를 찾는 것처럼 주변을 빙빙 돈다(그러나 둥지는 그 자리에 있지 않다). 그러다가 갑자기 원래 둥지가 있던 장소를 향해 방향을 급선회해서 날아간다. 이러한 '탐색 비행(searching flight)'은 꿀벌들이 꿀이 있는 장소 주변의 모든 방향에 대한 상세한 지도를 가지지 못하고 있음을 시사한다. 만약 그렇다면 탐색 비행이 필요하지 않았을 것이다. 대신에 벌들은 몇몇 지점에서 둥지에 도달하는 방향과 거리를 포함한 벡터 지도를 가지고 있는 것 같다. 그리고 벌들의 행동에서 뚜렷이 나타나듯이, 이러한 벡터 지도는 잘 학습된 경로를 따라 먹이와 집 사이를 오가는 동안에는 거의 소환되지 않는 것으로 보인다.

많은 연구가 원숭이, 미어캣, 설치류 등의 척추동물들이 집을 찾아가는 방식을 열심히 조사했지만 실험적으로 동물들의 머릿속에서 처리되는 공간정보의 실체를 추정하거나 조작하기란 매우 어렵다(Janson & Byrne, 2007). 하지만 현대의 추적장치들의 발달 덕분에 자유롭게 날아다니는 전서구(homing pigeon)들을 활용한 실험들이 늘어나게 되었다(Nagy, Akos, Biro, & Vicsek, 2010). 이러한 장치들이 더욱 소형화되고 정교해지면서 자연 상황에서 동물들이 보이는 공간 관련 행동에 대한 새로운 정보가 많이 등장할 것으로 기대한다. 그렇다면 사람에 대한 연구는 무엇을 할 수 있는가? 인지 지도라는 개념 자체가 의인화를 반영하는 개념이기는 해도 사람 역시도 언제나 이 인지 지도를 가지고 행동하는 것처럼 보이지는 않는다. 예를 들어, 강의실 안에서 공간 감각을 검사해 본 연구에서는 학생들이 캠퍼스의 여러 지점에 대한 방향 파악이 그다지 정확하지 않음을 알아냈다(Wang & Brockmole, 2003). 또한 반쯤 차단된 부스에 앉아 있는 피험자들이 파악한 부스 바깥과 안쪽의 위치 관계도 정확하지 못했다(Gibson, 2001). 현대에 와서 사람을 대상으로 한 공간학습의 연구는 대부분 가상현실상에서 길찾기 능력을 검사한다. 가상현실상에서의 길찾기가 유용한 도구이기는 하지만 가만히 앉아 있는 상태에서 이루어지는 자기중심적인 시각 단서 중심이므로 실제로 자의적으로 움직일 때 발생하는 고유감각이나 전정감각에 의한 피드백 정보의 영향은 볼 수 없다는 한계가 존재한다.

맺음말

이 절의 주제를 잘 요약해 주는 표현으로 매킨토시(Mackintosh, 2002)가 쓴 개관

논문의 제목을 인용하고자 한다. "그들이 인지 지도를 가졌는지 아닌지는 중요한 문제가 아니다. 중요한 것은 그들이 어떻게 길을 찾는가이다." 매킨토시의 이 관점은 책의 나머지 부분에서도 일관되게 이어진다. 거대하지만 애매하게 정의되고, 의인화된 작동 방식보다는 학습과 행동 통제의 기초적인 원리에 의한 분석이 더 효과적인 설명이 될 수 있음을 보여 주는 사례들 위주로 제시하고자 한다. 길찾기에 기여하는 여러 가지 처리 과정—기하학적 정보 처리, 데드레코닝, 이정표의 활용 등은 인지기능의 모듈화를 보여 주는 강력한 사례들이며, 이 책 전반에 걸쳐 가장 중요한 주제 중의 하나이다. 이런 모듈화된 과정들은 선택적으로 입력 정보를 받아서 각각의 모듈에 특수화된 방식으로 처리한다(Jeffery, 2010 참조).

두 가지의 시간 시스템

시간을 표상하고 적절한 타이밍에 반응하기 위해 동물들은 두 가지의 시스템을 보유하고 있다. 그 하나는 낮과 밤의 변화에 맞추어 활동하게 해 주는 **일주기 시스템**(circadian system)으로 동물은 물론이고 박테리아나 식물에까지 존재한다. 다른 하나는 척추동물과 무척추동물의 일부에 존재하는 **시간 간격 시스템**(interval timing system)으로 수 초에서 수 분, 때로는 몇 시간에 이르는 임의의 시간 간격을 처리할 수 있다. 두 시스템 모두 학습과 기억에 중요한 역할을 한다. 두 시스템을 하나의 모델로 설명할 수도 있지만 그러기에는 둘 간에 근본적인 차이가 너무 큰 것으로 보인다.

일주기 타이밍

매일매일 이루어지는 빛과 어둠의 변동에 적응하여 활동과 휴식의 리듬을 조절하는 일주기 시스템은 거의 모든 생명체에 필수적이다(Dunlap, Loros, & Decoursey, 2003). 그러한 리듬이 빛이나 어둠이 계속되는 상황에서도 유지되는 것으로 보아 단순히 환경 변화에 대한 반응만으로 이루어진 것은 아님이 분명하다. 그러나 이렇게 자동적 혹은 내재적으로 유지되는 리듬이 일반적으로 정확하게 24시간이 아니고 약간 짧거나 길다는 사실은 일주기의 어원인 'circa(around; 부근, 근방) + dien(day; 하루)'에 잘 표현되어 있다. 매일 잠깐씩 빛이나 어둠에 노출되기만 하면, 그리고 그 타이밍이 적절하다면 일주기 리듬은 다시 24시간에 맞춰 동기화된다. 즉, 동조(entrainment)가 일어난다. 일주기 리듬은 오직 24시간 간격에만 맞춰 동조될 수 있으며, 빛과 종-특이적인 사건들에 의해서만 동조가 일어나고 그로 인한 한계도 종의 특성을 반영한다.

일주기 리듬은 동물들로 하여금 하루 중 언제가 어떤 일을 하기에 가장 적합한 시기인지를 알려 주는 역할을 하고 이를 위해 때로는 학습이 관여하는데, 이는 아마도 동물이 어떤 행동을 할 때 시간에 대한 정보가 자동으로 부호화되기 때문일 것이다(Gallistel, 1990; 하지만 Thorpe & Wilkie, 2006도 참조할 것). 예를 들어, 꿀벌은 꽃으로부터 가장 많은 꿀을 채집할 수 있을 경우에 방문한다. 그러한 시간-장소 연합은 실험실에서도 재현되었는데, 여러 개의 먹이 공급기를 각각 다른 시간에 방문해서 먹이를 먹게 하는 훈련을 시킬 수 있다. 그리고 난 후에 동물의 낮밤 주기를 변화시키면 새롭게 조정된 일주기를 따라서 방문 시간도 조정된다.

시간 간격 변별

사건들의 지속 시간은 모든 종류의 학습과 기억에 중요한 정보이지만, 동물이 24시간보다 짧은 시간 간격을 어떻게 처리하는지에 관한 연구 대부분은 도구적 조건화 절차를 사용했다(Church, 2002 참조). 예를 들어, 시간 관련 연구에 가장 자주 사용되는 **정점 절차**(peak procedure)에서는 어떤 신호가 주어지고 고정된 시간이 흐른 뒤에 나오는 첫 번째 반응에 강화가 주어진다. 종종 제시되는 **검사 시행**(empty trial)[7]에서는 강화가 주어지지 않고 신호자극이 아주 길게 유지된다. 훈련

---

7) 검사 시행의 목적은 강화에 의해 방해받지 않고 순수하게 동물이 학습한 내용을 파악하기 위한 것이다. 강화(예를 들면, 먹이)가 주어지는 순간에 동물은 먹이를 먹는 행동으로 돌입할 것이다.

시행이라면 단 한 번의 정확한 반응만이 요구되지만, 강화가 없는 검사 시행에서는 주어진 시간 간격에 이를 때까지 반응이 점점 증가하다가 다시 감소하는 경향을 보인다([그림 3-4] 참조). 이러한 오류 패턴은 검사하고자 하는 시간 간격이 수 초, 수 분 혹은 수 시간인 경우에도 동일하게 나타날 뿐만 아니라 정점을 중심으로 한 오류반응의 분포는 주어진 시간 간격의 크기에 비례하는 경향을 보인다. 즉, [그림 3-4]에서 볼 수 있듯이 시간 단위를 조정하게 되면 반응의 분포는 시간 간격의 크기와 무관하게 동일한 양상을 보인다. 이러한 경향을 **비례적 타이밍**(scalar timing)이라고 하는데, 일종의 베버의 법칙(Weber's law)[8]이라고 할 수 있다. 베버의 법칙을 따르는 시스템에서는 많은 양과 적은 양을 똑같은 비례적 정확도로 구분할 수 있다. 예를 들어, 40초를 30초와 구분하는 경우와 4초를 3초와 변별하는 경우를 비교하면 비례적으로 정확도의 차이가 없다고 할 수 있다. 수없이 많은 종을 대상으로 다양한 시간 측정 패러다임을 적용해서 얻은 데이터들은 비례적 타이밍이 예측하는 바와 일치한다. 실험 상황에서 빛이나 소리 자극, 시행 간 간격이나 한 회기에 소요되는 시간 등 모든 사건이 시간 학습의 대상이 될 것이고, 때로는 동시에 여러 개의 시간 간격을 처리해야 할 경우도 있을 것이다. 야생에서 벌새들은 두 가지 종류의 꽃 각각에 대해 꿀의 가용 여부가 시간에 따라 변해 가는 양상을 동시에 추적할 수 있다(Henderson, Hurly, Bateson, & Healy, 2006). 따라서 하루 중의 특정 시간에 대한 정보를 처리하는 일주기 타이밍과는 다르게, 시간 간격 추정의 경우는 임의의 지속 시간을 가지는 임의의 사건에 대한 처리를 담당하게 된다.

시간 간격 처리 시스템의 두 번째 중요한 특성은 **시간 이분할**(temporal bisection) 과제를 통해 밝혀졌다. 이 절차에서는 2개의 시간 간격이 존재하고 피험 동물이 그 두 간격을 어떻게 지각하고 있는지를 알아보기 위해 중간값을 추정하게 하는

---

8) 물리적 감각의 강도가 심리적 강도로 변환되는 방식에 대한 법칙. 베버의 법칙은 차이 역치(difference threshold), 즉 어떤 물리량에 변화가 일어났는지를 알기 위해 필요한 최소한의 물리량에 관한 연구에서 출발했다. 베버의 법칙은 물리량의 기저강도와 차이 역치의 비율이 언제나 동일하다고 예언하고 이를 베버 상수(Weber fraction)라고 부른다. 물리량의 기저강도와 무관하게 베버 상수는 언제나 동일하다. 예를 들어, 10kg의 무게가 변했다는 것을 알기 위해 필요한 최소의 물리량이 1kg라면 상수는 0.1이고, 따라서 20kg의 무게가 변했다는 것을 알기 위해서는 2kg의 변화량이 필요하다.

과제를 수행하게 한다. 예를 들어, 한 레버는 3초짜리 소리자극에 대해서, 다른 레버는 12초짜리 소리자극에 대해서 누르면 보상을 받는 경우, 이렇게 훈련된 쥐에게 두 소리자극의 중간 정도 되는 길이의 소리자극을 제시하면 어떤 반응을 보일까? 두 레버가 같은 정도로 선택되게 만드는 소리자극의 길이는 두 간격의 산술 평균인 7.5초가 아닌 기하 평균($\sqrt{3 \times 12}$)인 6초였다. 다음에 좀 더 구체적으로 설명하겠지만, 이 결과가 의미하는 바는 시간에 대한 지각이 실제 시간의 흐름에 대해 선형적으로 증가하지만 시간 간격의 비교는 비율에 의존한다는 것이다(예를 들어, 6:3=12:6이므로 3과 12의 중간값은 비례식을 같게 하는 지점인 6이 되는 것이다).

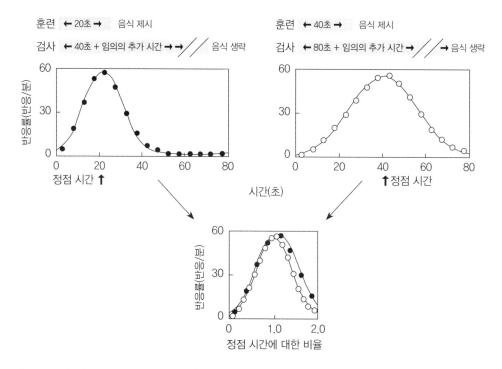

[그림 3-4] 정점 절차(peak procedure)를 통해 훈련된 쥐로부터 얻은 평균 반응 데이터. 훈련 시행에서는 신호가 주어지고 나서 20초 혹은 40초 후에 반응하면 음식이 강화물로 주어졌고, 검사 시행에서는 음식이 주어지지 않고 훈련 시보다 긴 신호가 주어졌다. 다음의 그림은 두 실험에서 얻은 데이터를 X축(시간 축)에 대한 단위를 변화시킨 뒤(반응 정점 시간을 기준으로 한 상대적인 단위)에 겹친 결과를 보여 준다.

출처: Roberts (1981)로부터 허락을 얻어 재구성함.

시간 간격 처리의 모델들

가장 영향력 있는 시간 간격 처리 모델은 **비례적 기대 모델**(scalar expectancy model)로 불리는 시간 정보 처리에 관한 일종의 **페이스메이커-누산기**(pacemaker-accumulator) 모델로, 가상적인 페이스메이커가 발생하는 규칙적인 펄스에 의해 지나간 시간의 추정이 이루어진다는 이론이다(Gibbon & Church, 1990). 어떤 중요한 사건에 의해 이러한 펄스의 횟수를 더하는 누산기가 개시된다. 이 누산기는 작업기억 내에 있는 일종의 계수기 같은 역할을 한다. 이렇게 해서 누적된 펄스의 횟수는 최종적으로 **참조기억**(reference memory)에 기록된다. 참조기억에 저장되는 숫자는 평균값이 아니라 관련된 모든 누산기의 개별 값이 기록된다(Gibbon, Church, Fairhurst, & Kacelink, 1988). 친숙한 사건에 대한 값은 누산기에 기록된 값과 비교가 이루어지고, 만약 그 값의 비율이 어떤 역치를 넘어서면 동물은 그에 해당하는 반응을 하게 된다. 페이스메이커는 시계의 초침처럼 완벽하지는 않고 약간의 무작위적 변산을 가지기 때문에 시간이 길면 길수록 오류가 축적되는 양도 많아지고, 따라서 시간 간격 추정에 따른 오류의 변산은 베버의 법칙과 유사한 패턴을 따르게 된다.

비례적 기대 모델은 정보처리 관점에서는 훌륭한 인지심리학적 모델이다. 그러나 모델의 핵심이 가설적 구조와 처리 과정에 의존한다는 약점이 있다. 이러한 점을 보완한 모델이 **진동자 모델**(oscillator model)이다(Buhusi & Meck, 2005; Gallistel, 1990). 동물의 신경계는 많은 종류의 규칙적인 활동을 발생시킨다. 예를 들어, 날갯짓이나 핥기 같은 행동은 일정한 주기로 반복된다. 진동자 모델은 여러 개의 진동자가 일정 간격으로 발생시키는 신호에 기반하여 시간 간격 추정이 이루어진다고 본다. 시간을 정확하게 파악하기 위해서는 수 초에서 며칠에 걸친 여러 가지 스케일을 가진 진동자를 필요로 한다. 예를 들어, 일주기 진동자만 있다고 한다면 오늘 오전 10시와 어제 오전 10시를 구분할 방법이 없을 것이다. 또한 수 초 정도의 간격을 구분하기에는 너무 스케일이 커서 정확도가 떨어질 것이다. 일주기 리듬 외에는 실제로 어떤 다양한 스케일을 가진 진동자들이 존재하는지 알려진 바는 없다.

완전히 다른 접근 방식은 시간의 행동 이론 혹은 **시간 추정 학습**(Learning to Time: LeT) 모델이라고 불리는(Machado, 1997) 이론으로, 시간을 측정하기 위한 시계 같은 메커니즘이나 그 어떠한 내부적 인지 구조를 가정하지 않고 작동한다는 특징을 가진다. 짧은 시간 간격으로 먹이가 일정하게 주어지는 **고정시간계획**(fixed time schedule)[9]에서 동물이 일정한 행동의 연쇄를 반복한다는 사실에 착안한 모델이다. 행동의 연쇄는 동물의 내부에서 일어나는 동기 상태 혹은 행동 상태의 연쇄를 반영한다. 따라서 이 모델을 도구적 조건화를 활용한 시간 추정 상황에 적용한다면 특정한 내부적 상태가 특정한 반응과 연합되고, 그러한 상태들의 연쇄가 언제 어떤 행동이 나올지를 결정하게 된다. 따라서 만약 먹이가 주어지는 간격이 줄어들면 이러한 연쇄의 진행도 빨라진다. 이러한 LeT의 이론적 방식을 따르면 독특한 예측이 가능하다. 즉, 어떤 주어진 시간 간격에 대한 추정은 절대적인 시간이 아니라 주어진 시간 간격이 어떤 맥락과 연관되어 추정되는가에 따라 달라진다는 것이다. 이 예측은 실험적으로 지지되었다(Machado & Pata, 2005).

요약하자면 일주기 타이밍과 시간 간격 타이밍에 관한 연구들은 행동의 많은 측면을 이해할 수 있게 해 준 것은 물론이고, 그 과정에서 정밀하고 잘 배열된 데이터의 전형이라고 할 만한 결과를 많이 제공했다. 현시점에서 비례적 기대 이론이 아마도 대부분의 데이터를 설명하는 가장 유력한 모델로 보이지만 진동자 모델이나 LeT 모델 역시 몇몇 데이터에 대해서는 뛰어난 설명력을 제공한다. 이외에도 시간 간격 처리를 설명하는 몇몇 모델이 존재한다(Church, 2006 참조). 진동자 모델은 일주기와 시간 간격 타이밍 둘 다를 설명하는 유일한 모델이지만 일주기 타이밍에만 존재하는 독특한 현상들을 모두 설명하지는 못한다.

---

9) 도구적 조건화에서 사용하는 고정간격강화계획(fixed interval schedule)과는 다른 계획이다. 고정간격강화계획에서는 동물이 반응해야만 강화를 얻을 수 있지만, 고정시간계획에서는 반응 여부에 상관없이 일정한 시간 간격으로 먹이가 주어진다. 즉, 고전적 조건화 상황을 일컫는다.

수 인지

"동물도 숫자를 셀 수 있는가?"는 비교 심리학의 오래된 의문이다. 20세기에 세상을 떠들썩하게 했던 말, '영리한 한스' 이야기는 그럴 수도 있지 않을까라는 증거를 제시하는 것처럼 보였다. 한스는 숫자에 관한 문제에 대해서 발굽으로 바닥을 두드리는 방식으로 대답하곤 했다(Pfungst, 1965). 한스는 영리한 말이었지만 영리함의 근원은 계산할 수 있는 능력이 아니고 질문자의 무의식적인 미묘한 동작을 알아챌 수 있는 학습 능력이었다. 따라서 이 해프닝은 실험자가 피험 동물과의 상호작용을 통해 영향을 미칠 수 있다는 경고와 함께 영리한 한스 효과라는 이름으로 기억하게 되었다.

20세기는 동물에게 숫자 세기와 유사한 기술을 가르치려는 많은 노력으로 점철된 시기였다(Shettleworth, 1998 참조). 하지만 실험실 동물에게 제한된 몇 개의 항목에 대해 정확하게 숫자를 인식하고 반응하게 하려는 훈련은 우리가 생각하는 숫자 인식 능력, 즉 크기와는 무관하게 물체의 개수만으로 비교할 수 있는 계통학적으로 광범위하게 공유되는 능력과 동물의 수 인지 개념과는 거리가 있다는 사실을 깨닫게 해 주었다. 예를 들어, 동물에게 2개의 강화물과 3개의 강화물 사이의 차이를 구분하도록 시켰다고 해서 동물이 숫자를 인식하고 처리한다고 보기는 어렵다. 이후 비교 심리학 및 발달 심리학적인 연구들이 연대하여 이러한 근사 숫자 시스템(approximate number system)이 여러 종의 동물과 모든 나이의 인간에 걸쳐 존재함을 밝혔고, 뇌에서 어떤 방식으로 처리되는지에 대한 이해도 증진되었다(Nieder & Dehaene, 2009). 3에서 4에 이르는 숫자 간의 명확한 구분은 또 다른 시스템인 **대상 추적 시스템**(object tracking system)에 의해 가능한 것 같다. 대상 추적 시스템은 적어도 인간의 영아를 포함한 영장류에서는 존재하는 것으로 보인다. 근사 숫자 시스템과 마찬가지로, 대상 추적 시스템들은 유용한 물건들의 숫자 파악이 필요한 상황에서 자동적으로 작동하는 것 같다.

명확한 작은 숫자 시스템

　명확한 작은 숫자 시스템(precise small number system)의 특성에 관해서는 야생의 붉은털원숭이들을 대상으로 한 연구에서 기술된 바 있다(Hauser, Carey, & Hauser, 2000). 원숭이들이 지켜보는 앞에서 실험자가 2개의 상자에 1개, 2개 혹은 3개의 사과 조각을 넣는 모습을 보게 하였다. 실험자가 물러나고 원숭이가 다가와서 2개의 상자 중 하나를 열고 내용물을 가져가게 하였다. 이와 같은 과제로 훈련을 받아 본 적이 없음에도 대부분의 원숭이가 첫 번째 시행부터 사과 조각이 더 많이 든 상자를 선택했다. 그러나 상자 속에 4개 이상의 사과 조각이 들어있는 경우는 선택에 곤란을 겪었다. 즉, 원숭이들은 3조각과 4조각 사이에서는 4조각을 선택했지만 5조각과 4조각 혹은 6조각과 4조각 사이에서는 거의 무선적으로 선택하는 모습을 보였다. 혹시 사과 조각의 숫자가 아니라 실험자가 사과 조각을 집어넣는 데 걸리는 시간에 주의를 기울였을 가능성을 배제하기 위해 사과 대신 돌멩이를 차이 나는 숫자만큼 넣어서 시간을 같게 해 봐도 같은 결과를 얻었다. 어린 아기들도 유사한 연구에서 같은 패턴을 보였는데, 1세 이하의 아기들의 경우에 정확한 숫자 구분의 한계는 4가 아니고 3이었다. 이러한 연구들에서는 아기들이나 원숭이들이 예상치 못했던 사건에 대해 평소보다 길게 쳐다본다는 사실에 착안하여 암묵적으로 산술 조작을 행할 수 있다는 사실을 증명했다(Cordes & Brannon, 2008). 예를 들어, 원숭이가 2개의 가지(eggplant)가 차례로 커튼 뒤에 숨겨지는 걸 본 뒤에 커튼을 들어 올려서 가지를 보여 준다. 커튼 뒤에 1개의 가지만 남아 있는 경우에 2개를 본 경우보다 오래 쳐다보았다. 즉, '1 + 1 = 2'이어야 하는데 원숭이들이 예상치 못한 결과가 나와 어리둥절해하는 것처럼 보였다.

　이 모든 결과는 어떤 물체를 인식하고, 그 존재를 시공간 좌표 속에서 끝까지 추적하는 데 필요한 제한적 용량을 지닌 지각 기억인 대상 추적 시스템을 가정함으로써 설명이 가능하다. 세트 간의 비교는 이러한 임시적인 '물체 기록'에 의거해서 하나하나를 맞추어 보는 식으로 이루어진다. 이렇게 정량적 분별을 가능하게 하는 대상 추적 방식 시스템의 두 가지 큰 특징은 제한된 용량(성인의 경우라고 하여도 4개 정도가 최대치)을 가지고, 양과 무관한 정확성, 즉 2개와 3개의 구분이 1개와 2개의 구분만큼이나 정확하다는 점이다. 다음에 설명할 두 번째 시스템과는 이 두 가지 측면에서 다르다.

근사 숫자 시스템

근사 숫자 시스템의 특징들은 원숭이로 하여금 터치스크린 상에 나타난 2개의 그림 속 요소들을 숫자 순서대로 반응하게 하는 연구에서 잘 묘사되고 있다. [그림 3-5]에 예시한 연구처럼, 요소들의 크기와 배열 방식, 빈 곳의 크기 등은 시행마다 다양하게 변화되어 제시되었기에 숫자 이외의 다른 단서, 예를 들면 검은색이 화면에서 차지하는 면적과 같은 단서에만 반응해서는 보상을 받을 수가 없었다. 원숭이는 처음에는 세트당 1~9개의 요소로 이루어진 검사를 받았다. 여기서 잘하게 되면 가끔씩 그 이상의 요소들(최대 30개까지)로 이루어진 검사 시행이 주어졌고, 검사 시행에서는 보상이 주어지지 않았다. 검사 시행에서 원숭이들은 처음 접하는 개수 구분(예를 들어, 20 대 30의 비교)에서도 우연 수준을 훨씬 상회하는 정답률을 보였다. 이는 원숭이가 상대적인 개수 개념, 즉 '더 적다'와 '더 많다'를 알고 있다는 증거이다. [그림 3-5]의 그래프는 숫자 2와 30 사이의 모든 짝수의 조합을 쌍으로 제시한 시행들에서의 수행을 보여 준다. 우선 작은 숫자 시스템이나 언어적으로 숫자를 파악할 경우와는 달리 개수 구분이 완벽하지 않다는 사실에 주목하라. 비교하는 두 개수의 비에 따라 정확도가 달라지는 양상은 베버의 법칙을 따른 것으로 보인다. 숫자 구분이 베버의 법칙을 따르는 시스템이라는 두 가지 중요한 증거가 더 있다. 거리 및 크기 효과이다. 즉, 두 자극 간의 거리가 멀수록 변별이 쉽지만, 주어진 절대적 차이는 크기가 작을수록 더 잘 구분된다. 따라서 5와 10의 구분은 5와 20의 구분보다 덜 정확하지만, 15와 30의 구분과는 비슷한 정도의 정확도를 보인다. 시간 간격 변별의 경우처럼, 숫자 크기의 중간점은 기하평균에서 만난다. 이 역시도 베버의 법칙이 예언하는 결과와 일치한다.

근사 숫자 시스템의 존재를 시사하는 증거들은 영장류는 물론이고 쥐, 비둘기,

인간 유아에게서 발견되었고, 대상이 되는 개수자극을 차례로 제시하거나 한꺼번에 제시해도 나타났다. 유아들에서의 근사 숫자 시스템은 시각자극이나 연속적인 청각자극에 대한 습관화 현상을 이용해서 검사할 수 있다. 성인의 경우에는 언어적으로 숫자를 세지 못하게 하면, 예를 들어 아주 많은 요소로 이루어진 세트([그림 3-5]에 제시한 것과 같은)를 잠깐 보여 주는 절차를 사용하게 되면 동물 실험과 유사한 결과를 보여 줬다. 무엇보다 중요한 결과 중 하나는 언어적으로 정확한 숫자 개념이 없는 브라질 원주민들을 피험자로 한 실험에서 얻은 바가 있다. 이들의 숫자 관련 언어는 3 내지 4까지만 표현이 가능하다. 그러나 훨씬 높은 수준의 수 개념을 가진 프랑스인과 비교했을 때 명확한 작은 숫자 시스템에서 차이가 없었고, 큰 숫자를 처리하는 근사 숫자 시스템에 의존한 검사에서도 차이가 없다는 결과를 보였다. 그러나 4개를 넘어서는 개수에 대해서 정확한 숫자 세기가 요구되었을 경우에는 프랑스인 피험자들보다 저조한 성적을 보였다(Pica, Lemer, Izard, & Dehaene, 2004).

동물의 개수 구분 능력과 관련된 한 이론에서는 타이밍과 관련된 이론인 페이스메이커-누산기 시스템과 비슷한 방식을 도입하여 설명했다(Meck & Church, 1983). 그 외에 다른 이론도 존재하지만(Nieder & Dehaene, 2009), 모든 이론이 공통적으로 크기를 연속적인 양으로 표상하고 있다. 즉, 크기가 순서대로 표상되는 암묵적인 정신적 척도를 전제로 한다. 원숭이가 [그림 3-5]에 예시한 과제를 수행하는 동안에 뇌에서 개별 신경세포의 활동을 기록한 연구에 의하면, 실제로 이러한 표상이 신경계에 존재하는 것으로 보인다(Nieder & Dehaene, 2009). 그뿐만 아니라 물체의 크기, 소리의 세기(loudness), 시간의 처리에 있어서도 동일한 연속적 척도를 공유한다는 결과가 계속해서 등장하고 있고, 한편으로는 물리량의 종류에 따른 특이성이 있다는 결과도 있다(Cantlon, Platt, & Brannon, 2009; Kadosh, Lammertyn, & Izard, 2008). 이러한 공통의 표상이 있다는 증거 중 하나가 **의미적 일치 효과**(semantic congruity effect)이다. 흥미롭게도 사람들이 두 개체의 크기를 비교할 때, 작은 동물이 대상인 경우에 어느 것이 작은지를 판단하는 데 걸리는 시간이 어느 동물이 큰지를 판단하는 데 걸리는 시간보다 더 짧은 반면에, 큰 동물인 경우에는 어느 동물이 큰지를 판단하는 데 걸리는 시간이 더 짧아지는 현상을 일컫는다. 붉

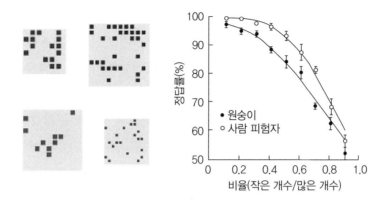

[그림 3-5] (왼쪽) 개수(numerosity)에 대한 민감성을 검사하기 위해 사용한 시각자극의 예들. 개수 외의 변인들은 통제되었다. 위의 두 패널은 밀도(검은색 점으로 덮인 영역의 %)를 같게 통제한 자극 쌍이고, 아래 두 패널은 총 둘레(바깥쪽의 검은색 점들을 이은 길이)를 통제한 자극 쌍의 예를 보여 준다. 원숭이와 인간 피험자는 주어진 자극 쌍 중에서 패널의 크기와는 상관없이 개수가 작은 쪽을 먼저 터치하고 그다음에 개수가 많은 쪽을 터치해야 한다. (오른쪽) 큰 개수에 대한 작은 개수의 비에 따라 반응률이 변화하는 양상.

출처: Cantlon & Brannon (2006)으로부터 허락을 얻어 게재함.

은털원숭이를 대상으로 [그림 3-5]에 예시된 자극들의 크기를 구분하게 했을 때에도 의미적 일치 효과에 해당하는 경향이 나타났다(Cantlon et al., 2009).

순서와 이행 추론

물리 세계의 연속적인 양에 대한 표상은 추상적인 개념으로까지 확장이 될 수 있다. 마치 학습을 통해 임의의 기호에 대해 임의의 값을 배정하는 것이 가능하듯이 말이다.[10] 가장 풍부한 증거는 붉은털원숭이를 대상으로 **동시 연쇄**(simultaneous chaining) 절차를 훈련시킨 연구에서 온다(Terrace, 2006). 이 과제에서 동물들은 터치스크린에 제시된 이미지를 순서대로 선택하도록 훈련된다. 이미지들은 어떤 시

_____

10) 우리가 사용하는 아라비아 숫자를 예로 들 수 있다. 9라는 글자는 1이라는 글자보다 더 큰 크기를 상징한다. 9나 1은 임의의 기호이며, 경험을 통해 그 양적인 의미가 학습된다.

행에서는 위치를 바꾸기도 함으로써 동물이 단순히 동작을 기억할 가능성을 배제한다. 4개의 항목으로 이루어진 여러 개의 목록을 가지고 원숭이를 훈련시킨 후에 기존의 항목들이 뒤섞인 새로운 목록을 제시하는 실험에서 얻은 결과들은 각각의 이미지가 위치와 연합되어 기억된다는 증거를 보여 준다. 붉은털원숭이들은 이미지들이 원래 있던 위치에 제시될 경우에 훨씬 더 빠르게 새 목록을 학습했다. 비둘기들도 느리게나마 5개 이하의 항목으로 이루어진 목록을 학습할 수 있었지만, 붉은털원숭이와는 다르게 목록의 순서상에서 첫 번째와 마지막에 있는 항목이 포함되었을 때에만 순서대로 인출을 할 수 있었다. 마치 이들은 어떤 자극에만 특정적인 방식, 예를 들면 "A가 보이면 A를 먼저 쪼아라."라는 식으로 행동하는 것처럼 보인다(Terrace, 2001). 그러나 이 결과는 훈련 시와 검사 시에 달라지는 맥락에 대한 민감도가 종에 따라 차이가 있어서 그럴 수도 있다. 즉, 비둘기의 경우에는 학습할 때와 다른 방식으로 자극이 제시되면 맥락이 바뀐 것으로 생각되어 인출이 어려운 것이다(제2장 참조). 익숙한 항목의 쌍을 제시하고 강화를 주는 훈련을 반복하면 비둘기들도 원래 학습했던 목록에 있는 항목들의 순서를 표상할 수 있다는 증거를 보인다(Scarf & Colombo, 2010).

실험실이 아닌 야생에서 사회적 집단을 이루고 사는 동물들은 우세성에 따른 순위를 파악할 수 있는 것 같다(제4장 참조). 예를 들어, A가 언제나 B한테 이기고 B는 언제나 C한테 이긴다면 A와 C가 직접 대결하는 것을 보지 않아도 A는 C에게 이길 것으로 추론할 수 있다. 이러한 형태의 논리적 추론을 **이행 추론**(transitive inference)이라고 하며, 동물 중에는 원숭이에서 먼저 연구가 되었다. 원숭이들은 선형적 관계가 추론될 수 있는 임의의 색깔 쌍들에 대한 훈련을 받았다. 우선 5개의 항목들 간의 관계 추정이 가능한 4쌍의 자극으로 훈련이 이루어졌다. 즉, A+/B−, B+/C−, C+/D−, D+/E−로서 주어진 자극 쌍 내에서 +는 보상이 주어지는 자극, −는 주어지지 않는 자극을 의미한다. 그리고 나서 새로운 자극 쌍인 B와 D를 제시한다. 각각의 자극만 놓고 보면 훈련 중에 보상을 받기도 하고(+), 안 받기도 한(−) 경험을 모두 가지고 있다. 따라서 동물이 B와 D의 비교에서 B를 선택한다는 사실은 아마도 훈련 동안에 제시된 자극들을 순서대로 표상하고 있다는 증거가 될 수 있을 것이다. 그뿐만 아니라 원숭이들이 5개 항목이 순서대로 배열된 3개의 목록을 학습하고 나서 한 목록의 가장 아래 항목이 다른 목록의 가장 위에 있는 항목보다 순위가 높다는 사실을 학습하고 나면 나머지 항목에 대한 순위 결정도 자연스럽게 이루어져서 마치 15개의 항목이 순서대로 배열된 목록을 표상하고 있는 것처럼 행동한다(Treichler, Raghanti, & Van Tilburg, 2003).

한편 추론이 아닌 연합강도에 의해 행동을 결정한다는 증거도 존재한다. 5개의 항목으로 이루어진 목록을 학습한 비둘기도 역시 B를 D에 우선해서 선택하는데, 이때 비둘기의 수행은 B와 D에 대한 과거의 연합학습 내용의 미묘한 차이에 따라 달라진다(Shettleworth, 2010a의 10장 참조). 그러한 영향력을 가진 연합학습 현상 중 하나는 **가치 전이**(value transfer)이다(Zentall, Sherburne, Roper, & Kraemer, 1996). 가치 전이는 한 자극이 함께 제시된 자극으로부터 가치를 획득하는 현상을 일컫는다. 예를 들어, 앞에서 언급한 이행 추론의 연구에서 B와 A가 함께 제시될 때는 항상 A에 보상이 주어진다면 B는 이런 A의 가치를 획득하게 된다. 마찬가지로 항상 보상이 주어지지 않는 자극은 E이므로 E와 함께 제시된 D는 가치를 잃어버리게 된다. 마찬가지로 사람을 대상으로도, 원숭이나 비둘기를 대상으로 한 실험과 유사한 상황에서 이행 추론 문제를 학습하게 하면, 즉 의미 있는 자극이 아닌 무의미한 임의의 자극을 사용해서 훈련시키면 때로는 연합강도를 사용해서 학습하고, 때로는 추론을 사용해서 학습하며, 어느 쪽의 전략을 사용하는지는 문제가 제시되는 방식에 따라 달라진다(Frank, Rudy, Levy, & O'Reily, 2005).

앞에서 언급한 원숭이와 비둘기가 추론 훈련에서 보이는 행동의 차이가 영장류와 조류의 차이 때문은 아니라는 증거가 조류인 피농어치(Paz-y-Mino, Bond, Kamil, & Balda, 2004)와 어류인 시클리드(Grosenick, Clement, & Fernald, 2007)를 대상으로 한 연구에서 제시되었다. 이 연구들에서는 동종 개체 간의 연출된 대결을 관찰하게 해서 상대적인 위계를 학습시켰다. 관찰자 어치는 첫 번째 낯선 어치가 두 번째 낯선 어치와 땅콩을 놓고 싸우다가 패해서 도망가는 광경을 지켜보았다. 또한 같은 첫 번째 어치가 이번에는 관찰자 자신보다 위계가 높은 어치한테는 싸움에서 이기는 광경을 지켜보았다. 그런 연후에 관찰자 어치가 첫 번째 어치를 실제로 맞닥뜨리면 순종적으로 행동하는 경향을 보였다. 피농어치들은 비둘기에 비해서 훨씬 안정적인 위계질서를 가진 집단에 속해 있으므로 이러한 실험결과는 그런 능력을 필요로 하는 사회적 환경에서 진화한 종들에게서 이행 추론 능력이 발달했을 가능성을 지지한다.

맺음말

"과연 동물이 숫자를 셀 수 있을까?"라는 단순하고 의인화된 질문에서 시작된 지난 10년간의 연구는 수 인지가 몇 가지의 기본적인 핵심 요소로 이루어졌다는 깨달음으로 바뀌었다. 특히 근사 숫자 시스템과 대상 추적 능력은 인간 이외의 동물들과 어린아이들에게서 분명히 존재한다는 것이 밝혀졌다. 이러한 원시적인 수 인지기능으로부터 잘 교육받은 성인이 보여 주는 정교한 수 개념이 어떻게 발달하는지는 아직도 계속되는 연구의 주제이다(제5장 및 Carey, 2009; Leslie, Gelman & Gallistel, 2008 참조). 분명한 것은 이들 핵심 시스템이 인간이 지닌 고유한 수학적 인지 기술과 함께 공존하며, 비언어적인 처리가 필요한 대상을 만나면 적절하게 활용되기도 한다는 사실이다.

종합: 채집과 계획

최적 채집 이론

최적 채집 이론(Optimal Foraging Theory: OFT)[11]은 행동생태학의 주요 주제 중 하나로, 음식의 종류나 그 음식이 발견된 장소[이 분야의 용어로는 패치라고 불리

---

11) Foraging은 수렵과 채집 등 모든 먹이 찾기 행동을 일컫는다. 만약 한자로 조어한다면 구식(求食) 행동쯤 될 텐데, 그보다는 기존의 단어 중 가장 대표성이 있다고 보이는 채집으로 번역했다. 동물행동학에서 가장 잘 연구된 주제이다.

늘]의 선택이 동물의 **적합성**에 미치는 영향을 연구하기 위해 수학적 모델을 활용한다. 따라서 OFT에서 행동을 기능적 관점에서 연구하기 위해서는 상대적인 음식의 양, 음식의 위치, 음식을 획득하는 데 소요된 시간 등과 관련된 변수들을 실험을 통해 조작해야 하므로 이 분야의 연구를 이해한다는 것은 결국 수 개념, 공간 및 시간과 관련된 인지기능의 종합적 이해와 밀접하게 연결되어 있다. 쉬운 예로 A라는 덤불에서 산딸기 열매들이 B 덤불보다 훨씬 밀집되어 있다면 당연히 A가 더 선호되는 패치일 것이다. 그러나 그렇다고 해도 다른 덤불에 어느 정도 먹이가 밀집되어 있는지를 알아야 하기 때문에 A가 항상 선택되는 것은 아니다. 학습은 점진적으로 일어나며, 시간에 대한 기억은 어느 정도 오류를 포함한다. 따라서 전반적으로는 OFT에 기반한 모델이 예측한 경향을 보여 주는 결과들이 대부분이지만 완벽하게 일치하지는 않는다. 지각, 기억, 학습을 모두 포함하는 메커니즘에 대한 분석을 통해서 이러한 불일치를 설명할 수 있다(Stephens, Brown, & Ydenberg, 2007).

앞서 설명한 경우보다 더 흥미로운 예가 있다. 다음과 같은 상황을 생각해 보라. 2개의 패치가 평균적으로 동일한 확률로 먹이를 제공한다면 장기적으로는 두 패치를 같은 횟수로 선택할 것이라고 예상하기 쉽다. 그 예로 전통적인 강화계획, 특히 **고정간격**(Fixed Interval: FI)과 **변동간격**(Variable Interval: VI) 계획을 사용한 실험을 들 수 있다. 예를 들어, FI 20s에서는 20초에 한 번씩 반응할 기회가 주어진다. VI 20s의 경우도 역시 평균적으로는 20초에 한 번이지만 정확히 언제인지는 예측하지 못한다. 이 두 강화계획하에서 장기적으로는 같은 양의 먹이를 얻게 되는데도 불구하고 동물들은 VI 계획을 훨씬 더 선호한다. 이러한 행동은 비례적 기대 모델에 의해 잘 설명이 된다(Gibbon et al., 1988). 시간에 대한 기억이 베버의 법칙을 따르고, 따라서 강화를 얻은 시간 간격에 대한 기억들을 추출하여 평균값을 취한다고 하면 VI 계획하에서 추출된 시간 간격들의 분포는 변산이 적으면서도 정확한, 짧은 간격 쪽으로 편향된 형태를 취하게 될 것이다. 한편, 변산이 없는 FI는 그보다 긴 간격을 중심으로 대칭적인 분포를 가지게 될 것이다. 어떤 상황에서 불확실성이 큰 변동계획을 선호하는 경향을 **위험 추구**(risk proneness), 반대로 안정성을 선호하면 **위험 회피**(risk aversion)라고 부른다. 동물이 처한 특수한 상황에 따라서 얻을 수 있는 강화의 평균값보다 변동성이 중요한 경우가 많이 있다. 예를 들어, 긴긴 겨울밤을 지내야 하는 새가 저녁때에야 비로소 일정한 밀도(그러나 충분히 풍부하지 않은)의 먹이 패치를 발견했다고 하자. 이 패치에서 아무리 열심히 먹이를 찾아 먹는다고 하여도 어차피 해가 떨어지기 전에 밤을 견딜 만큼 충분한 먹이를 먹을 수 없다는 점이 분명히 예상된다면 차라리 가끔이라도 대박을 기대할 수 있는 패치를 찾아가는 편이 생존 가능성을 높일 것이 자명하다.

　언제나 완벽한 최적 행동을 선택하지 못하는 이유가 학습, 기억, 지각 과정에 존재하는 오류들 때문이라는 사실을 다르게 표현한다면 최적 행동을 제약하는 조건은 결국 심리적 메커니즘에 달려 있다고 할 수 있다. 그러한 제약 조건 중 일부는 언뜻 보기에는 비논리적이고 직관에 반하는 것 같다. 자기 통제에 관한 심리학적 실험들이 멋진 사례를 제공한다. 당장 입에 맛있는 초콜릿케이크냐, 먼 미래의 건강한 심혈관계냐 하는 선택과 같이 자기 통제 검사는 피험자로 하여금 현재의 작은 보상과 먼 미래의 큰 보상 사이에서 행동을 결정하도록 강요한다. 지금까지 나온 결과에서는 인간을 포함한 모든 종의 동물들이 작지만 당장 획득이 가능한 보상을 더 선호했다(Roberts, 2002). 예를 들어, 비둘기는 6초 기다렸다가 6개의 먹이 알갱이를 먹는 것보다는 2초 후에 2개를 먹는 선택을 선호했다. 먹이를 먹는 데 소요되는 시간을 감안하여 두 시행 간 간격(ITI)이 일정하게 되게끔 조절해도(예를 들어, 2개를 먹는 시행은 ITI가 8초가 되게 하고, 6개를 먹는 시행은 4초가 되게 한다. 즉, 모든 시행은 10초 만에 완결된다) 마찬가지의 결과가 나왔다. 이렇게 되면 사실상 6개의 알갱이 시행을 계속해서 선택할 경우에 2개를 계속해서 선택하는 경우에 비해 무려 3배나 많은 먹이를 먹을 수 있는데도 말이다.

　최적화 실패(suboptimal)는 충동성(impulsiveness), 즉각적 보상 선호(preference for immediacy), 시간적 근시안(temporal myopia)이라는 용어로 불리기도 한다. 차선의 행동을 선택하는 이유를 설명하는 메커니즘으로 **지연감가**(delay discounting)를 들 수 있다. 지연감가는 보상의 심리적 가치가 시간이 지연되면 될수록 감소하거나 심지어 사라지는 현상이다. 실제로 자기 통제의 실험 상황에서 동물이 미래를 염두에 두고 계획하는 시간적 거리는 매우 짧다. 우리 인간이 잠깐이라고 생각하는 시간도 동물들에게는 극복하기 어려운 것 같다. 그러면 과연 지연감가는 최적화의 실패인가 아니면 오히려 자연 상황에서는 최적화의 일부인가? 보상이 즉각적으로 주어지지 않는 상황에서 보상의 가치를 평가 절하하는 것은 불확실한 세상에 대한 적응의 일부일 가능성이 있다(Stephens, Kerr, & Fernández-Juricic, 2004). 사냥꾼이 손에 쥐고 있는 새 한 마리가 저 덤불 속에 있는 두 마리보다 더 가치가 있을 수 있기 때문이다. 덤불 속의 새들은 날아가 버릴 수도 있고, 내가 잡기 전에 다른 사냥꾼이 잡아갈 수도 있다. 즉각적인 보상에 대한 선호가 적응적이라고 가정한다면, 이는 종에 따라 달라질 것이고 같은 종 안에서도 개체가 처한 상황, 예를 들어 배가 얼마나 고픈지 또 보상의 종류가 무언지에 따라서 가장 유리한 방향으로 달라져야 할 것이다. 실제로 이를 지지하는 결과들이 존재한다(예를 들어, Rosati, Stevens, Hare, & Hauser, 2007).

경제적 의사 결정

기능적 관점과 심리학적 관점을 연결해서 채집 행동을 설명하려는 연구가 점점 정교화되어 가던 무렵(예: Shapiro, Siller, & Kacelnik, 2008)에 인지적 측면이 경제적 의사결정에 미치는 영향을 보려는 유사한 연구 동향이 출범했다. 구체적으로 비교 행동학적인 연구의 증가와 더불어 외부의 가치가 뇌에서 어떻게 표상되는지를 다루는 **신경경제학**(neuroeconomics)이라는 분야가 탄생하게 되었다(Glimcher & Rustichini, 2004). 경제 이론은 가치의 극대화라는 측면에서 채집 이론과 유사하지만, 채집 이론에서 극대화하고자 하는 가치가 적합성(즉, 개체의 유전자가 얼마나 많이 후세에 남겨지는가) 혹은 적합성과 밀접하게 관련된 어떤 변수를 일컫는 데 비해, 경제학에서 중요시하는 궁극의 통화(currency)는 주관적인 가치를 의미하는 단위인 **효용**(utility)이라는 점에서 다르다. 그렇지만 진화는 적합성에 가장 기여하는 가치를 선호하는 개체가 증가하는 방향으로 진행될 것이므로 이 두 관점은 결국 같은 이론으로 발전하게 될 것이다.

채집 이론의 연구들에서 밝혀진 바와 유사하게 경제학자들 역시도 사람과 동물들이 직관적으로 가장 합리적인 선택 혹은 최적의 선택을 하지는 않는다는 것을 발견했고, 그렇다면 왜 그렇게 비합리적인 혹은 최적 이하의 선택을 하는지에 대한 원인을 밝히고자 많은 경제학적 연구가 진행되었다(Kacelink, 2006; Santos & Hughes, 2009; Todd & Gigerenzer, 2007). 그 한 예가 **매몰 비용 효과**(sunk costs effect)인데, 이미 투입된 비용 때문에 목표의 가치가 과대평가되는 현상이다. 심리학에서는 이를 **인지 부조화**(cognitive dissonance)[12]에 기반해서 설명한다. 그러나 최근의 비교 인지적 연구에서는 이를 좀 더 종 간의 공통적인 메커니즘에 기반하여 설명하고자 한다. 즉, 보상 자체가 가진 내재적인 성질이 아닌 개체의 경험과 관련된 기억에 기반하여 보상의 가치가 처리되기 때문인 것으로 해석하는 경향이 있다. 예를 들어, 찌르레기(starling)들은 배고플 때 경험한 먹이의 가치를 배가 부를 때 경험한 경우에 비해 높게 평가하는 것으로 나타났다(Marsh, Schuck-Paim & Kacelnik, 2004). 심지어는 메뚜기에게서도 유사한 경향이 보고되었다(Pompilio, Kacelnik, & Behmer, 2006).

가치의 상대성을 검사하기 위한 실험에서는 통상 동물들을 두 가지 다른 상황에서 훈련시키게 된다. A라는 단서는 한 상황에서 관심의 대상인 보상과 연합이 되고(예를 들어, 배가 고픈 상황에서 빨간색 키를 쪼면 5개의 음식 알갱이를 보상으로 받는다고 하자), B라는 단서는 다른 상황에서 같은 보상과 연합이 된다(배가 부를 때 녹색 키를 쪼면 5개의 음식 알갱이를 보상으로 받는다). 그리고 나서 검사를 위한 적절

---

12) 인지 부조화는 개체가 가지고 있는 가치에 대한 믿음이나 태도와 실제로 수행한 행동 간의 불일치로 인해 발생하는 불편한 내적 상태를 의미한다. 인지 부조화는 이러한 불편함을 해소하고자 하는 동기를 발생시키며, 이는 종종 믿음이나 태도의 변화로 이어진다. 예를 들어, 매우 지루한 작업을 억지로 시켜서 하는 집단에는 상당한 금전적 보상을 주고, 다른 집단에는 작은 보상을 줄 경우에 보상이 큰 집단은 작업을 여전히 지루한 것으로 평가하지만, 작은 집단은 덜 지루한 것으로 평가하는 태도 변화가 일어난다. 그 결과, 다음번에 같은 작업을 시킨다면 두 번째 집단이 그 작업을 더 선호할 것으로 예상된다. 이는 조작적 조건화에서 예언하는 바와 정반대의 역설적인 결과이며, 적어도 사람을 대상으로는 잘 증명된 이론이다. 매몰 비용 효과와 유사한 상황인데, 즉 이미 상당한 노력을 투자했지만 아무런 보상을 받지 못한 행동을 새로운 행동보다 오히려 선호하는 경우에 인지 부조화를 해소하기 위한 태도 변화로 설명할 수 있다.

한 상황을 설정하고(배가 부르지도 고프지도 않은 중간 정도의 상황), A와 B 둘 다를 제시한다. 비록 두 키 모두 같은 양의 보상을 제공하지만 동물은 A를 선호한다. 흥미롭게도 A와 B의 절대적인 가치를 검사하는 실험을 독립적으로 실시할 경우에 동물들은 두 단서가 동일한 가치를 신호한다는 사실을 아는 것으로 나타났다(Pompilio & Kacelnik, 2010). 이러한 결과는 사람(Santos & Hughes, 2009)은 물론이고 동물의 경우에도 사람과 유사하게 과거의 경험에 의해 보상의 심리적 가치가 결정될 수 있음을 보여 주는 유일한 사례이다(Dickinson & Balleine, 2002).

정신적 시간 여행: 동물들이 미래를 계획할 수 있는가

자기 통제에 관한 실험결과는 많은 동물이 몇 초 혹은 몇 분 후를 내다보고 계획을 세우는 일에는 형편이 없음을 보여 준다. 얼핏 보기에 미래지향적인 행동들이 사실은 미래에 대한 계획과는 무관하게 본능적으로 일어난다. 즉, 미래지향적인 행동들의 결과에 대해서는 무지할 수밖에 없는 젊은 동물들도 먹이를 저장하고, 계절에 맞추어 이동하며, 태어날 새끼를 위해 둥지를 만든다. 겨울을 대비해서 남쪽 지방으로 이주하거나[13] 태어날 아기를 기대하면서 놀이방을 꾸미는 부모의 경우에 앞으로 일어날 일들을 그려 보는 '정신적 시간 여행'을 하게 되지만, 그렇다고 동물들도 같은 경험을 한다고 가정할 수는 없다. 실제로 동물들은 미래에 대한 표상 없이도 미래를 대비하는 행동들을 매우 자연스럽게 행하기 때문에(Raby & Clayton, 2009; Roberts, 2002) 과거의 연구들은 동물이 미래를 생각하거나 계획을 세울 것이라는 가능성조차 심각하게 고려하지 않았다.

동물들이 정신적 시간 여행을 할 능력이 있는지를 검증하는 연구를 촉발한 것은 역설적이게도 동물들은 인지적으로 오직 현재의 시간에만 갇힌 존재이며, 따라서 다른 시간으로 마음의 여행을 하지 못한다는 주장, 소위 **비숍-콜러 가설**(Bischof-Kohler hypothesis)이 제기되면서부터였다. 또 다른 계기는 인지신경과학자들이 일

---

13) 미국의 많은 노인이 겨울에는 플로리다와 같은 따뜻한 지역으로 이주하기도 한다.

화기억에 관심을 가지게 된 것이다. 인간의 경우에는 일화기억(제2장 참조)이 과거로의 시간 여행을 필요로 하는데, 과연 이러한 일화기억이 미래를 상상하는 행동과도 관련이 있는지가 관심사가 되었다. 일화기억을 담당하는 뇌영역과 계획을 담당하는 뇌영역 사이에는 겹치는 부분이 있다는 발견에 근거하여 일화기억이 진화한 이유는 부분적으로는 그러한 능력이 미래에 일어날 사건들을 상상하는 데 도움을 주기 때문이라는 주장이 제기되었다(Addis, Wong, & Schacter, 2007). 또한 인간 이외의 동물에게서 유사-일화기억이 존재한다는 연구들(제2장 참조)은 그러한 동물들이 과연 미래를 계획하는 능력도 있는지에 대한 연구로 이어졌다.

어떤 기준으로 미래에 대한 계획 능력이 있는지를 검증할 것인가는 아직도 논란의 대상이다(예를 들어, Roberts & Feeney, 2009). 대부분의 주장이 인간과의 유사성을 검증하는 철저한 실험적 증거보다는 통속심리학적 추측에 의존하기 때문이다. 수덴도르프와 버즈비(Suddendorf & Busby, 2005)는 동물의 계획 능력을 인정하기 위한 기준을 제시했는데, 우선 그러한 계획이 새로운 방식의 행동이어야 하고 동물의 현재 동기 상태와 전혀 다른 동기를 염두에 두어야 한다고 제안했다. 첫 번째 기준에 따르면, 계절에 따른 이동과 같이 매년 반복되는 종 특이적인 미래지향적 행동이 배제된다. 또한 지연된 보상에 의해 학습된 행동도 배제된다. 왜냐하면 계획에 의한 행동이라면 그와 관련된 정보가 제공되는 즉시 행동이 표현되어야 하기 때문이다. 지연된 보상에 의해 자동화된 행동이라면 그러한 유연한 대응이 불가능하다. 이에 추가해서 인간과 유사한 기준을 제시한다면 계획된 내용이 하나 이상의 기능적 도메인에서 표현되어야 한다는 점이다. 인간의 경우에는 내일 무엇을 먹을 것인지에서부터 내년 여름휴가를 어디로 갈 것인지에 이르는 다양한 영역에서 계획하기가 가능하지만, 동물의 경우에는 하나의 도메인(주로 먹이와 관련된)에만 한정되는 것으로 보인다.

동물의 계획 능력을 보고자 한 최초의 시도가 서양어치를 대상으로 행해졌다(Raby, Alexis, Dickinson, & Clayton, 2007). 서양어치들의 우리에는 여러 개의 '방'이 있는데, 어떤 방에서는 '아침 식사'가 제공되고 어떤 방에서는 그렇지 않았다. 이런 경험을 한 후에 어느 방에서 저녁에 먹이를 저장할 수 있는 기회를 주는가에 따라서 먹이를 저장하는 양이 달라졌다. 즉, 마치 새들이 다음날 얼마나 많은 음식이 필요한지를 예상하고 있는 것처럼 행동했다. 이와 유사하게 한 방에서는 아침식사로 땅콩을 주고, 다른 방에서는 개 사료를 주는 경우에 저녁에 두 가지 먹이를 저장할 기회를 주면 둘 중에 아침 메뉴로 나오지 않은 음식을 더 많이 저장했다. 중요한 사실은 이러한 결과가 단 한 번의 검사 시행으로부터 관찰되었다는 점, 즉 반복되는 경험에 의해 선택의 결과를 학습해서가 아니라는 점이다. 이에 대한 반론은 새들이 먹이를 저장할 때 가능한 한 여러 군데에 저장하려는 타고난 경향이 있을 가능성이다(Roberts & Feeney, 2009 참조).

후속 연구에서는 서양어치를 대상으로 땅콩과 개 사료라는 2개의 다른 먹이를 이용해서 현재의 가치와 미래 가치 사이에 판단하는 과제를 사용하는 실험을 했다(Correia, Dickinson, & Clayton, 2007). 즉, 둘 다 저장이 가능한 상황에서 먼저 땅콩을 잔뜩 먹을 기회를 준다. 방금 전에 땅콩으로 배가 부르게 된 새들은 땅콩의 가치를 평가절하하고, 따라서 개 사료를 더 많이 저장한다. 그리고 나서 일부 새들에게는 감춘 먹이를 찾을 수 있는 기회를 주기 직전에 개 사료를 잔뜩 먹을 수 있게 해 준다. 이 경험까지 하고 난 새들은 다음 시행에서는 오히려 배부르게 먹은 땅콩을 저장하게 될 가능성이 높아지게 된다. 즉, 마치 현재에는 높지 않은 땅콩의 가치가 미래에 높아질 것을 아는 것처럼 보인다. 유사하게 먹이를 저장하는 또 다른 동물인 검은머리박새도 30분 후에 자신들이 훨씬 선호하는 먹이인 벌레가 주어질 가능성을 높인 조건에서는 상대적으로 선호하지 않는 먹이인 씨앗을 현재에 채집하도록 학습시킬 수 있었다(Feeney, Roberts, & Sherry, 2011).

이러한 발견들이 철저한 검증을 거쳐서 사실로 밝혀졌다고 해도(하지만 Suddendorf & Corballis, 2008b도 참조할 것), 정말로 동물들이 '정신적 시간 여행'을 거쳐서 미래에 그 먹이들의 가치가 어떻게 될 것인지를 상상했다는 사실, 즉 원인과 결과에 대한 추론이 있었다는 걸 어떻게 알 수 있는가? 제2장에서 설명한 도구적 반응을 유연하게 수행하기 위해서 만족시켜야 하는 두 가지 조건을 기억하는가? 우선 동물이 특정 반응이 특정 결과를 낳는다는 사실(반응-결과 간 연합)을 기억하고 있어야 하고, 또 동물이 현재 그 결과를 원하는 동기를 가지고 있어야 한다(Dickinson, 2008). 이러한 주장을 기반으로 정신적 시간 여행을 적용해 보면 반응-결과 간의 연합에 기반하여 어떤 행동을 선택할 때 그 행동과 결과가 발생한 과거의 일화기억을 떠올리게 된다는 해석을 할 수 있다. 예를 들어, 방금 전에 언급한 코헤이아와 동료들(Correia et al., 2007)의 연구에서 첫 번째 시행을 통한 경험을 거친 서양어치들은 이미 땅콩을 배부르게 먹어서 더 이상 먹고 싶은 기분이 아님에도 불구하고 땅콩을 저장했는데, 그 이유는 과거에 자신들이 저장된 땅콩을 꺼내 먹는 걸 기억했기 때문이고, 미래에도 같은 행동을 할 것으로 기대하기 때문이라고 설명할 수 있다. 그러나 도구적 조건화 이론에 근거한 설명은 달라진다. Dickinson(2011)이 **의미 연합 이론**(mnemonic associative theory)이라고 명명한 이론은 미래에 대한 사고를 가정하지 않고 설명한다. 이 설명에 의하면 행동에 대한 기억은 동물이 그 결과를 경험하는 순간에 인출되고, 조건화 이론의 일반적인 법칙에 의하면 동시에 활성화되는 2개의 표상(여기서는 행동과 그 결과) 간에는 연합이 강화될 수 있다. 이 이론을 앞의 코헤이아와 동료들이 한 연구에 적용하면 새들이 땅콩을 찾아 먹을 때 땅콩을 숨기는 행동에 대한 표상이 활성화된다. 이때 땅콩이 바람직한 먹이가 되었기 때문에 땅콩을 숨기는 행동은 자동적으로 땅콩을 숨기는 상황(기억의 표상으로 존재하는)과 강하게 연합된다.[14] 따라서 다음번에 같은 음식을 숨기는 상황에 처하게 되면 땅콩을 숨기는 행동을 할 가능성이 증가한다. 이 설명은 미래에 새 자신이 땅콩을 필요로 할 것이라고 상상하는 과정을 필요로 하지 않는다.

의미 연합 이론은 유사한 형태의 반복적인 시행이 주어지는 학습 상황에서 동물이 '계획하는' 것처럼 보이는 행동을 하는 이유를 잘 설명한다. 유인원들이 미래의 작업을 위해서 도구를 선택하는 학습을 예로 들 수 있다. 한 연구에서 침팬지와 오랑우탄을 대상으로 먹이 공급기에서 도구를 사용해서 포도를 뽑아 먹도록 훈련시켰다. 검사 시행에서는 먹이 공급기가 작동하지 않는 상황을 만들었고, 주

---

14) 도구적 조건화 과정은 자극-반응-결과(Stimulus-Response-Consequence: S-R-C) 연합을 가정한다. 이를 적용하면 땅콩을 숨기는 상황(일종의 맥락자극)이 S, 땅콩을 숨기는 행동이 R이며, 이 연합은 땅콩을 먹을 때의 긍정적인 경험 C에 의해 강화된다.

변에는 적절한 도구와 기타 여러 가지 물건을 널어놓았다(Mulcahy & Call, 2006). 유인원들은 도구를 선택해서 옆에 연결된 방으로 가지고 갈 수가 있었는데, 대신에 다시 먹이 공급기에 접근하기 위해서는 그 방에 1시간 동안 갇혀 있어야만 했다. 즉, 여기서의 계획하기 행동은 미래에 먹이 공급기에서 포도를 빼내기 위해 적절한 도구를 미리 준비하는 것을 의미한다. 대부분의 유인원이 이 과제에서 아주 가끔만 적절한 도구를 선택할 수 있었는데, 이들이 매번 성공하지 못했다는 사실은 미래를 계획하는 능력에 대해 의심할 수밖에 없게 만든다. 관련된 연구에서 침팬지와 오랑우탄이 빨대를 이용해서 과일 스무디를 마실 수 있게 훈련하면 때로 이들은 당장 먹을 수 있는 포도 알갱이보다 빨대를 선택하는 선호를 보이기도 했다(Osvath & Osvath, 2008). 한편으로는 이렇게 여러 번 빨대로 스무디를 먹는 시행을 반복하고 나면 처음에 사용한 빨대가 아니더라도 유사한 모양과 기능을 가지는 새로운 물체를 선호하는 행동을 보였다. 이러한 행동은 일반화 혹은 행동유도성 학습(다음 절 참조)을 보여 준다고 할 수 있다(Suddendorf, Corballis, & Collier-Baker, 2009).

계획과 관련된 또 다른 견해는 미래의 서로 다른 시간을 구분해서 과제에 적절한 행동을 선택할 수 있는 능력이 포함되어야만 진정한 계획하기로 볼 수 있다는 주장이다(Roberts & Feeney, 2009). 이런 관점에서의 계획 능력을 보여 주기 위해서는 우선 미래에 수행해야 할 복수의 과제와 그 순서를 신호하는 단서를 학습하는 훈련을 포함해야 한다. 이는 조건화된 변별에 해당한다(제2장 참조). 그 외에도 미래로의 시간 여행을 검증하기 위한 몇 가지 다른 접근 방식이 제안되었다(예를 들어, Eichenbaum & Fortin, 2009; Zentall, 2010). 실험실 밖에서 수행된 연구로는 자유롭게 놓아 기르는 동물들이 현재의 먹이 상황에 대한 지식을 반영하는 방식으로 채집 경로를 선택한다는 결과들이 있다(Janson & Byrne, 2007).

어쨌든 비숍-콜러 가설은 (아직까지는) 완전히 기각되지 않았을지 모르지만, 그로 인해 동물에게서 미래지향적인 행동의 본질과 다양성에 대한 새로운 이해를 촉진시킨 것만은 사실이다(Raby & Clayton, 2009). 그리고 통찰(다음 절의 주제인)이나 마음 이론(제4장의 주제)과 관련된 논의들에서도 등장하듯이, 인간이 내성법

| 먹이 저장 접시 | 먹이 그릇 | 먹이 저장 접시 |

[그림 3-6] 서양어치의 계획 능력을 보기 위한 실험의 개요(Raby et al., 2007). 3개의 방 중에 견과류 먹이가 담긴 그릇이 가운데 방에 있고, 양쪽 끝 방에는 먹이 저장이 가능한 사각형 접시가 놓인 상황을 보여 준다. 먹이 저장 접시는 항상 있는 것이 아니고 마지막 검사 시행 때에만 제공된다. 평상시에는 저장이 불가능한 가루로 된 음식만 그릇에 담아서 먹게 하고, 그다음에는 양쪽 끝에 있는 2개의 방 중 하나에 갇혀서 아침을 맞이한다. 아침이 밝아오면 어느 방이냐에 따라 '아침 식사'가 주어지기도 하고 안 주어지기도 한다. 그런 경험을 한 후, 검사일에는 가운데 방에서 가루가 아닌 온전한 견과류 알갱이를 먹고 나머지를 두 방 어디에나 자유롭게 저장할 기회가 주어진다.

(introspection)에 근거하여 보고하곤 하는 처리 과정을 동물에게서 이해하려면 어떤 접근 방식을 취해야 할지가 좀 더 분명해졌다. 즉, 동물이 정신적 시간 여행과 같은 추상적 정신 활동을 할 수 있는지의 여부를 증명하기 위해서는 언어적 표현이 불가능한 동물들에게서 어떤 행동적 증거들을 수집해야 하는지가 결정되어야 하고, 또 얼핏 매우 정교해 보이는 행동들이 '더 단순한' 기본적인 처리 과정에 의해서 어느 정도까지 설명이 될 수 있는지를 증명하는 연구들이 선행되어야 한다.

도구의 사용

도구의 사용과 제작은 전통적으로 인간만이 보유한 특성으로 간주되었지만, 실상은 진화의 계통도 곳곳에서 발견되고 있다(Bentley-Condit & Smith, 2010; Shumaker, Walkup, & Beck, 2011). 제1장에서 언급한 것처럼, 침팬지와 조류 일부에서 도구 사용이 관찰된다. 제1장에서 도구 사용이 언급된 이유는 21세기의 비교 인지 연구가 얼마나 다양한 관점과 연구 방법을 결합해서 이루어지는지를 예시하기 위해서였다. 뉴칼레도니아까마귀의 도구 사용은 이러한 여러 관점의 핵심 쟁점을 보여 주는 대표적인 사례인 바, 의인화된 해석, 모르간의 카논, 그리고 동물의 지능이라는 측면에서 논의된다.

까마귀류의 연구 사례들이 뚜렷하게 보여 주는 것처럼, 동물의 도구 사용에 관한 현대의 연구는 자연 상황에서의 관찰에서부터 통제된 실험에 이르는 다양한 방법을 채용한다(Seed & Byrne, 2010). 까마귀 연구는 인지기능에 대한 세 가지 핵심적인 질문에 대한 답을 추구한다. 도구를 사용하는 동물은 도구의 물리적 작동 방식을 어느 정도까지 이해하고 있는가? 통찰이 개입하는가? 그리고 도구 사용이 사회학습을 통해서 습득되는가? 첫 번째와 두 번째 질문에 대한 답은 이 장에서, 그리고 세 번째 질문에 대한 답은 제4장에서 논의하도록 하겠다. 그러나 무엇보다 먼저 과연 도구를 무엇이라고 정의해야 하는가? 엉성하기는 하지만 유용한 정의는 제인 구달(Jane Goodall)이 "즉각적으로 도달해야 하는 목표를 달성하기 위해 입이나 부리, 손이나 발톱의 기능적 연장(extension)을 위해 이용하는 물체(van Lawick-Goodall, 1971, p. 195)"라고 제공한 바 있다. 제인 구달뿐 아니라 다른 연구자들이 도구 사용의 정의를 놓고 논쟁을 계속하고 있다는 사실은 동물의 행동에 관해서 인간중심의 분류 기준을 적용한다는 것이 얼마나 임의적인지를 증명해 준다(Bentley-Condit & Smith, 2010). 예를 들어, 대부분의 정의에 따르면 침팬지가 돌을 들어서 견과류 껍질을 부수는 것은 도구 사용에 해당하지만 새가 하늘에서 열매를 돌 위로 떨어뜨려서 부수는 행위는 도구 사용이 아닌 것으로 분류된다. 딱따구리가 나무 틈에서 먹이를 꺼내기 위해 잔가지를 이용하는 것은 도구 사용이지만 금화조(zebra finch)가 잔가지로 둥지를 만드는 것은 도구 사용이 아니다(Hansell & Ruxton, 2008; Shumaker et al., 2011). 이런 다양한 사례로 볼 때 그 어떤 정의를 적용한다고 하더라도 도구 사용이 하나의 고유한 인지 메커니즘으로 설명될 수 있을 것 같지는 않다(Emery & Clayton, 2009b).

동물 통속 물리학?

도구 사용을 두 가지 종류의 인지 과정이 상호작용하는 것으로 설명하고자 하는 학자들이 있다(Osiurak, Jarry, & LeGall, 2010). 그 두 가지는 **절차학습**(procedural learning)과 **행동유도성학습**(affordance learning)[15]으로 대표된다. 즉, ① 어떤 동작을 취할 것인지에 대한 학습과 ② 주어진 물체의 형태에 따라 어떤 동작이 더 쉽고 편하게 산출되는지에 대한 학습이며, 인간과 동물 모두에게서 나타난다. 한편 어떤 도구가 어떻게 작동하고 그 결과는 어떻게 나타나는지에 대한 기술적인 (technical) 이해, 즉 통속 물리학적 사고는 인간에게만 고유한 능력일지도 모른다 (하지만 Penn et al., 2008도 참조할 것). 예를 들어, 함정 튜브를 이용한 실험에서([그림 3-7]의 위 참조) 동물들은 작대기를 이용해서 투명한 튜브로부터 음식을 꺼내려고 한다. 만약 동물들이 도구가 어떻게 작동하는지를 안다면 오른쪽에서 밀어야만 한다는 사실을 즉시 깨달을 수 있을 것이다. 그러나 실제로는 영장류도, 조류도 올바른 동작을 즉시 보여 주는 데에는 실패했고, 시행착오를 통해서만 배울 수 있음을 보여 주는 결과가 나왔다. 그뿐만 아니라 함정을 반 바퀴 돌려서 함정 바닥이 위를 향하게 하면 이제는 어느 쪽으로 밀더라도 음식을 먹을 수 있는데도 불구하고 계속해서 같은 방식으로만 먹이를 밀었다. 즉, 중력의 존재를 비롯해서 함정이 없는 매끈한 표면이 있으면 그 위로 음식을 밀어낼 수 있다는 원리를 전혀 이해하지 못하는 것으로 보인다.

동물이 물리적 이해를 바탕으로 전이학습을 할 수 있다는 주장에 반대하는 강력한 실험적 증거가 떼까마귀(rook)를 대상으로 함정 튜브를 이용한 실험에서 얻은 바 있다(Seed, Tebbich, Emery, & Clayton, 2006). 떼까마귀는 자연 상태에서 도구 사용을 하는 동물이 아니므로 실제 훈련에서는 어느 쪽을 당길 것인지 선택을 하

---

15) 행동유도성(affordance)은 미국의 심리학자 깁슨(J. J. Gibson)에 의해 제안된 개념 및 조어로(영어 사전에 afford라는 단어는 있었지만 affordance는 깁슨에 의해 만들어진 단어이다), 사물 및 환경과 행위자 사이의 관계에 의해 규정되는 물체의 성질을 일컫는다. 물체에 대한 지각은 감각정보의 처리에 의해 규정되지만 행동유도성은 지각뿐 아니라 행동까지 고려한 '관계성'을 내포한 개념이다.

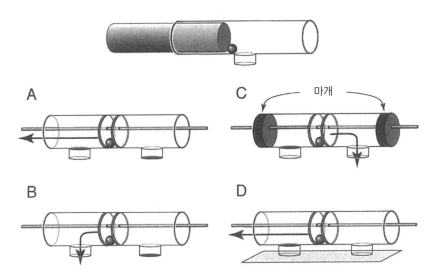

[그림 3-7] (위) 기본적인 함정 튜브 장치. 양쪽으로 막대기를 넣을 수 있지만 음식이 함정에 떨어지지 않게 하려면 오른쪽에서 밀어야만 한다. (아래) 까마귀들을 대상으로 한 함정 튜브 실험의 결과(Seed et al., 2006). 튜브들은 까마귀의 부리와 높이가 같도록 스탠드 위에 올려져 있다. 튜브 A와 B의 경우에는 먹이가 나오는 방식은 다르지만 둘 다 막대기를 왼쪽으로 당기면 먹이가 튜브에서 빠져나와서 먹을 수 있게 된다. 튜브 C와 D의 경우, A나 B와 유사하지만 반대 방향으로 당겨야 먹이가 나오게끔 고안되었다. 즉, 무조건적으로 '안전한' 방향으로 당기는 것이 아니라 먹이가 함정에서 어떻게 빠지는지를 알아야만 꺼낼 수 있다. A에서는 위가 막힌 함정 쪽으로 당겨야 했지만, 마개로 막힌 튜브 C에서는 오히려 그 반대 방향, 즉 아래가 뚫린 함정 쪽으로 당겨야 먹이가 빠져나온다(화살표로 표시된 방향). B에서는 아래가 뚫린 함정을 향해서 당겨야 했지만, D에서는 함정 아래가 막혀 있으므로 그 반대 방향으로 당겨야 먹이를 얻을 수 있다.

출처: Seed et al. (2006)로부터 허락을 얻어 게재함.

기만 하면 되게끔 장치를 만들었다(도구가 튜브 안에 미리 장착되어 있어서 당기거나 밀기만 하면 먹이가 나온다). [그림 3-7]의 A의 튜브에서 훈련을 받은 새들은 [그림 3-7]의 B의 출구가 변형된 튜브에서도 즉시 먹이를 꺼낼 수 있었다. 반대, 즉 B에서 A로 전환되었을 때에도 마찬가지로 학습된 내용의 즉각적인 전이를 보여 주었다. 그러나 A와 B의 경우 모두 함정에서 먼 쪽을 선택하기만 하면 먹이를 꺼낼 수 있으므로 작동 방식을 이해했다는 결정적인 증거는 되지 못한다. 이를 보완하고자 새로운 함정을 고안했다(C와 D). 여기서는 이전에 A나 B에서 배운 방식을 그대로 해서는 먹이를 꺼낼 수 없고 물리적 작동 방식을 적용해서 반대 방향으로 당겨야만 꺼낼 수 있게 고안되었다. 이렇게 했더니 일곱 마리의 떼까마귀 중 겨우 한 마리만 즉각적인 학습의 전이를 보였다.

유인원들을 대상으로 한 연구들은 한 가지 중요한 점을 지적했다. 사람에게는 개념적으로 사소해 보이는 차이점들, 예를 들어 문제가 제시되는 방식이나 절차의 미묘한 변화가 동물이 문제를 해결할 때는 큰 영향을 미칠 수 있다는 사실이다. 포비넬리와 동료들(Povinelli et al., 2000)은 침팬지에게 두 가지 도구 중 하나를 이용해서 먹이를 획득할 수 있는 과제를 주었다. '함정 탁자'로 명명된 이 과제에서 침팬지는 갈퀴같이 생긴 도구 2개 중 하나를 활용해서 멀리 있는 먹이를 당겨올 수 있었다. 포비넬리와 동료들이 내린 결론은 물론 논란의 여지가 있지만, 동물들이 회기가 늘어남에 따라 점진적으로 둘 중 좀 더 효율적인 도구를 선택하는 양상을 보였으며, 따라서 도구가 작동하는 물리적 방식에 대한 이해는 전혀 없는 것으로 보인다는 것이다. 그러나 이 결론을 완전히 뒤집을 만큼은 아니겠지만, 이 함정 탁자 문제를 약간만 변형해도 침팬지가 과제를 수행하는 능력을 획기적으로 높여 준다는 새로운 결과들이 있다. 2개의 갈퀴 대신에 하나의 갈퀴만 주어서 비효율적인 갈퀴를 사용하려는 욕구를 억제할 필요가 없는 상황을 만들어 주면 침팬지들은 함정을 피하는 요령을 거의 즉시 학습할 수 있었다(Girndt, Meier, & Call, 2008). 또한 침팬지들이 손가락을 쓸 수 있도록 과제를 바꿔 주면 역시 거의 즉시 함정을 피해서 먹이를 꺼내는 수행을 보여 주었다. 즉, 도구에 주의를 기울이는 것이 과제의 특성을 파악하는 과정을 방해한다는 것을 시사한다(Seed, Call, Emery, & Clayton, 2009). 한편으로 사람이라고 해서 그러한 과제를 수행할 때 완벽하게 이성적으로 행동하는 것도 아니다. 예를 들어, 사람 피험자들은 수행에 방해를 주지 않는 함정도 회피하는 경향을 보였는데, 이는 지각적 편향이 기술적인 지식을 압도할 수 있음을 시사한다(Silva & Silva, 2006).

다양한 도구는 함정 과제만으로 검출되지 않는 많은 속성을 지닌다. 도구를 구성하는 물질(예를 들어, 탄력이 있는지 뻣뻣한지), 크기(예를 들어, 막대기의 길이와 굵기), 형태 등 실제 자연에서 사용될 때는 결정적으로 중요한 역할을 할 수도 있는 속성들이다. 영장류와 새를 이용한 연구들은 동물들이 그러한 지각적 성질들을 매우 잘 구분해서 그에 따라 적절하게 반응할 수 있음을 보여 주었다(Seed & Byrne, 2010; Shettleworth, 2010a). 아동들(Brown, 1990)과 동물들(예: Hauser, Kralik, & Botto-Mahan, 1999)은 도구로 쓰일 수도 있을 만한 물체의 기능적 특성에 주의를 기울이는 능력을 보였다. 예를 들어, 새로운 도구를 보면 그 전에 유사한 도구를 사용했던 경험을 기반으로 색깔은 무시하고 형태에만 주의를 기울였다. 그러나 야생에서 도구를 사용하는 것으로 알려진 종의 동물들이 그렇지 않은 종에 비해서 도구 사용과 관련된 인지적 처리가 더 우수하다는 증거는 아직 없다(Emery & Clayton, 2009b; Seed & Byrne, 2010). 그보다는 어린 동물이 물체를 특정 방식으로 조작하려는 성향(제1장에서 언급함)과 일반적으로 모든 동물에게서 발견되는 사회 학습 능력(제4장에서 설명), 그리고 기본적인 시행착오 학습이 결합되어 뉴칼레도니아까마귀나 침팬지들이 성체가 되었을 때 보이는 도구 사용 행동이 가능하다는 설명이 타당할 것으로 보인다.

통찰

동물이 처음 보는 도구를 사용해서 문제를 해결하려고 할 때 통찰(insight)이 중요한 역할을 한다는 최초의 관찰은 사육되는 침팬지를 이용한 콜러(Kohler, 1925/1959)의 고전적 실험에서 이루어졌다. 침팬지에게 작대기와 쌓을 수 있는 상자들을 주고 도구 없이는 접근에 불가능한 위치에 먹이를 두었다. 예를 들어, '바나나와 상자 문제'에서는 바나나가 높은 곳에 매달려 있고 가까운 곳에 상자가 놓여 있었다. 콜러의 보고에 의하면, 처음에 침팬지들은 바나나를 따 보려고 점프를 몇 번 하다가 그런 시도를 중단하고 뭔가 문제해결과 관련 없어 보이는 행동을 보였다. 그리고 어느 순간에 갑자기 바나나 아래에 상자를 쌓고 그걸 밟고 올라가서 바나나를 따는 모습을 보였다. 콜러와 게슈탈트(Gestalt)[16] 심리학자들은 그러한

---

16) 독일어 gestalts는 요소가 모여서 창조해 낸 전체적인 형태를 일컫는 용어로, 게슈탈트 심리학은 이러한 창발적(emergent) 성질, 즉 부분보다는 전체를 강조하는 연구 관점을 채택한다.

문제해결 행동이 통찰, 즉 '해결책을 떠올리는' 과정을 반영한다고 주장했다. 통찰은 물리적 이해를 바탕으로 한다기보다는 지각적 요소들의 재구성이라는 관점이다. 사람 역시도 직관적으로 자신의 통찰을 깨닫게 되는 놀라움과 기쁨으로 특징 짓는 '아하(aha)[17] 경험'을 보고한다(Kounios & Beeman, 2009). 그러나 그러한 해결 과정이 분석적인 과정(즉, 정신적인 시행착오 과정)과 완전히 다른 어떤 고유한 과정을 포함할지에 대해서는 논란이 많다. 그러나 주어진 문제에 포함된 요인들을 많이 경험하면 할수록 통찰과 분석의 두 처리 과정 모두 주관적으로 경험하는 빈도도 늘어난다는 결과가 있으며, 따라서 분리해서 평가하기 어렵다(Weisberg, 2006).

동물에게 그러한 아하 경험에 대해 물어보는 것이 불가능하기에 동물을 대상으로 한 연구에서 집중적으로 보는 것은 새로운 해결책이 갑자기 출현하는지, 즉 이전에 시행착오를 경험하지 않은 상황에서 전혀 다르게 보이는 행동이 출현하는지의 여부이다. 그러나 종 특이적인 반응은 물론이고 과제와 관련된 단서들을 어떻게 배열하는지가 동물의 행동에 미묘하지만 강력한 영향을 미칠 수 있으므로 과거 경험의 영향을 파악하는 연구는 쉬운 일이 아니다. 이를 위해서는 다양한 과거 경험과 검사에 노출된 동물들을 비교하는 실험이 필요하다. 이런 실험들 중 가장 멋진 예는 비둘기 버전의 '바나나와 상자 문제'인 것 같다(Epstein, Kirshnit, Lanza, & Rubin, 1984). 먼저 새들은 두 가지 분리된 상황에서 훈련을 받았다. ① 상자 위에 올라가서 장난감 바나나를 쪼면 보상을 받는 훈련과 ② 여기저기 흩어진 상자들을 밀어서 벽에 표시된 어떤 지점으로 가져다 놓으면 보상을 받는 훈련이 그것이다. 그리고 나서 바나나를 높은 곳에 두고 주변에 상자가 널려 있는 상황을 제시하는 경우에 새들은 처음에는 바나나와 상자를 번갈아 보면서 혼란스러워하는 듯한 모양새를 보이지만 곧 상자를 바나나 근처로 밀어서 바나나를 쪼는 행동을 나타낸다. 두 가지의 사전 훈련 중 하나만 받았던 통제 동물들은 바나나와 상자를 결합하는 문제를 해결하는 데 실패했다.

---

17) 영어 감탄사 aha는 깨달음을 표현하는 단어인데, 그렇다면 우리에게 더 친숙한 단어는 오히려 그리스 철학자 아르키메데스의 '유레카'일 것 같다. 일단은 원서에 충실하게 '아하' 경험으로 번역했다.

이러한 내부 연결(interconnection; Epstein, 1985), 즉 이미 알고 있는 행동 방식을 결합하여 새로운 형태로 적용하는 능력은 몇 가지의 잘 정의된 과정으로 설명할 수 있다. 앞과 같은 과제 상황에서 동물들이 혼란스러워하고 어려워하는 이유는 두 가지의 상충하는 행동을 신호하는 단서들이 동시에 존재하기 때문이다. 밀기와 쪼기가 그것이다. 일단 처음에 본능적으로 바나나를 쪼기 위해 점프하는 행동은 여러 차례의 시도 끝에 소거되었기에 남은 행동은 밀기밖에 없다. 바나나를 향해 상자를 미는 행동은 처음에 학습한 행동인 벽에 표시된 지점으로 미는 행동이 일반화된 것으로 해석할 수 있다(제2장 참조). 그리고 상자가 바나나 근처에 놓이게 되면 그 상자 자체가 단서가 되어서 그전에 강하게 조건화가 되었던 행동인 올라가기(쪼기) 행동이 나타나게 되는 것이다.

동물의 도구 사용에 대한 연구가 최근에 급격하게 인기를 얻으면서 통찰을 가정하지 않고는 설명하기 어려울 만큼 놀라운 사례가 많이 관찰되었지만, 앞서 설명한 비둘기 연구처럼 체계적인 실험을 거쳐 증명한 경우는 거의 없다. 이러한 사례 기반 연구들은 영장류와 조류 모두에 걸쳐 보고되었다(Seed & Byrne, 2010 참조). 가장 유명한 사례 중 하나인 뉴칼레도니아까마귀 베티(Betty)의 예를 들어 보자(Weir, chappell, & Kacelnik, 2002). 까마귀 베티는 고리 모양으로 휘어진 철사를 이용하여 투명한 벽으로 이루어진 우물 바닥에 놓은 양동이를 걸어 올려서 고기 조각을 먹는 요령을 학습했다. 까마귀 베티에게 일자 형태의 철사가 주어졌을 때 처음에는 몇 번 양동이를 걸어 올리려다가 실패하자 철사를 모서리에 대고 쑤셔대기 시작했다. 한쪽 끝이 모서리에 박히면서 고정되자 이번에는 반대편을 물고 휘어서 고리 모양을 만들었고, 마침내 고리 모양 철사를 이용해서 양동이를 끌어 올리는 데 성공했다.[18] 베티는 이 이후 시행에서도 같은 방법으로 고기를 먹었지만, 이후 시행들은 강화 학습으로 설명할 수 있기에 첫 번째 시행만이 통찰에 의한 학습이라고 볼 수 있다. 첫 번째 시행에서 보인 베티의 행동은 앞서 설명한 비둘기의 통찰학습과 크게 다르지 않아 보인다. 문제는 과연 더 많은 까마귀에게서도

---

18) 이를 보여 주는 영상을 쉽게 찾을 수 있다. https://www.youtube.com/watch?v=-qgI406J0qs

같은 행동을 기대할 수 있는가와 이전에 고리 모양 도구를 사용한 경험이 필요한 가의 여부일 것이다. 야생에서 뉴칼레도니아까마귀는 잔가지와 잎사귀를 이용해서 고리 모양의 도구를 만들었지만, 이들이 도구를 만드는 데 필요한 특별한 소질을 가졌다고 단정하기는 어렵다. 왜냐하면 도구 사용이 관찰되지 않은 다른 까마귀 종들, 예를 들어 떼까마귀도 나무로 된 고리를 사용하는 경험을 하고 난 후에는 철사 고리를 만들 수 있음이 관찰되었기 때문이다(Bird & Emery, 2009).

이보다 더 진전된 도구 사용의 사례로는 긴 대롱 아래로 돌을 떨어뜨려서 평평한 먹이판이 바닥으로 떨어지게 하여 먹이가 나오게 하는 과제를 통해 제시되었다.[19] 떼까마귀(Bird & Emery, 2009)와 뉴칼레도니아까마귀(von Bayern, Heathcote, Rutz, & Kacelnik, 2009)를 대상으로 한 훈련에서 대롱의 꼭대기에서 돌을 밀어 떨어뜨리는 훈련을 한 새들은 주변의 돌을 물어서 대롱 위로 운반하는 행동을 보였다. 뉴칼레도니아까마귀 중 일부는 돌과 관련된 훈련 없이도 돌 떨어뜨리기 행동을 학습했다. 짧은 대롱에서 부리로 먹이판을 밀어서 먹이를 꺼내 먹는 훈련을 한 뉴칼레도니아까마귀가 긴 대롱에 돌을 떨어뜨려서 먹이판을 분리하는 방법에 성공했고, 또 다른 한 마리는 막대기를 이용해서 먹이를 꺼내는 훈련을 한 후에 성공적인 돌 떨어뜨리기 행동을 보였다. 부리나 막대기를 사용한 경험은 먹이판의 행동유도성, 즉 아래로 떨어뜨리면 먹이에 닿을 수 있다는 성질을 배울 기회를 증가시켰을 것으로 보인다. 행동유도성학습은 단순히 장치가 다른 개체에 의해서 작동되는 것만 보아도 일어날 수 있기에(제4장에서 논의함) 대리학습을 적용한 해석도 가능하다. 다른 해석은 까마귀가 무언가를 먹이판에 접촉하면 먹이가 나온다는 사실을 배웠다고 보는 것이다. 어느 쪽으로 해석하든 가장 큰 의문점은 도대체 까마귀가 처음에 어떻게 돌을 사용하고자 하는 결정을 내렸는지가 될 것이다.

---

19) 버드와 에머리(Bird & Emery, 2009)의 논문에서 사용된 장치로, 위쪽은 대롱이고 아래에는 상자가 연결되어 있다. 상자 안쪽에는 평평한 판 위에 먹이가 올려져 있는데, 이 판은 자석으로 위쪽에 매달려 있고 먹이가 나오는 출구는 상자 아래쪽에 있다. 대롱을 통해 떨어진 돌의 충격으로 판이 자석에서 분리되어 바닥으로 떨어지면 비로소 까마귀가 출구를 통해 부리를 집어넣어 먹이를 꺼낼 수 있게 만든 구조이다.

앞으로의 연구에서 해결해야 할 중요한 수수께끼 중 하나는 과연 까마귀들에게서 메타도구(metatool) 사용이 가능한지이다. 메타도구는 도구를 만들거나 획득하기 위해 필요한 도구를 의미한다. 하나의 숫돌을 평탄하게 하기 위해 다른 숫돌을 사용하는 것처럼,[20] 메타도구의 사용은 사람에게서 중요한 인지적 활동 중의 하나이지만 이 역시도 인간에게만 고유한 행위는 아닌 것으로 보인다. 각각 개별적으로 경험한 적이 있는 2개 혹은 그 이상의 도구를 연속적으로 사용하는 방식의 학습, 즉 내부 연결로 메타도구 사용을 설명할 수 있다. 뉴칼레도니아까마귀를 이용한 몇몇 실험에서 다음과 행동을 관찰했다. 예를 들어, 고기 조각이 구멍 안에 있고, 가까운 곳에는 짧은 막대기만 있으며, 고기를 꺼내는 데 사용할 수 있을 만큼 긴 막대기는 쉽게 꺼낼 수 없는 위치에 있다고 하자. 만약 이전에 까마귀가 강화 학습에 의해 긴 막대기를 이용해서 먹이를 획득하는 훈련을 받은 적이 있다면 짧은 막대기로 먹이를 꺼내려고 시도하겠지만, 여러 번 실패하고 나면 이 행동은 소거가 된다(Taylor, Hunt, Holzhaider, & Gray, 2007). 그러나 어쨌든 막대기를 사용하고자 하는 경향과 자극 일반화가 합쳐지면 이번에는 짧은 막대기로 멀리 있는 긴 막대기를 꺼내려고 할 것이라는 예상을 할 수 있다. 짧은 막대기를 이용해서 긴 막대기를 꺼내고 나면 이전에 훈련받은 대로 긴 막대기로 고기 조각을 꺼내먹는 행동이 자연스럽게 나올 것이다. 이를 메타도구의 사용이라고 할 수 있겠지만, 더욱더 강력한 증거는 여러 개의 도구가 쉽게 꺼내기 어려운 곳에 있는 상황에서 연쇄적으로 문제를 해결하기 어려운 상황이 주어지는 실험을 통해 나올 수 있을 것이다. 짧은 도구를 이용해서 때로는 직접 먹이를 꺼내기도 하고, 때로는 더 긴 유용한 도구를 꺼내기도 하는 메타도구로 활용하는 행동을 보인다면 도구의 특성을 이해하고 있다고 해석할 수 있을 것이다. 실제로 부리를 이용해서 긴 도구를 꺼내는 훈련을 많이 할수록 짧은 도구로 긴 도구를 꺼내는 행동도 증가한다는 결과가 있지만, 결론적으로는 동물이 추론이나 계획 수립을 통해 도구 사용이 필

---

20) 칼을 갈기 위해 사용하는 도구가 숫돌인데, 여러 번 쓰다 보면 숫돌이 오목해진다. 이를 보완하기 위해서는 평잡이 숫돌이라는 또 다른 숫돌을 이용해서 오목해진 숫돌과 마주 비비면 된다. 사실 이런 일을 전문적으로 하는 기술자들만 아는 방법인데, 이를 예로 든 셔틀워스 박사님의 박식함에 감탄한다.

요한 문제를 해결했다고 보기는 어려운 것 같다(Wimpenny, Weir, Clayton, Rutz, & Kacelnik, 2009).

맺음말

실험실과 야생 두 상황 모두에서 동물들은 놀라울 정도의 도구 사용 능력을 보인다. 침팬지는 도구를 이용해서 개미를 사냥하고(Sanz, Morgan, & Gulick, 2004), 뉴칼레도니아까마귀는 도구를 이용해서 나무껍질에서 굼벵이를 꺼내 먹는다. 이러한 사례들은 마치 동물이 도구의 작동 원리를 이해하는 것처럼 보이기도 하지만, 다수의 연구 결과는 그런 행동들이 기본적인 인지 처리 과정의 결과일 가능성을 압도적으로 시사한다. 도구 사용의 특수성을 지지하는 통찰이나 인과 관계 이해와 같은 역량을 증명하기 위해서는 그러한 과제에 내재된 요인들을 분리해 낼 수 있는 창의적인 실험설계를 요구한다. 중요한 사실은 사람의 경우에는 통속 물리학적 혹은 기술적 지식을 가지고 있다는 것이 분명하기는 해도(Osiurak et al., 2010), 그렇다고 해서 사람 역시도 도구 사용을 할 때마다 그런 지식에 기반하여 행동하지는 않는다는 점이다. 원래 영장류를 위해 고안된 과제가 주어졌을 때 사람 피험자 역시도 비논리적인 편향을 보였고, 침팬지들처럼 불필요한 지각적 요인들에 의해 좌우되는 모습을 보였다. 까마귀 베티가 해결했던 '우물에 빠진 양동이' 문제가 주어졌을 때 5세 이하의 아동들은 자연스럽게 갈고리를 만들어서 양동이를 꺼낼 생각을 하지 못하는 것이 관찰되었다. 따라서 동물의 도구 사용 행동을 해석하는 데 활용되기 쉬운 의인화된 사고는 심지어 사람을 대상으로 한 연구에서도 잘못된 해석을 만들어 낼 수 있다.

공간 인지와 수 인지의 연구에서도 밝혀졌듯이, 도구 사용에 관한 비교심리학적 연구는 사람과 동물이 공유하는 기본 처리 과정이 큰 역할을 한다는 사실을 밝혔고, 한편으로는 사람의 인지 처리 과정 중 동물과 근본적으로 다른 측면들이 무엇인지를 분명히 해 주었다(Shettleworth, 2010b). 결론적으로 사람의 경우에는 절차적 기억과 기술적(technical) 지식 모두를 사용할 수 있고(Osiurak et al., 2010), 근사 숫자 시스템과 명확한 수 개념에 기반한 산술체계 둘 다가 가능하며, 데드레코닝과 '기하학적 공간 처리 모듈'에 추가하여 지도화와 공간상의 위치를 기술할 수 있는 언어 능력이 모두 가능하다(Landau & Lakusta, 2009). 제4장의 사회 인지에서도 이러한 두 가지 측면에 대한 증거들을 제시할 계획이고, 최종적으로 제5장에서 인간과 동물이 지닌 인지기능의 차이점과 공통점을 통합적으로 설명하고자 한다.

추가적인 읽을거리들

Cantlon, J. F., Platt, M. L., & Brannon, E. M. (2009). *Beyond the number domain. Trends in Cognitive Science, 13*, 83-89.

Dickinson, A. (2011). Goal-directed behaviour and future planning in animals. In R. Menzel & J. Fischer (Eds.), *Animal thinking: Contemporary issues in comparative Cognition* (pp. 79-91). Cambridge, MA: MIT Press.

Kacelnik, A. (2006). Meanings of rationality. In S. Hurley & M. Nudds (Eds.), *Rational animals?* (pp. 87-106). Oxford, England: Oxford University Press.

Nieder, A., & Dehaene, S. (2009). Representation of number in the brain. *Annual Review of Neuroscience, 32*, 185-208.

Penn, D. C., & Povinelli, D. J. (2007). Causal cognition in human and nonhuman animals: A comparative, critical review. *Annual Review Psychology, 58*, 97-118.

Roberts, W. A. (2002). Are animals stuck in time?. *Psychological Bulletin, 128*, 473-489.

Seed, A., & Byrne, R. (2010). Animal tool-use. *Current Biology, 20*, R1032-R1039.

Shettleworth, S. J. (2010). *Chapters 8-11 in Cognition, evolution, and behavior* (2nd ed.). New York: Oxford University Press.

Shumaker, R. W., Walkup, C. R., & Beck B. B. (Eds.). (2011). *Animal tool behavior* (Revised and updated ed.). Baltimore, MD: Johns Hopkins University Press.

제**4**장

사회 인지

사회 인지(social cognition)란 다른 개체와의 상호작용 혹은 다른 개체에 대한 정보의 학습과 관련된 처리 과정을 일컫는다. 대부분의 경우에 '다른 개체'란 같은 종의 구성원들[동종 개체(conspecific)]을 의미하지만 다른 종과의 상호작용[1]에도 동일한 메커니즘이 사용될 수 있다. 반면에 사회적 상황이라고 해서 반드시 사회 인지가 사용되지는 않는다. 예를 들어, 영역방어적 성향을 가지는 많은 노래새(songbird)는 이웃 영역에 사는 새들이 부르는 노래와 그 노래가 들려오는 장소를 연합해서 기억하고 있다가 만약 같은 노래가 다른 장소에서 들려오면 즉각적으로 이웃 새를 공격한다. 장소가 변경되었다는 것은 이웃 새가 자신의 영역을 침범했다는 신호가 되며, 그런 경우에는 공격을 통해 자신의 영역을 지키려고 하게 된다. 노래새의 영역 방어 행동은 연합학습과 습관화(공격 행동의 습관화[2]) 메커니즘으로 충분히 설명이 가능하다(Dong & Clayton, 2009). 즉, 기본적인 인지기능이 사회적 상황에서 쓰였을 뿐, 특별히 사회 인지를 활용한 것은 아니다.

이 장은 크게 3개의 주제를 다룬다. 첫째는 가장 기본적인 주제이다. 동물들이 주변의 다른 동물들에 대해 무엇을 알고 어떻게 그런 지식을 얻게 되었는가? 이 질문의 핵심은 동물에게 마음 이론(theory of mind)이 존재하는지의 여부이다. 즉, 동물들이 다른 개체가 가진 지식, 믿음 혹은 마음의 상태에 대한 이해를 가지고 행동하는지 아니면 그저 겉으로 감지한 행동적 단서에 반응할 뿐인지, 또한 마음 이

---

1) 개나 고양이와 같은 반려동물과 인간의 상호작용이 대표적인 예가 될 것이다.

2) 좀 더 정확히 말하자면 이 과정은 탈습관화(dishabituation)이다. 다음과 같은 상황을 예로 들자. 자신의 영역을 차지하고 사는 새가 이웃 영역에 사는 새의 노래를 처음 들으면 혹시라도 자신의 영역을 침범한 것으로 착각해서 공격 행동을 보이지만 두 번, 세 번, 반복해서 노래를 들을 때마다 공격 행동의 강도가 약해질 것이다(실제로 자신의 영역을 침범하지 않았으므로 공격 대상이 존재하지 않는다). 이는 학습의 일종인 습관화(habituation) 현상이다. 그러다가 다른 장소에서 들려오는 노래를 들으면 공격 행동이 다시 출현하게 된다. 이렇게 습관화된 행동이 다시 출현하는 현상은 탈습관화이다.

론의 수준에 있어 종들 간에 차이가 존재하는지, 또한 차이가 있다면 그러한 차이가 계통발생적 연관성, 사회적 시스템, 뇌의 크기 차이 등에 의해 설명될 수 있는지와 같은 주제들을 논의한다. 두 번째 주제는 **사회학습**(social learning)이다. 동물이 다른 동물로부터 무엇을, 어떻게 배우는가? 모방이 가능한 동물이 있는가, 그렇다면 어떻게 모방이 가능한가? 동물도 다른 개체를 가르칠 수 있는가? 사회학습의 결과로 문화라고 부를 만한 행동들이 출현하는가? 과연 문화는 인간에게만 존재하는가? 마지막으로는 본질적으로 사회적인 속성을 가질 수밖에 없는 주제인 **의사소통**(communication)을 다루게 될 것이다. 의사소통에 사용되는 신호를 만들어 낸다는 사실은 다른 개체가 그 정보를 필요로 한다는 것을 알고 있다는 증거가 되는가? 다시 말해 마음 이론을 가지고 있는가? 동물의 의사소통과 인간의 언어 사이에 공통점이 있다면 무엇인가?

이러한 질문들 대부분에 대해서는 명백한 답이 존재하지 않는다. 사회학습은 이 책에 논의된 주제들 중 아마도 가장 빠르게 발전하는 분야일 것이고, 그런 만큼 논란도 많은 분야이다. 기본 처리 과정들에 의거한 설명과 유심론적으로 편향된 통속심리학적 설명이 첨예하게 대립한다. 사회 인지와 관련된 많은 이론적 주장은 전통적인 영장류 위주의 접근을 반영하고 있지만 점차 그 외의 다른 포유류나 조류들을 대상으로 한 연구도 진행되고 있고, 심지어는 어류의 사회적 행동들이 유인원이나 원숭이들 못지않게 복잡하다는 증거도 등장하고 있다.

사회적 행동 : 기초편

사회적 복잡성과 사회적 지식

영장류의 큰 뇌와 그들이 다양한 인지 검사에서 보인 뛰어난 능력들은 흔히 복잡한 사회적 상호작용에 대한 적응을 반영하는 것으로 간주되곤 했다(Byrne & Bates, 2010; Humphrey, 1976; Jolly, 1966). **사회 지능 이론**[social theory of intellect 혹은 사회 뇌 이론(social brain theory)]³⁾을 지지하는 증거는 충분하지만 논란의 여지 역시 많다. 예를 들어, 사회성을 어떤 식으로 정량화하고 뇌 크기의 어떤 측면과 연관시켜 볼 것인가? 단순히 집단이 크다고 해서 복잡한 인지기능이 요구되지는 않는다. 무리 지어 날아가는 철새들이나 떼로 움직이는 동물들의 경우에 겉으로 보이는 집단의 크기에도 불구하고 한 개체는 그저 자신과 가까운 주변의 이름 모를 개체들과의 비교를 통해 어떻게 움직일 것인가를 처리할 뿐이다(Couzin, 2009). 사회 뇌 가설은 모듈화된 지능보다는 범용 지능을 지지하는 것처럼 보인다. 그러나 먹이를 저장하는 새에서 해마의 크기와 공간기억 간의 관련성에 대한 연구가 진행된 것을 제외하면 사회 인지를 설명해 줄 수 있는 뇌신경생물학적 메커니즘에 대해서는 알려진 바가 거의 없다(Healy & Rowe, 2007; 하지만 Lefebvre & Sol, 2008도 참조할 것). 사회적 행동의 비교 인지적 분석을 위해서는 앞으로도 신경생물학 분야와의 공동연구가 많이 필요하다(Dunbar & Shultz, 2007).

사회 인지에서 가장 흥미로운 행동들은 안정된 집단을 이루고 사는 종에서 발견된다. 이러한 종에서 집단 내의 개체들이 중요시하는 것은 서로가 서로에 대해 가지는 사회적 역할이다. 예를 들어, 서열이 높은 개체와 낮은 개체 간의 관계, 짝짓기 파트너 사이의 관계, 어미-새끼 관계 등이 있다. 집단의 크기가 커지면 순수하게 사회적 관계만을 학습하기 위한 부담도 기하급수적으로 증가한다. 각각의 사회적 관계는 그 관계의 당사자가 관련되어 있는 또 다른 종류의 사회적 관계들과 함께 처리되면서 다양한 종류의 예측을 만들어 낸다. 예를 들어, 어린 새끼를 공격하기 위해 접근하는 개코원숭이는 새끼의 어미가 누구인지는 물론이고, 그 어미와 자신과의 혈연관계, 그리고 그 어미가 자신보다 서열이 높은지 혹은 낮은지를 알아야 한다. 한편 침입자에 대한 어미 원숭이의 반응은 최근에 일어난 사건들, 예를 들어 지금 접근하는 원숭이가 자신의 친족과 최근에 싸운 일이 있었는지와 같은 사건들에 의해 조절될 수 있다(Cheney & Seyfarth, 2007). 그러나 물리

---

3) 사회적 기능의 수행과 뇌의 진화가 밀접한 관련을 가지고 이루어졌다고 보는 이론이다. 예를 들어, 인간의 뇌가 커진 이유가 복잡한 사회적 상호작용을 해결하기 위한 정보처리 때문이라고 설명한다.

적 세계에서 발생하는 문제 중 일부도 또한 사회적 문제 못지않게 복잡하다. 예를 들어, 열대의 밀림에 사는 영장류들은 각각 다른 시기에 익는 수백 가지에 달하는 열매를 계속해서 추적관찰하고 있어야 한다. 실제로 종 특이적인 먹이 찾기 방식의 복잡성과 뇌 크기 간에 상관관계가 있다는 증거들이 존재한다(Byrne & Bates, 2010; Dunbar & Shultz, 2007). 그럼에도 불구하고 사회적 관계와 물리적 세상 사이에는 본질적인 차이가 존재하며, 행동생태학 분야에서 다뤄지는 여러 모델은 이런 차이를 반영한다. 예를 들어, 채집 이론에서는 최적화 모델(제3장 참조)이 사용되는데, 최적화 모델은 먹이를 제공하는 환경이 안정적이고 오직 먹이를 찾는 동물의 행동에 의해서만 변화된다는 기본 가정을 전제로 한다. 반면에 **사회적 채집**(social foraging)[4]을 포함한 사회적 상황에서는 다른 개체가 어떻게 행동하는가에 기반해서 자신의 행동을 결정하는 것이 최선이기에 **게임 이론**(game theory)이 사용된다.

동물의 사회 집단에 대한 대부분의 지식은 현장 연구 혹은 집단의 크기가 어느 정도 이상 되는 사육시설에서의 연구로부터 온 것이다. 이 경우에 장기적으로 동물을 관찰함으로써 행동의 원인에 대한 추론을 할 수 있다. 개체들 간의 공간적인 근접성이나 인척관계를 통해 공동의 적에 대한 상호 연대를 예측하는 경우가 그런 예이다(예: Silk, 1999). 그러나 가장 정확한 이해는 변인들을 조작하는 실험을 통해 얻을 수 있다. 이러한 실험의 예로 숨겨진 스피커를 통해서 친숙한 관계에 있는 다른 원숭이들 간의 사회적 상호작용을 연상하게 하는 일련의 발성들을 들려주었다(Cheney & Seyfarth, 2007 참조). 원숭이에게 부자연스러운 사회적 상황, 예를 들어 사회적 위계에서 우위에 있는 원숭이가 아래에 있는 원숭이에게 복종을 의미하는 **발성**(vocalization)을 보이는 상황을 연출할 경우에 익숙한 상황에 비해 소리가 나오는 방향을 더 오래 쳐다본다면 사회적 정보의 내용에 대해 민감하게 반응한다는 증거가 될 수 있다.

방금 기술한 것과 같은 현장 연구들은 영장류와 그 외 여러 종의 사회적 지식에

---

4) 대표적으로 짝짓기 파트너를 찾는 행동을 들 수 있다.

관해 많은 사실을 밝혔다(de Waal & Tyack, 2003; Emery, Clayton, & Frith, 2007). 그러나 그러한 지식을 얻는 과정이나 지식의 본질에 대한 정보를 얻기 위해서는 통제되는 동물들을 대상으로 한 실험결과가 필요하다. 이러한 실험에서는 관찰자가 학습하게 되는 행동적 사건들을 통제하는 것이 핵심이 된다. 제3장에서 설명한 사회적인 상황에서의 이행적 추론이 그 한 예가 될 수 있다. 이런 실험에서 어치, 혹은 물고기들은 특정한 각본에 의해 움직이게끔 설계된 동종 개체들을 관찰하게 된다. 사건들을 잘 통제하기 위해서 흔히 녹음된 소리나 편집된 영상을 사용함으로써(McGregor, 2005와 비교할 것), 인위적인 상호작용을 만들어 내기도 한다. 한 연구에서는 붉은털원숭이에게 동영상을 보여 주면서 그 안에 등장하는 두 원숭이 중 어떤 원숭이의 위계가 높은지를 판별하게 훈련시켰다. 예를 들어, 한 원숭이가 위협을 가하면 상대 원숭이가 펄쩍 뛰면서 뒤로 물러서 피하는 동영상을 보여 주었다. 그런 훈련을 받은 후에는 새로운 원숭이들이 등장하는 장면을 보여 주더라도 위계를 판별할 수 있었다. 이러한 일반화 능력으로 볼 때 원숭이들이 사회적인 위계질서의 개념을 가지고 있는 것으로 생각된다(Paxton et al., 2010).

사회 인지의 요소들

사회 인지의 핵심 요소는 앞에서 언급이 된 것처럼 동물이 다른 동물들 간의 관계에 대해서 알고 있고, 이러한 **3자 간 관계**(third-party relationship)에 관해서 관찰 혹은 **엿듣기**(eavesdropping; McGregor, 2005와 비교할 것)[5]를 통해서 학습할 수 있다는 것이다. 3자 간 관계에 대한 민감성은 오직 영장류에게서만 존재한다고 생각한 적이 있으나(Tomasello & Call, 1997), 이제는 이러한 민감성이 다른 포유동물들(예를 들어, 하이에나; Holekamp, Sakai, & Lundrigan, 2007)은 물론이고 어류와 조류

---

5) 엿듣기로 번역했지만 몰래 훔쳐보거나 듣는다는 뜻이 아니고 다른 개체들의 행동을 관찰한 제3자가 발성, 몸짓 등을 통해 관찰한 상황과 관련된 핵심 정보를 추출하는 과정을 광범위하게 일컫는 용어이다. 막상 그 정보를 제공하는 개체의 의도와는 무관하므로 엿듣기에는 의사소통과는 구분되는 처리 과정이 관여할 수 있다.

에서도 발견된다고 여기고 있다. 하지만 3자 간 관계를 추론하게 하는 정보가 무엇으로 구성되는지는 거의 알려져 있지 않다. 예를 들어, 영장류의 친족관계를 말해 주는 행동들은 상호 간 털 다듬기, 가까이 붙어 앉기, 공격적인 상황에서 연대하기 등을 들 수 있다. 그렇다면 그러한 여러 행동이 공통적인 부호를 가지고 하나의 방식으로 표상되는가? 제2장에서 논의한 물리적 범주를 표상하는 방식과 행동적 상호작용을 사회적 관계로 표상하는 방식 사이에는 어떠한 공통점이 있는가? 이러한 관계는 위계적으로 표상되는가? 예를 들어, 가족 내에서의 서열과 가족 간의 서열이 통합되어 표상되는가(Bergman, Beehner, Cheney, & Seyfarth, 2003)?

두 가지 기본적인 요인이 사회 인지와 물리 인지를 구분 짓는다. 첫째, 살아 있는 생명체는 생동감(animacy)이 있다. 즉, 스스로 움직이고 목표지향적이다. 영아들 그리고 몇몇 동물을 대상으로 한 연구들에 따르면, 어떤 대상에게 생동감을 연상시키는 단서를 조금이라도 부여하기만 하면 살아 있는 생명체에 대해서만 가능한 독특한 기대들이 출현한다. 간단한 예로, 동그란 공이 움직이는 만화 영상만으로도 사회적 상호작용을 지각하게 할 수 있다. 빨간색 공이 초록색 공을 향해서 움직일 때마다 초록색 공이 빨간색 공으로부터 멀어지는 방향으로 움직이는 동영상을 보여 주면 마치 빨간색 공이 초록색 공을 쫓아가는 것처럼 지각한다. 아동들에게 [그림 4-1] 상단에 있는 움직임을 보여 줄 경우에 마치 공이 생명을 가진 것처럼 지각한다. 따라서 목표지향적 움직임과 일치하지 않는 형태의 동작([그림 4-1] 하단의 '예전 동작'에서는 중간의 장애물을 제거했는데도 곧장 직진하지 않고 처음에 보여 준 것과 같은 점프 동작을 불필요하게 보인다; Gergely, Nádasdy, Csibra, & Biró, 1995)을 보여 주면 생소하다는 듯이 더 길게 쳐다본다. 생동감 지각이나 목표지향성은 좀 더 복잡한 사회 인지를 구성하는 토대를 이룰 것으로 보인다(Gigerenzer, 1997; Spelke & Kizler, 2007).

둘째, 동물들은 눈을 가지고 있으며, 따라서 그 눈이 어디를 향하고 있는지가 다음에 어떤 동작을 하고 주변에 중요한 지점이나 물건이 어디에 있는지를 추정하게 해 준다는 점이다(Scholl & Tremoulet, 2000). 따라서 많은 포유동물은 다른 개체의 시선이 움직이는 방향에 매우 민감하다. 유인원, 원숭이, 염소, 따오기, 까마귀 및 그 외 여러 종의 동물이 실험자나 동종의 개체가 바라보는 방향으로 시선을 돌린다는 사실이 보고되었다(Byrne & Bates, 2010; Emery, 2000). 하지만 시선 일치 반응은 일종의 반사적 행동, 즉 동물행동학적인 용어로는 **신호자극**(sign stimulus) 에 대한 반응일 수 있다. 다시 말해 어떤 위치로 시선을 돌려서 바라본다고 해서 반드시 그 위치를 '보고' 있다는 의미는 아니다. 시선을 따라 옮긴다고 해서 반드시 다른 개체의 시각적 경험까지 공유하지는 않는다. 그러나 만약에 한 개체가 다른 개체가 볼 수 없는 장소를 바라보는 경우는 어떨까? 즉, 두 개체 사이에 칸막이가 있는 경우이다. 그런 상황에서 유인원들과 까마귀들은 마치 다른 개체가 흥미로운 것을 보고 있다는 사실을 알고 있는 것처럼 칸막이 뒤쪽을 보려고 움직인다(Amici, Aureli, Visalberghi, & Call, 2009; Loretto, Schloegl, & Bugnyar, 2010). 반면에 같은 영장류이지만 원숭이들은 그렇지 않았고, 같은 조류이지만 따오기들 역시 그런 행동을 보이지 않았다. 이러한 유인원과 까마귀들의 행동에 대한 해석에 더욱 힘을 실어 주는 증거로, 만약 칸막이 뒤에 아무것도 없는 것을 확인한 후에는 실험자를 향해서 뭔가 이상하다는 식으로 '재확인'하는 몸짓을 보이는 경우도 보고되었다(Rosati & Hare, 2009). 그러나 역시 원숭이들에게서는 그러한 행동이 관

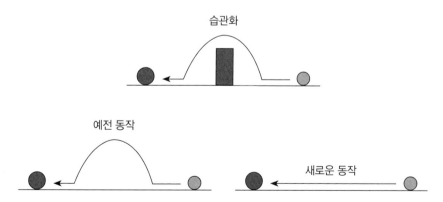

[그림 4-1] 의도 지각을 위한 검사자극. 각각의 그림은 실제 실험에서는 동영상으로 제시된다. 즉, 하나의 공이 회색으로 표시된 위치에서 화살표로 표시된 궤적대로 움직여서 검은색 위치에 도달하게 된다. 상단의 습관화 시행에서 피험자는 공이 점프해서 장애물을 넘는 동작을 반복적으로 보게 된다. 검사 시행에서는 하단의 두 장면 중 하나를 보여 주고 반응을 측정하게 된다.

출처: Gergely et al. (1995)의 허락을 얻어 게재함.

찰되지 않았다(Amici et al., 2009). 이러한 행동들도 일종의 조건반응, 즉 기본적인 시선 추적반응 이후에 뭔가 흥미로운 것을 보게 된다는 기대를 학습한 결과로 해석할 수는 있겠으나 유사한 다른 종에서는 나타나지 않는다는 사실로 미루어 볼 때 유인원들이 시선의 의미를 이해하고 있다는 주장이 더 설득력을 얻는다. 그런데 만약 시선 추적이 사회적 생활에 대한 적응을 위해 진화한 행동이라면, 왜 사회적 성향을 강하게 갖는 다른 영장류에게서는 발견되지 않고 오직 유인원에게서만 존재하는지가 강한 의문으로 남는다(Rosati & Hare, 2009).

마음 이론

다른 개체의 시선에 민감하게 반응하는 것은 **마음 이론**의 한 요소에 지나지 않는다. 마음 이론은 타 개체가 지식, 믿음, 욕구 등[데넷(Dennett)이 주장한 의도성 상태(intentional state)]을 가지고 있다는 사실을 이해하는 능력을 일컫는다(Dennett, 1983). 마음 이론은 프리맥과 우드러프(Premack & Woodruff, 1978)의 유명한 논문『침팬지는 마음 이론을 가지고 있는가?(Does the Chimpanzee have a theory of mind?)』에서 처음 사용되었고, 지금은 사회 인지의 핵심으로 간주되는 이론이다. 실제로는 침팬지나 다른 영장류보다 오히려 아동들을 대상으로 많이 연구된 바 있다. 대표적으로 **거짓 믿음 검사**(false belief test)가 있다. 어릿광대가 보고 있는 앞에서 실험자가 바구니 안에 장난감을 숨기는 장면을 아동에게 보여 준다. 잠시 후 어릿광대는 어디론가 사라지고 실험자가 바구니에서 장난감을 꺼내서 다른 상자에 숨긴다. 그리고 나서 어릿광대가 다시 돌아왔을 때 실험자가 아동에게 "저 어릿광대가 장난감을 찾아서 어디를 들여다볼까?"라고 질문한다. 4세 이전의 아동들은 어릿광대가 상자를 열어 볼 것이라고 말한다. 즉, 자신이 알고 있는 것과 다른 사람이 믿고 있는 것 사이를 구분하지 못한다(Apperly & Butterfill, 2009). 그러나 그보다 나이가 많은 아동들과 성인은 어릿광대가 처음에 숨긴 바구니를 뒤질 것으로 예측한다. 한 가지 지적할 부분은 올바른 예측이 행동적 단서와의 연합에 의해서도 가능하며, 반드시 마음 이론의 존재를 의미하는 것은 아니라는 점이다.

즉, "장난감을 숨길 때 어릿광대가 그걸 보고 있었다."라는 기억이 반드시 "어릿광대는 장난감이 바구니에 있다고 믿고 있어."라는 해석을 의미하지는 않는다는 것이다. 행동적 단서의 활용과 다른 이의 마음 상태에 대한 추론의 구분(다르게 표현하면 '행동 읽기'와 '마음 읽기' 사이의 구분)은 프리맥과 우드러프가 질문을 던진 이후로 이 주제를 둘러싼 많은 논쟁과 이론적 도전의 근간을 형성했다.

오늘날까지 인간을 제외한 어떤 동물도 이 거짓 믿음 검사를 만족스럽게 통과하지는 못했다(Byrne & Bates, 2010; Call & Tomasello, 2008). 동물 실험에는 좀 더 단순한 버전인 **물체 선택 검사**(object choice test)가 자주 사용된다. 침팬지를 대상으로 개발된 이 검사에서 피험 동물은 음식이 숨겨져 있을지 모르는 2개의 용기 중 하나를 선택할 수 있는 기회를 가지게 된다([그림 4-2] 참조; Povinelli & Eddy, 1996).[6] 이때 음식의 위치를 잘 알고 있는 친숙한 존재(보통은 실험자)가 음식이 들어 있는 용기를 가리키거나 시선을 그리로 돌린다. 이 검사의 다른 버전에서는 경쟁 요소가 추가된다. 즉, 두 마리의 동물 중 한 동물(파트너 동물)은 2개의 그릇 중 하나에 음식이 놓이는 것을 본 적이 있다. 반면에 다른 동물(검사 동물)은 사실은 하나가 아니라 2개의 그릇 모두에 음식이 들어 있음을 알고 있는 상황이다. 따라서 두 마리 모두에게 그릇을 선택할 수 있는 기회가 주어진다면 검사 동물은 경쟁을 피하기 위해 파트너 동물이 보지 못하는 그릇을 선택해야 유리한 상황이 된다.

[그림 4-2]와 같은 물체 선택 검사에서 침팬지들은 처음에는 물체를 무작위적으로 선택하고, 그 앞에 서 있는 실험자가 제공하는 단서들을 활용하는 방법을 점진적으로 학습한다(Povinelli & Eddy, 1996). 하지만 반려견을 비롯해서 반려동물들의 경우에는 점진적인 향상이 아니라 처음부터 사람이 몸짓이나 시선을 통해 가리키는 용기를 선택한다. 이러한 행동은 반려동물들이 오랜 기간 인간과 함께

---

6) 여기서 본문과 그림 사이에 오류가 있다. 본문은 침팬지가 사람의 눈짓을 읽어서 2개의 용기 중 어디에 음식이 들어 있는지를 알아내는 상황인 데 반해, 그림은 침팬지가 두 사람 중 음식의 위치를 볼 수 있는 한 명에게 음식을 달라고 요구하는 상황을 나타내고 있다. 둘 다 타인의 의도를 파악하는 능력을 보려는 실험이라는 점에서는 같지만 어쨌든 다른 절차인데, 저자인 셰틀워스 박사님이 살짝 착각하신 것 같다.

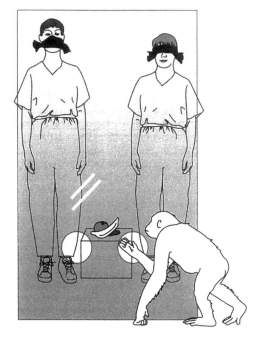

[그림 4-2] 침팬지를 대상으로 한 물체 선택 검사. 침팬지는 음식 앞에 서 있는 사람 중 눈을 가리지 않은(따라서 자신을 볼 수 있는) 사람에게 손짓으로 음식을 달라고 할 수 있다.
출처: Povinelli & Preuss (1995)에 게재된 사진을 바탕으로 작성함.

살아오면서 인간과 유사한 마음 이론 혹은 원시적인 형태의 유사 마음 이론을 진화시켰다는 해석을 낳게 한다. 하지만 그보다 좀 더 설득력 있는 설명은 반려견들이 사람을 두려워하지 않거나 사람의 행동에 주의를 기울이는 특성 위주로 선택적 교배 과정을 거쳤고, 따라서 이러한 개체들은 발달 과정의 아주 어린 시기에서부터 사람의 몸짓이 의미하는 바를 배우는 데 유리할 것이라는 설명이다(Reid, 2009; Udell, Dorey, & Wynne, 2010).

반려견을 대상으로 한 연구들은 [그림 4-2]에 예시한 것과 같은 과제들이 인간의 마음을 읽을 수 있는지의 여부를 검사한다기보다는 실제로는 인간 실험자가 내놓는 단서에 대한 반응을 측정하게 된다는 사실을 강조한다. 침팬지를 대상으로 한 좀 더 자연스러운 검사는 먹이를 놓고 경쟁하는 다른 침팬지가 제공하는 단서에 대한 반응이 포함되어야 할 것이다. 실제로 그런 검사들에서 침팬지는 경쟁자 침팬지가 보거나 본 적이 있다고 믿는 정보를 계속해서 업데이트해 가면서 자신이 어떤 선택을 해야만 음식을 얻는 데 유리한지를 파악하는 능력을 보인다(Hare, Call, Agnetta, & Tomasello, 2000). 먹이를 저장하는 습성을 가진 새들 역시 유사한 도전 상황, 즉 자신이 먹이를 숨기는 광경을 경쟁자가 보고 있는 상황에 대처해야 한다. 까마귀와 어치는 다른 새가 지켜보고 있을 때 숨긴 장소와 아무도 보지 않을 때 숨긴 장소를 구별한다(Emery & Clayton, 2009a). 예를 들어, 서양어치는 숨겨둔 음식을 찾을 때 주변에 다른 개체가 있으면 찾은 먹이를 다른 장소에 다시 숨기는 행동을 보인다. 이렇게 함으로써 좀도둑들로부터 숨겨둔 음식을 보호한다. 그뿐만 아니라 다른 새가 숨겨둔 먹이를 꺼내고 있을 때 만약 그 먹이를 숨긴 바로 그 새가 쳐다보고 있다면 평상시와 다르게 행동한다. 즉, 무엇이 어디에라는 정보와 더불어 '누가'라는 정보를 함께 부호화하고 있음을 시사하며, 이는 유사-일화기억의 중요 요인들이다(제2장 참조; Dally, Emery, & Clayton, 2006). 이와 비슷하게 사회 인지와 관련해서 까마귀들은 먹이를 숨기는 걸 목격한 경쟁자가 가까이에 있는 경우에 숨겨진 먹이에 대해서 전혀 아는 것이 없는 경쟁자가 있는 경우와 비교해서 훨씬 더 서둘러서 먹이를 꺼내는 경향을 보였다(Bugnyar & Heinrich, 2005).

앞서 기술한 연구들을 비롯하여 다양한 연구(Byrne & Bates, 2010과 비교할 것; Emery & Clayton, 2009a)는 동물들이 다른 개체가 알고 있음을 시사하는 단서나 그들의 의도 혹은 갈망과 연합된 단서에 대해 정교한 반응들을 보인다는 증거를 다수 제공했다. 그러나 그 연구 중 어느 하나도 실험의 대상이 된 동물들이 다른 동물들의 정신적 상태, 즉 다른 동물이 무언가를 알거나, 의도하거나, 갈망한다는 사실을 이해하고 있다는 강력한 증거를 제시하지는 못했다. 일련의 이론들(Penn & Povinelli, 2007; Povinelli & Vonk, 2004)은 정교한 사회적 행동이 인간에서의 추상적 개념에 비유할 만한 표상(제2장에서 언급한 것처럼), 즉 **행동적 추상화**(behavioral abstraction)를 시사하는 증거라고 주장한다. 이러한 행동적 추상화는 잠재적 경쟁자가 누구인지, 다른 개체가 과거와 현재에 시선을 어디로 향하고 있는지 등의 정보를 모두 통합해서 자신의 행동을 유연하고 적절하게 수정할 수 있는 능력의 기반이 된다.

군이 동물이 눈에 보이지 않는 정신적 원인을 추론할 수 있는 능력을 가지고 있다고 가정하지 않아도 행동적 추상화에 기반하여 다양한 행동을 설명할 수 있다면 과연 어떤 실험을 통해서 마음 이론을 가진 동물만이 할 수 있는 행동을 찾아낼수 있을까? 여러 장소에 놓인 복잡한 물체 선택 과제를 이용한 한 연구에서는 마음 이론에 기반한 행동과 관찰 가능한 단서에 의존한 행동, 그리고 무작위적인 선택에 기반한 행동들을 구분하고자 했다(Penn & Povinelli, 2007). 또 다른 실험에서는 마음 이론이 자기 자신의 경험으로부터 다른 이들의 경험으로 일반화하는 과정을 포함한다는 주장을 검증하고자 했다. 예를 들어, 내가 어떤 물체를 보고 경험한 바가 있다면 다른 이들도 같은 물체를 보고 같은 내부적 경험을 할 것으로 추측하는 경우가 있다. 이러한 아이디어에 기반하여 헤이즈(Heyes, 1998)는 다음과같은 실험 패러다임을 고안했다. 동물들이 먼저 A라는 투명한 안경을 쓰면 주변의 물체가 보이고, B라는 안경을 쓰면 캄캄해서 아무것도 안 보이는 상황을 만들었다. 만약 동물이 자신의 경험으로부터 타인의 경험을 추론한다면 다른 동물들이 A를 쓰고 있을 때는 잘 보이는 것으로, B를 쓰고 있을 때는 안 보이는 것으로간주하고 행동할 것이다. 실험결과 침팬지는 이 검사를 통과하지 못했고, 아동들은 통과했다(Penn & Povinelli, 2007 참조). 또 다른 접근 방식은 완전한 형태의 마음이론이 여러 요소로 구성되어 있으며, 따라서 타자가 지닌 지식과 믿음을 이해한다는 것과 목표와 의도에 대해서 이해하는 것은 다르다고 보는 입장이다. 이 접근에 의하면, 침팬지는 다른 개체의 목표와 의도에 대해서는 이해가 가능하지만 지식과 믿음을 이해하는 능력은 가지지 못하는 것으로 볼 수 있다(Call & Tomasello, 2008). 실제로 침팬지와 다른 영장류들은 인간의 의도를 시사하는 단서들에 대해서는 민감하게 반응한다. 예들 들어, 의도된 행동과 우연한 행동을 구분할 수 있다. 물론 이러한 구분 역시도 행동적 단서에 대해 민감성으로 설명할 수 있다.

앞서 언급한 이론 중 마지막 접근법이 현대의 비교 인지 연구에서는 점점 더 설득력을 얻고 있다. 즉, "과연 동물늘이 마음 이론을 가지고 있는가?" 혹은 "동물이 숫자를 셀 수 있는가?"라는 식의 이분법적 질문보다는 "마음 이론을 가능하게 하는 능력은 어떤 구성 요소들로 이루어져 있으며, 그중 여러 종의 동물들과 공유하고 있는 요소는 무엇인가? 왜 그러한 공통의 요소들이 존재하는가?"와 같은 구체적인 질문으로 바뀌어야 한다는 주장이다. 현대의 비교 인지 연구는 이러한 방향으로 수렴하고 있는 것으로 보인다(Emery & Clayton, 2009a). 이러한 방향은 인간을 대상으로 한 마음 이론 연구가 수렴하는 방향과도 일치한다. 그러한 연구들은 성인의 마음 이론이 두 가지 요소를 가지고 있다고 제안한다. 빠르고 효율적이며 발달의 초기 단계에 나타나는 행동 읽기 시스템과 느리고 발달의 후기 단계에 나타나는 마음 읽기 시스템이 그것이다(Apperly & Butterfill, 2009). 전자는 우리가 여러 가지 사회적 신호를 빠르게 주고받아야 하는 실시간 사회적 상호작용에 활용되고, 후자는 다른 사람의 행동을 설명하거나 행동의 이유를 추론해야 하는 경우에 필요하다. 전자는 아주 어린 아기들과 동물들에게서도 발견된다. 성인에게서는 두 시스템 모두 존재하며, 때로는 두 가지가 충돌하는 상황이 만들어지기도 한다. 예를 들어, 스크린상에 출현하는 물체의 개수를 보고해야 하는 과제에서 성인들은 아바타가 출현해서 물체의 개수와 일치하지 않는 방식으로 시선을 주게 되면 반응시간이 느려진다는 결과가 있다. 즉, 다른 사람의 관점이 자동적이고 무의식적인 방식으로 처리되면서 영향을 준다는 것을 시사한다(Apperly & Butterfill, 2009 참조). 이는 인간의 인지발달에 있어서 비언어적인 수량 구분이 언어적인 숫자 세기에 의해 완전히 대치되지 않는 것과 마찬가지로(제3장 참조), 빠르고 자동적인 행동 읽기가 마음 읽기에 의해 대치되는 것이 아니라 두 처리 방식 모두 병렬적으로 존재함을 시사한다.

협력과 친사회적 행동

타인을 돕는 것은 자신의 적합성을 희생해서 타인의 적합성을 높이는 결과를 가져온다. 진화론은 자연 선택이 근본적으로는 유전자 수준에서 작동하여 개체 수준에서의 적합성을 증가시킨다는 관점이기 때문에 **이타성**(altruism)은 풀리지 않는 수수께끼이다. 그렇지만 적어도 세 가지 종류의 도움주기 행동은 개체 수준에서의 자연 선택 이론만 가지고도 설명이 가능하다(Trivers, 1971). 동물의 이타적 행동에 관한 연구들은 그러한 행동에 기저하는 심리학적 메커니즘보다는 단편적인 사례들을 수집하는 데 주력하여 왔다. 그러나 각각의 이타적 행동은 그와 관련된 구체적인 인지적 혹은 정서적 메커니즘을 동반하는 것처럼 보이고, 따라서 제2장에서 설명한 기본 처리 과정들과 관련이 깊다.

우선 가장 진화론적으로 납득이 가능한 행동은 친족을 돕는 행동이다. 도와주는 데 상당한 비용이 요구된다고 하여도 그로 인해 도움을 주는 개체와 유전자를 공유하는 개체들의 생존이 증가할 확률이 높아진다면 이는 자기 자신의 적합성을 증가시키는 결과가 된다. 따라서 이타적 행동은 **친족 선택**(kin selection)에 의해 진화할 수 있다. 물론 대부분의 동물이 나와 유전자를 공유하는 개체를 도와준다는 개념을 이해하고 행동하지는 않겠지만 나와 가까운 관계를 시사하는 특징들을 소유한 개체에게 도움이 되는 행동을 한다는 단순한 원칙을 따른다면 같은 결과를 얻을 가능성이 증가하게 될 것이다. 예를 들어, 청설모의 한 종류인 땅다람쥐(Belding's ground squirrel)는 포식자가 나타났을 때 **경계 발성**(alarm call)을 보이는데, 이러한 행동은 같은 둥지에서 자란 동종의 개체가 주변에 있을 경우에 더욱 강하게 나타난다. 포식자의 눈에 띄게 되는 위협에도 불구하고 경고음을 낸다는 것은 자신을 희생하는 것이고, 같은 둥지에서 자랐다는 것은 자신과 친족관계가 가까울 가능성을 의미한다고 할 수 있다(Holmes & Mateo, 2007).

어떤 특별한 인지 역량 없이도 설명 가능한 또 하나의 협력 행동은 **상리공생**(mutualism)이다. 상리공생은 "네가 내 등을 긁어 주면 나도 너를 긁어 주마."라는 표현이 의미하는 것처럼, 두 개체가 모두 즉각적으로 이익을 얻는 형태의 상호작용이다. 침팬지들이 야생에서 서로 협력해서 사냥한다는 사실이 알려져 있고(Boesch & Boesch-Acherman, 2000), 실험실에서는 혼자 힘으로는 도저히 음식을 얻을 수 없는 장치가 주어졌을 때 두 마리의 침팬지가 협력하는 방식을 배울 수 있다고 보고된 바 있다(Noë, 2006). 이러한 상호작용은 다른 개체와 그 개체의 행동을 이해하는 능력, 그리고 강화를 통해 학습하는 능력이 모두 합쳐져야 가능하다. 상리공생은 서로 다른 종 간에도 일어난다. 가장 많이 연구된 사례는 열대 산호초에 사는 '청소' 물고기와 '고객' 물고기 간의 관계이다(Bshary & d'souza, 2005). 청소 물고기는 식량을 얻고, 기생충이 제거되어 기분 좋은 상태가 된 물고기들은 또 다시 서비스를 위해 방문한다. 고객 물고기들은 이전 경험에 기반한 학습과 청소 물고기들이 다른 큰 물고기에게 접근하는 행동을 관찰한 결과를 종합해서 산호초의 특정한 영역을 방문한다. 청소 물고기와 고객 물고기의 상리공생은 놀랄 만큼 정교하고 복잡한 시스템이지만 오직 부분적으로만 사회 인지 역량을 필요로 한다.

　상호이타주의(reciprocal altruism)는 새로운 관점에서의 설명이지만 논란이 많다. 개별적 자연 선택에 기반한 진화론적 설명과 일관되게 상호이타주의는 서로 협력함으로써 양자 모두 이익을 얻지만 둘 중 한 개체가 얻는 이익이 지연되는 상황, 즉 "지금 내 등을 긁어 주면 내가 나중에 너의 등을 긁어 줄게."라는 논리를 전제로 한다. 그러나 이러한 상호성이 성공하려면 몇 가지 인지적인 역량을 필요로 한다(Cheney, 2011; Stevens & Hauser, 2004). 우선 협력에 응하는 개체가 지연된 강화에 대한 민감성을 가져야 하는데, 제3장에서 설명한 것처럼 일반적으로 지연된 강화는 급격하게 효능을 잃는다. 또한 집단의 크기가 크다면 매우 복잡한 대차대조표를 유지해야만 한다(Clutton-Brock, 2009). 아마도 이런 어려움 때문에 친족이 아닌 개체들 사이에서 상호이타주의는 거의 보고되고 있지 않다(Clutton-Brock, 2009). 그뿐만 아니라 다른 이유로 인해 가까운 거리를 유지하는 개체들 간에는 상호작용할 기회가 훨씬 더 많이 존재할 수밖에 없으므로 이러한 오염 변인의 영향도 분석에서 고려되어야 한다. 즉, 순수하게 거리에만 기반한 모델(Hemelrijk, 2011)로 귀무 가설을 세워서 상호성에 대한 기억에 기반한 모델의 예측과 비교해야만 할 것이다. 그럼에도 불구하고 필드에서 영장류를 관찰한 결과들은 동물들이 다양한 상황(공격적 상호작용, 털 골라 주기, 먹이배분)에서 일관되게 특정 파트너를 선택해서 도와준다는 사실을 보여 준다(Cheney, 2011; Schino & Aureli, 2009). 상호이타주의를 가능하게 하는 메커니즘은 지난 모든 상호작용에서 얻은 비용과 이득을 하나의 숫자로 요약하는, 마치 연합강도와 유사한 방식의 특정 파트너에 대한 정서적 기억일 수 있다. 이 설명에 의하면, 지나간 모든 상황에 대한 세부 사항을 포함하는 일화기억은 필요하지 않다.

진화의 주된 메커니즘인 자연 선택이 작동하는 수준은 개체 단위이지만 집단 수준에서도 유사한 원리가 작동할 수 있다(Wilson & Wilson, 2008). 논란의 여지는 있는 설명이지만 초기 인류가 진화하는 과정에서 협력하는 개인들로 이루어진 집단은 유리한 위치에 있었을 것이고, 따라서 강한 호혜성 혹은 공정성을 필요로 했던 이유를 설명할 수 있다. 간단한 게임 형태의 경제적 실험을 통해서 공정성이 전 세계 모든 참가자에게서 관찰되는 성향임을 밝혔다. 사람들은 비록 아무런 불이익이 주어지지 않는다고 하여도 주어진 자원을 독차지하지 않고 똑같이 분배하려는 성향을 보였고, 그렇지 않은 사람들을 처벌하고 싶어 했다. 이러한 친사회적 (혹은 타인을 배려하는) 행동은 다른 사람들이 무엇을 가져가는지를 파악하고, 이를 자신의 몫과 비교하는 능력을 필요로 한다. 과연 이러한 능력이 영장류에게 존재하는가에 대한 증거는 반반이다(Silk & House, 2012). 한 연구 사례에서 보인 바에 의하면(Brosnan & de Waal, 2003), 카푸친원숭이(capuchin monkey)에게 일에 대한 보상으로 오이를 주면서 다른 원숭이가 좀 더 맛있는 보상인 포도를 받는 것을 보게 하면 둘 다 같은 종류의 보상을 받는 상황에 비해서 오이를 거절할 확률이 높다. 그러나 사회적 불공정성말고도 이런 행동을 설명하는 요인들이 존재한다(Brosnan, Talbot, Ahlgren, Lambeth, & Schapiro, 2010). 예를 들어, 단순히 포도를 보거나 과거에 포도를 보상으로 받았던 기억만으로도 보상으로서의 오이를 거절할 확률이 높아진다(Wynne, 2004).

이러한 가외 변인들로 인한 설명의 모호함에서 자유롭기 위해서 동물이 자기 자신만 보상을 얻는 상황과 같은 양의 노력으로 자기 자신과 옆에 있는 동료에게 주어지는 보상을 적절히 선택해야 하는 상황을 비교하는 실험을 수행했다. 계통발생학적으로 침팬지는 보노보를 제외하고는 가장 인간과 가까운 동물이므로 (제1장의 [그림 1-2] 참조) 이러한 종류의 친사회적 행동에 대한 많은 실험이 이루어졌다. 그러나 인간 유아들이 3~4세 무렵이 되면 공정성을 선호한다는 결과와는 상반되게, 침팬지는 오직 자기 자신이 얻는 보상만을 선호하는 것으로 나타났다(Silk & House, 2012; Warneken & Tomasello, 2009). 예를 들어, 경제학에서 종종 사용되는 최후통첩 게임([그림 4-3] 참조)[7]을 침팬지에게 적용했을 때, 첫 번째 참여자(분배 방식을 결정하는)는 자신에게 최대의 건포도가 주어지는 선택을 하는 경우가 대부분인데, 두 번째 참여자(선택을 받아들일지 말지를 결정하는)는 적어도 하나 이상의 건포도가 주어지는 한 보상을 받아들이게 되는 경우가 많았다(Jensen, Call, & Tomasello, 2007). 그러나 원숭이(침팬지보다 계통발생학적으로 인간과 멀리 떨어진)들은 오히려 좀 더 다른 개체를 고려하는 방식의 선택을 하는 것으로 보고되었다. 공정성 관련 연구의 역사가 비교적 짧기 때문에 아직은 종 간의 차이를 이

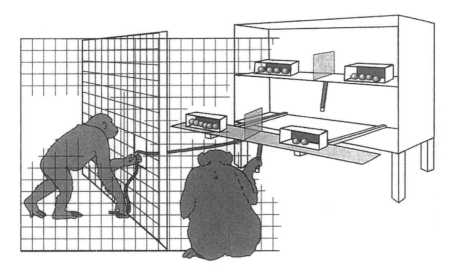

[그림 4-3] 최후통첩 게임을 하고 있는 침팬지들. 왼쪽에 있는 동물[제안자(proposer)의 역할]은 두 개의 상자 중에서 자신에게 돌아오는 건포도의 양이 더 많은(8알 대 2알) 아래쪽 선반을 선택했다. 오른쪽에 있는 동물[대응자(responder)]이 이 불공정한 배분을 받아들이기로 결정한다면 선반 아래의 막대기를 끌어당겨서 2개의 상자가 각자 앞으로 배달되게 할 수 있다. 만약 이를 거절하고 끌어당기지 않으면 두 마리 모두 건포도를 먹지 못하게 된다.

출처: Jensen et al. (2007)로부터 허락을 얻어 게재함.

---

7) 최후통첩게임(ultimatum game)은 행동경제학에서 자주 활용되는 모의 게임으로서, 정해진 금액의 돈을 주고 제안자(proposer)는 이를 임의의 비율로 나누어 대응자(responder)에게 제안한다. 이때 분배액이 마음에 들면 상대방은 이를 수락하게 되고 마음에 들지 않으면 이를 거절하게 되는데, 거절할 경우 두 사람 다 한 푼도 받지 못하게 된다. 이성적으로는 아무리 적은 금액이라도 수락하는 편이 이익이지만 실제 결과는 대부분 그렇지 않다는 점에서 인간의 의사 결정이 단순히 경제적 이익에만 좌우되지 않음을 시사한다.

해하는 것은 어려운 일이다(Silk & House, 2012). 어떻게 검사하는가에 따라서 결과가 다르게 나올 수 있다. [그림 4-3]에 설명된 것보다 더 단순한 형태의 검사가 주어졌을 때는 침팬지가 우연 수준보다 높게 파트너 침팬지를 배려하는 성향을 보였다(Horner, Carter, Suchak, & deWaal, 2011).

침팬지가 다른 침팬지가 받는 보상에 대해 무관심하다는 주장은 논란의 여지가 있는데, 야생에서 침팬지들이 자발적으로 다른 개체들을 돕는 종 특이적인 행동을 보여 주기 때문이다. 예를 들어, 싸움에서 진 침팬지의 어깨에 팔을 얹으며 위로해 주는 듯한 모습을 보인다. 이러한 행동은 때로는 그들이 공감 능력, 즉 다른 개체의 고통에 대한 정서적 반응을 소유하고 있다는 증거로 제시되기도 했다(de Waal, 2008). 많은 동물, 심지어 생쥐와 어류도 동종 개체가 고통스러워하거나 공포반응 혹은 공격 행동을 하는 모습을 목격하면 이에 대해 생리적·행동적 반응을 보인다. 다음 절에서 설명하겠지만, 그러한 공감 반응은 파블로프 조건화에 의한 학습으로 이어질 수 있고, 뿐만 아니라 친사회적인 맥락에서도 가능하다. 그러나 공감에 의해 학습될 수 있는 임의의 도구적 조건화 반응에는 한계가 있는 것 같다(de Waal, 2008; Silk & House, 2012).

사회학습

기초편

사회학습이란 다른 개체로부터 학습하는 모든 상황을 일컫는다. 따라서 사회학습이라는 용어는 다양한 형태의 학습 메커니즘을 일컫는 포괄적인 명칭이며, 이러한 메커니즘 중 일부는 사회적 상황이 아닌 경우에도 사용된다. 마찬가지로 모방(copying)이라고 표현할 때는 다른 개체가 하는 행동을 따라서 하는 다양한 메커니즘을 일컫는다. 아마도 가장 인지적으로 복잡한 형태의 모방 행동은 따라하기(imitation)일 텐데, 다른 개체의 행동을 관찰하고 이를 그대로 행동에 옮기는 경우를 일컫는다. 따라하기를 학습하는 것은 사회학습의 성배라고 불릴 만큼 중요한 주제로 간주되어 왔는데, 그래서 다른 종류의 사회학습에 관한 연구는 등한시되 거나 따라하기를 증명하기 위한 통제 실험 정도로 취급되는 경향이 있다. 그러다 보니 이 '다른 종류의 사회학습'에 관한 연구들은 학자들 간에 용어나 그 정의가 통일되어 있지 않은 경우가 있다(Hoppitt & Laland, 2008).

인간의 인지발달 과정에서 따라하기가 차지하는 중요성과는 다르게, 동물에게 서 따라하기가 차지하는 역할은 미미하다. 대신에 동물에게서는 배우자 선택, 채 집 행동, 위협 인식 등 경우에 따라 다른 종류의 사회학습 메커니즘들이 관여한 다(Kendal, Galef, & van Schaik, 2010; Laland, Atton, & Webster, 2011; Whiten, Hinde, Stringer, & Laland, 2011). 이러한 차이점에 기반하여 인간의 문화와 동물의 사회 적 행동 간의 유사성을 보고자 하는 연구 중 하나가 동물이 다른 개체로부터 언 제 무엇을 배우는지와 같은 주제에 대해서 수학적 모델을 적용하려는 시도들이 다(Rendell et al., 2011 참조). 그러나 사회적 성향을 가진 개체는 다른 개체들의 행 동으로부터 학습할 기회를 가질 수 있다는 이점은 있지만, 만약 모든 개체가 사회 적 학습에만 집중하고 자기 자신의 경험에는 관심을 두지 않는다면 실제로 환경 이 변화하는 경향을 제대로 따라가지 못하는 행동들이 출현하게 될 것이다. 이러 한 통찰에 근거하여 사회학습에서 얻은 정보와 개별 학습에서 얻은 정보 간의 득 실을 어떻게 계산하는가에 대한 기능적 모형 및 이와 관련된 실험연구들이 진행 되었다. 예를 들어, A라는 선택이 이득을 준다는 사실을 스스로 학습했는데도 불 구하고 다른 동물들이 모두 B라는 선택을 하고 있다면 동물은 어떻게 행동하는가 (Galef, 2009a; Laland et al., 2011; Rieucau & Giraldeau, 2011)? 이 분야의 발견들은 주 로 기능적인 측면에서 해석이 되지만 기저하는 메커니즘에 대한 의문도 끊이지 않는다. 즉, 그러한 '사회학습 전략'들이 주의나 기억과 같은 기본적인 메커니즘에 의해 설명이 가능한가, 아니면 사회적 정보와 그렇지 않은 정보들이 차별적으로 처리되는 유전적으로 결정된 종 특이적인 과정이 필요한가?

모든 종류의 사회학습은 필수적으로 관심의 대상이 되는 행동을 보여 주는 역 할을 하는 한 마리 이상의 **시범자**(demonstrator)와 시범자의 행동이나 그로 인한 결과물에 노출되는 **관찰자**(observer)를 필요로 한다. 그러고 나서 시범자가 없는 상황에서 관찰자의 행동을 검사하게 된다. 포유동물을 대상으로 한 사회학습의 실험실 연구 중 가장 잘 알려진 **음식 선호의 사회적 정보 전달**(social transmission of food preference)을 예로 들어 설명해 보자. 시범자 쥐가 계피 맛과 초콜릿 맛 두 가지 먹이를 먹고 나서 관찰자 쥐와 상호작용하는 기회를 가진다. 그러고 나서 관찰자 쥐에게 계피 맛과 초콜릿 맛을 같이 제공해서 선택할 수 있게 하면 시범자 쥐가 먹었던 음식을 선호하는 경향을 보인다. 쥐들끼리 만나는 경우에는 주로 머리 부분을 마주치면서 접촉하게 되는데, 이로 인해 상대방이 먹었던 음식의 냄새와 상대방의 호흡에 포함된 이황화탄소(carbon disulphide)의 냄새를 동시에 맡게 된다는 점이다. 이 학습은 매우 강력해서 이렇게 학습된 선호는 다시 다른 집단 혹은 세대로 몇 번에 걸쳐서 전이가 되어도 여전히 남아 있다.

이에 더해서 야생에서는 어린 쥐들이 함께 거주하는 쥐들이 먹는 음식들이 안전한지를 판단하려고 할 때 그 과정을 도와주는 몇 가지의 추가적인 메커니즘이 있다. 예를 들어, 다른 쥐들이 음식을 먹고 있을 때 접근하는 경향이 있다든가 혹은 방금 전에 떨어진 배설물에 접근한다든지 하는 행동을 보인다. 이런 행동들은 안전한 음식에 대해 노출되게끔 도와주고, 새로운 음식에 대한 두려움을 줄여 준다. 음식을 먹고 있는 쥐들과 관련된 단서들로 인해 접근이 증가하는 현상을 사회학습 용어로 **자극 향상**(stimulus enhancement) 혹은 **주변 향상**(local enhancement)이라고 부른다. 즉, 다른 동물이 하는 행동 때문에 자극이나 위치에 대한 매력도가 증가하고, 거기에 끌린 동물이 자극에 대한 학습을 이어 가게 되는 과정이다. 자극 향상에 의해 일어나는 학습은 종-특이적인 선호와 관련이 있다. 닭들은 다른 닭들이 먹이를 쪼고 있는 것을 보면 접근하고 그들이 먹는 알갱이와 같은 색을 쪼는 행동을 보이지만 다른 종, 예를 들어 쥐들의 분비물이나 입에서 나는 냄새에는 관심을 보이지 않을 것이다.

종-특이적인 동기나 강화 방식은 또한 **관찰 조건화**(observational conditioning)에 기여하는데, 여기서는 중립적인 자극이 시범자의 행동 혹은 시범자의 행동으로 인해 유도되는 관찰자의 동기적 상태와 연합되는 과정을 거친다. 가장 잘 연구된 사례는 작은 새들이 포식자에 대해서 보이는 **겁주기행동**(mobbing behavior)을 들 수 있다. 무리에 포식자가 가까이 다가오면 새들은 독특한 방식으로 소리를 내거나 몸짓을 한다. 이러한 겁주기행동은 다른 새들에게 위험을 알리고 포식자를 쫓아 버리는 효과를 낳는다. 예를 들어, 아직 경험이 많지 않은 젊은 유럽산 검은새(blackbird)는 다른 새들을 관찰함으로써 '무엇'에 대해 겁주기행동을 보일 것인지를 배운다. 이를 활용한 흥미로운 결과가 있다. 실험실 상황에서 관찰자 검은새는 시범자 검은새가 올빼미 인형[8]을 보고 겁주기행동을 하는 것을 보게 된다. 절묘하게 만들어진 장치에 의해서 관찰자가 보는 것은 시범자 새가 보고 있는 올빼미 인형이 아닌 평범한 우유병이다. 그러나 이렇게 조건화 과정을 거친 후에 관찰자 새에게 우유병을 보여 주면 겁주기행동을 나타낸다(Curio, 1988). 원숭이들도 다른 원숭이가 어떤 물체에 대해서 두려워하면서 조심스럽게 접근하는 것을 보면 그 물체에 대한 공포를 학습하고(Mineka & Cook, 1988), 그 물체가 꽃일 때보다 뱀일 때 훨씬 더 빨리 학습한다. 즉, 연합학습에 있어서의 **사전연합**(belongingness) 현상을 보인다. 사람 역시도 공포 학습에 있어서 타고난 사전연합 경향을 보인다는 증거들이 있다(Öhman & Mineka, 2001)[9].

따라하기

겁주기행동이나 천적에 대해 보이는 공포반응과는 달리 따라하기(imitation)의 대상이 되는 행동들은 그 종에서 자주 보이지 않는 예외적인 행동인 경우가 많다. 이 행동의 사례가 될 수 있는 행동들은 시행착오 학습으로 설명하기 어려운 행동들, 이를테면 도구 사용 같은 것들이 있다. 제1장에서 언급한 손다이크의 병아리 실험 이후로 따라하기 학습을 검사하기 위한 실험 디자인은 대체로 다음과 같은

---

8) 자연 상황에서 올빼미는 작은 새들의 가장 큰 천적이다.

9) 공포증(phobia) 환자들이 무서워하는 물체는 대부분 특정 곤충이나 동물과 같이 진화의 역사에서 인간과 적대적 관계에 있었던 대상들이라는 사실이다. 거미나 뱀에 대한 공포증에 비해서 꽃에 대한 공포증은 희귀하고, 칼이나 불과 같이 최근에 발명된 대상에 대한 공포증 역시 상대적으로 매우 희귀하다.

절차에 의거한다. 두 가지 반응을 할 수 있는 기회가 주어지는데(손다이크의 연구
에서는 미로에서 왼쪽 혹은 오른쪽 길로 가는 선택), 어떤 관찰자들은 A라는 반응을 하
는 시범자들을 보고 다른 관찰자들은 B라는 반응을 보게 된다. 그러고 나서 시범
자가 없는 상황에서 관찰자들이 자유로이 반응을 선택할 기회를 주게 되는데, 이
때 과연 이전에 관찰한 내용에 의해 행동의 선택이 영향을 받는지 판단하게 된다.
이러한 디자인 중에 현대 심리학에서 가장 많이 사용된 절차로 **2-동작 검사**(two-
action test)가 있다. 메추리나 비둘기가 발판을 눌러서 먹이를 얻는 훈련을 받을 때
시범자 새가 발판을 쪼거나 혹은 발로 밟는 두 가지 동작 중 하나를 수행해서 먹이
를 얻는 모습을 관찰하게 한 경우, 그와 똑같은 동작을 할 가능성이 훨씬 높아진
다. 여기서 두 가지 동작은 같은 물체의 같은 부위(예: 발판의 한쪽 끝 누르기)에 작
용하기에 이를 단순히 자극 향상이나 주변 향상에 의해 일어난다고는 볼 수 없다
(Hoppitt & Laland, 2008 참조).

따라하기가 인간의 발달 과정에서 너무도 중요하고, 또 침팬지가 야생에서 많은
복잡한 기술을 구사할 수 있는 것으로 알려졌기에 따라하기 학습을 보려는 연구는
주로 아동들과 침팬지를 대상으로 이루어졌다. [그림 4-4]는 아동과 침팬지에게
동일한 2-동작 검사를 실시하고 반응을 직접 비교한 결과를 보여 주고 있다. 이러
한 실험에서 '인공 과일' 상자를 여는 데에는 두 가지 방식이 가능하다. 손잡이를
비틀거나 밀어서 안으로 집어넣는 두 가지 동작이 그것이다. 결과는 예상했던 대
로 침팬지는 어느 정도 따라하기행동을 보였지만, 인간 아동들이 보이는 수준에는
미치지 못하는 것으로 나타났다(Whiten, Custance, Gomez, Teixidor, & Bard, 1996).
아동들은 맹목적으로 따라하기(불필요할 만큼 과도하게 따라하기)행동을 보였는데,
시범자가 보이는 행동 중 기능적으로 불필요한 부분까지 그대로 따라 하는 경향을
보였다(Whiten, McGuigan, Marshall-Pescini, & Hopper, 2009 참조).

상자 열기나 도구 사용 과제에서 따라하기를 보이는 대신, 침팬지들은 때로 에
뮬레이션(emulation)[10] 혹은 행동유도성학습(제3장의 각주 참조)을 보여 주었다. 에
뮬레이션은 동물이 달성해야 하는 목표가 있는 것처럼 학습하거나(목표 에뮬레이
션), 그 목표를 위해 어떤 물건을 사용해야 하는 것처럼 학습하는 경우를 일컫는

다. 결과로 나타나는 행동은 시범자의 동작을 그대로 복제하는 것이 아니라 대략 비슷한 흉내를 내는 형태를 띠게 된다. 예를 들어, 침팬지가 도구인 갈퀴를 거꾸로 잡아드는 경우가 이에 해당한다(Tomasello, Davis-Dasilva, Camak, & Bard, 1987). 행동유도성학습은 어떤 물체가 어떻게 작동하는지(어떤 동작을 수용할 수 있는지)에 대한 정보를 제공한다고 보는 입장이며, 따라서 꼭 시범자가 보여 주지 않더라도 같은 동작을 학습하게 될 것으로 예측하게 한다. 행동유도성학습이 사회적인 학습이 아니라는 증거는 '유령 통제 실험'에서 제공된다(Hopper, 2010). 즉, 시범자 없이 원격으로 마치 유령이 상자를 조작하는 것처럼 보이게 만든 실험 상황이다. 예를 들어, 비둘기, 침팬지, 그리고 아동들에게 미닫이문이 왼쪽 혹은 오른쪽으로 열리는 모습을 보여 주면 자신들이 보았던 방향으로 여는 경향성을 보인다. 행동유도성학습은 제3장에서 등장한 뉴칼레도니아까마귀의 사례에서 설명한 바 있다. 부리나 막대기로 짧은 대롱을 통해서 먹이판을 움직이는 훈련을 한 까마귀는 유사한 과제에서 긴 대롱 아래로 자연스럽게 돌을 떨어뜨려서 먹이판을 움직이는 행동을 보였다. 어쨌든 언어적 전달이 불가능한 동물들에게서 이러한 결과들은 심층적인 분석을 필요로 한다. 어떻게 해서 어떤 일이 발생하는 상황을 관찰하는 것이 그 일이 일어나게 하는 자신의 행동으로 전환되는가?

진정한 따라하기의 메커니즘에 관한 연구는 상당히 깊이 있게 진행되었다. 가장 기본적인 문제인 '**일치의 문제**(correspondence problem)', 즉 어떤 인지적 메커니즘에 의해 관찰한 행동이 자기 자신의 행동으로 표현되는가? 일치의 문제가 가장 극명하게 드러나는 상황은 인지적으로 불투명한 행동들, 즉 얼굴 표정이나 몸짓을 모방하는 경우이다. 자기 자신의 얼굴 표정이나 몸 전체의 움직임을 볼 수 없는데 어떻게 시범자를 정확하게 따라 하는지를 알 수 있는가? 같은 논리로, 가장

---

10) emulation은 주로 전산학에서 다른 컴퓨터 언어나 시스템을 활용하여 같은 기능을 달성하게 하는 과정을 의미한다. 예를 들어, 역자가 대학생일 때 유행하던 벽돌 깨기 게임(Arkanoid)이 있다. 그 게임을 하기 위해서는 '오락실'에 가서 전용 게임기에 동전을 넣고 했다. 에뮬레이터는 이러한 게임을 컴퓨터나 스마트폰에서도 가능하게 해 준다(벽돌 깨기 게임을 할 수 있게 해 주는 무료 프로그램이나 앱이 여러 개 있다). 이 개념을 비교심리학에서 빌려 "같은 목적을 달성하기 위해 다른 행동이나 시스템을 사용하는 과정"을 에뮬레이션으로 부르고 있다.

널리 알려진 모방학습인 새의 노래 학습(Bolhuis, Okanoya, & Scharff, 2010)은 오히려 인지적으로 어려운 과제로 간주되지 않는데 어린 새들이 자신이 부르는 노래를 듣고 성체의 새가 부르는 노래와 비교해서 학습할 수 있기 때문이다. 이 일치의 문제는 원숭이의 뇌에서 처음 **거울 뉴런**(mirror neuron)이 발견되었을 때 해결되는 것처럼 보였다(Iacoboni, 2009 참조; Rizzolatti & Fogassi, 2007). 거울 뉴런은 원숭이가 특정 동작을 행할 때와 그 동작을 다른 개체가 행할 때 모두 발화하는 반응을 보인다. 심지어 그 동작과 관련된 특징적인 소리, 예를 들어 입술을 쩝쩝거리는 소리를 들어도 발화한다. 인간에게도 거울 뉴런이 있음을 지지하는 증거는 원숭이의 경우만큼 강력하지 않다. '나의 동작'과 '남의 동작'을 하나의 방식으로 표상함으로써 거울 뉴런은 자신과 남을 연결하는 메커니즘을 제공한다. 그러나 거울 뉴런만으로 따라하기행동 전체를 설명할 수는 없다.

일단 원숭이는 사실 따라하기를 그렇게 잘하는 동물은 아니다. 적어도 인간과 비교해서는 그렇다. 한 가지 공통점은 원숭이들도 자신을 따라 하는 다른 원숭이들에게 긍정적인 반응을 보인다는 사실이다(Paukner, Suomi, Visalberghi, & Ferrari, 2009). 또 한 가지 흥미로운 사실은 비록 정상적인 사람이라면 의식적으로는 눈에 보이는 모든 행동을 따라 하지 않겠지만 무의식적으로는 따라 하고자 하는 강한 성향을 가지고 있다는 발견이다. 이러한 자동적인 따라하기는 지시된 동작과 충돌을 일으키는 상황에서 분명하게 드러난다(Heyes, 2009). 예를 들어, 지시사항은 "주먹을 쥐세요."라고 주면서 사진에서는 손을 활짝 편 모양을 제시하면 주먹을 쥐는 동작이 느려지는 데 반해, 주먹을 쥔 사진을 보여 주면 훨씬 더 빠르게 주먹을 쥐는 행동을 보인다. 개와 앵무새도 자동적인 따라하기 성향을 보인다(Range, Huber, & Heyes, 2011). 그렇다면 왜 정상적으로는 무작정 따라하기가 억제되는가? 평상시에 따라하기가 억제되어야 한다면 거울 뉴런과 자동적인 따라하기는 왜 있는 것일까? 이를 설명하는 주장 중 하나(Iacoboni, 2009; Rizzolatti & Fogassi, 2007)에 따르면, 거울 뉴런은 다른 개체의 동작을 표상해서 사회인지적 처리에 기여하는 좀 더 일반적인 역할을 담당하므로(특정 동작을 자동적으로 따라 하는 수준보다는) 자신의 동작을 따라 하는 개체들과 협력할 가능성을 높여 줄 것으로 생각된다(Paukner et al., 2009).

　신생아들이 다른 사람의 입 모양을 따라 한다는 증거들은 거울 뉴런이 감각과 운동 표상을 이어 주는 선천적인 연결임을 시사한다. 그러나 성인의 능숙하고 광범위한 모방 능력은 서서히 발달하고 다양한 모방 경험에 의존하는 데 반해, 동물들이 보이는 모방은 몇몇 종-특이적인 행동에만 제한된다(Catmur, Walsh, & Heyes, 2009). 이러한 관찰들과 일관되게 한 이론에서는 거울 뉴런이 사회적인 동물들에게서 학습에 의해 발달한다고 주장한다(Heyes, 2010). 즉, 다른 개체가 특정한 동작을 수행하는 것을 보거나 혹은 자신이 그 동작을 수행할 때 경험하는 감각적 상태와 그 동작을 수행하는 데 필요한 운동 신호 간의 연합을 형성하는 **연합연쇄학습**(associative sequence learning) 절차에 의해 생겨난다는 것이다. 예를 들어, 새들이 쪼는 행동을 학습하는 이유는 무리 속에서 자신이 쪼는 행위를 할 때 대부

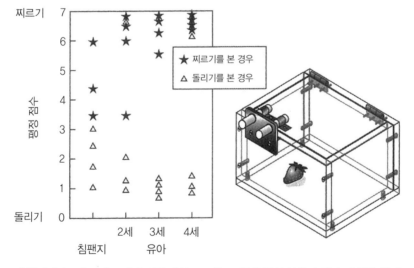

[그림 4-4] 침팬지와 2세, 3세, 4세 유아를 대상으로 한 2-동작 검사 실험의 결과. 오른쪽 상자 그림에서 보여 주듯이, 침팬지와 아동들에게는 과일을 꺼내는 인간 시범자의 모습을 보여 주었다. 시범자는 두 가지 방식으로 문을 여는 모습을 보여 주었다. 침팬지와 유아 절반에게는 상단 좌측에 있는 실린더 형태의 볼트를 쿡 찔러서 문을 여는 모습을, 나머지 절반에게는 볼트를 돌려서 문을 여는 모습을 보여 주었다. 왼쪽은 그 결과를 보여 주는 그래프이다. 그래프의 한 점은 한 명의 피험자가 모방한 행동이 찌르기와 돌리기 둘 중 어디에 가까운지를 평정한 점수에 해당한다.

출처: Whiten et al. (1996)로부터 허락을 얻어 게재함.

분 주변의 다른 개체들이 같이 쪼는 모습을 목격하기 때문이다. 즉, 쪼는 모습과 그러한 동작에 필요한 운동 명령 사이에 연합이 형성되는 것이다. 이러한 주장을 지지하는 증거는 개(Range et al., 2011)와 사람(Catmur et al., 2009 참조)에게서 거꾸로 따라하기 훈련(예를 들어, 말로는 "주먹 쥐어"라고 지시하면서 손을 펼치도록 훈련시킨 경우) 연구에서 찾을 수 있다. 즉, 훈련을 통해서 자동적인 따라하기를 줄이거나 반대로 따라하기를 잘하게 할 수도 있다. 물론 성인이 된 후에 자동적인 행동이 변화될 수 있다고 해서 이 능력이 어린 시절부터 나타나지 않았다고 할 수는 없다. 실제로도 영장류의 거울 뉴런에는 이러한 연합을 잘 습득할 수 있는 소질이 내재되어 있을 수 있다. 어쨌든 연합연쇄학습 이론은 거울 뉴런과 같이 겉으로 보기에 "고등한" 인지적 처리 과정이 연합학습과 같은 기본적인 처리 과정으로 설명될 가능성을 보여 준다는 점에서 매력적인 설명이다.

동물들도 가르치는가

이 질문을 통해 이야기의 주제를 관찰자에 의한 학습에서 시범자의 인지기능과 행동으로 전환해 보자. 인간에서의 **가르치기**(teaching)는 마음 이론을 전제로 한다. 즉, 교사가 학생이 무엇을 아는지에 대한 이해를 바탕으로 지도하는 것이다. 동물에게서는 물론 가르치기가 철저히 행동적인 측면에 기반하여 정의된다(Caro & Hauser, 1992). 동물에게서 가르치기가 일어났다고 말하려면 먼저 미숙한 동물이 혼자서는 도저히 배울 수 없거나 시간이 훨씬 더 많이 소요되는 무언가를 배울 수 있게 하는 행동을 경험이 많은 동물이 해야 하고, 시범자 동물에게 즉각적인 보상이 없고 비용을 발생시키는데도 불구하고 가르치는 행동이 나타나야만 한다. 여기서의 '비용'이란 행동생태학적인 의미로 자신의 적합성을 증가시키는 데 사용할 수 있는 자원들, 예를 들면 에너지 소비나 채집에 소요되는 시간 등을 의미한다. 따라서 방금 전에 계피 맛이 나는 음식을 먹은 쥐는 계피 맛 나는 음식을 먹어도 된다는 가르침을 베풀고 있다고 할 수 없다. 왜냐하면 서로 만나서 냄새를 교환하는 것은 쥐들이 통상 보이는 행동이고, 따라서 어떤 비용도 발생하지 않기 때문이다. 야생에서 보이는 동물들의 사회적 전달은 대부분 경험이 많은 동종 개체의 일상적인 행동들로부터 유용한 정보를 학습하는 관찰자적 측면을 강조하고 있다(Thornton & Raihani, 2010). 이에 반하는 대표적인 사례는 육식을 하는 새들과 포유동물들이 반쯤 죽은 희생자 동물을 새끼들에게 가져다주어서 죽이는 법을 연습할 기회를 주는 행동이다(Caro & Hauser, 1992 참조). 그러한 행동들은 단기적으로는 먹이를 구하는 비용을 증가시키지만, 새끼들을 독립적이고 좀 더 유능한 포식자로 만들어 줌으로써 장기적으로는 더 큰 혜택을 가져올 수 있다.

지금까지 야생에서 보고된 가르치기의 가장 멋진 예는 미어캣(suricata suricatta)에서 발견되었다. 미어캣은 남부 아프리카의 건조지대에서 굴을 파고 살면서 전갈을 비롯한 곤충을 먹고 산다(Hoppitt et al., 2008; Thornton & McAuliffe, 2006). 미어캣의 새끼들은 애걸 발성(begging call)을 내며 성체의 동물들을 따라다님으로써 집단적으로 제공되는 먹이를 얻어먹는다. 새끼들이 조금 더 자라면 살아 있는 개체를 먹이로 얻을 기회가 주어지는데, 이 경우에도 독침을 가진 전갈은 대부분 죽이거나 무기력하게 만들어 제공된다. 살아 있는 먹이를 제공하기 위해서는 새끼가 먹는 동안에 먹이가 달아나지 않는지 감시해야 하는 등 비용이 발생하기 때문에 이러한 행동은 가르치기로 간주될 수 있는 기준을 충족한다. 즉, ① 미숙한 새끼들에게만 보이는 특별한 행동이 존재한다. ② 즉각적인 비용이 발생한다. 그리고 실험을 통해서 세 번째의 중요한 기준인 ③ 새끼들의 학습이 촉진된다는 것 또한 충족됨을 확인했다. 연구자들은 나이와 출신배경이 같은 집단의 새끼들에게 3일간 다음의 세 가지 조건 중 하나를 주었다. 네 마리의 살아 있는 전갈, 같은 숫자의 죽은 전갈, 그리고 같은 양의 삶은 계란이다. 그 후에 이어진 검사에서 첫 번째 집단이 가장 성공적으로 살아 있는 전갈을 제압했다. 각각의 집단에서 성체 미어캣들은 교사의 역할을 했는데, 새끼가 얼마나 익숙하게 전갈을 잡아먹는지가 아니라, 연령에 따라 달라지는 애걸 신호에 따라서 다르게 반응하는 모습을 보였다. 성체 미어캣들은 나이 든 새끼들이 내는 애걸 신호를 녹음해서 들려주면 나이 어린 새끼들과 함께 있음에도 불구하고 살아 있는 전갈을 가져다주었고, 반대로 그보다 더 어린 새끼들의 소리를 들려주면 죽은 전갈을 더 많이 가져다주었다.

동물의 사회학습과 다음 장에서 설명할 문화에 대한 연구를 통해 가르치기를 보여 주는 두 가지 종의 사례가 추가되었다. 조류에서는 남부얼룩무늬꼬리치레(pied babblers)가 노력을 동반하는 '기분 좋은 소리(purr)'와 먹이 주는 행동을 연합해서 둥지의 새끼들에게 학습의 기회를 준다. 그 결과 성장한 젊은 새들이 둥지를 떠나 있어도 같은 소리를 들으면 둥지로 돌아와서 먹이를 찾는다(Raihani & Ridley, 2008). 또한 **바위개미**(Temnothorax albipennis)들의 경우, 경험이 적은 새끼들은 숙련된 '교사' 개미들을 따라다니면서 먹이를 찾는다(Franks & Richardson, 2006). 교사 개미들에게는 비용을 수반하는 행동인데, 왜냐하면 따라오는 '학생'들을 위해서 걸음을 늦춰야 하기 때문이다. 그러나 정확히 학생 개미들이 무엇을 배우는지는 잘 알려져 있지 않다. 어쨌든 인간과 가깝게 연관되지 않은 종들에게서도 가르치기에 해당하는 행동이 출현한다는 사실, 그리고 한편으로 침팬지나 야생의 영장류처럼 인간과 가까운 종에서도 가르치기가 거의 존재하지 않는다는 사실은 다른 동물에게서 나타나는 가르치기 행동이 인간의 교육과 같은 행동이 출현하기 위한 전제조건은 아니라는 점을 시사한다. 즉, 상동행동이 아니다. 무엇보다 동물의 경우에는 개체가 살아온 역사에 근거해서 가르치기가 이루어지지만, 인간은 마음 이론과 기타 다른 인지 및 동기적 역량을 기반으로 특정 도메인에 국한되지 않는 일반적인 가르치기 기술을 가지고 있다는 점이 다르다(Premack, 2007).

동물의 문화?

인간에게서 문화(culture)란 집단 전체에 걸쳐 광범위하게 일어나고, 그 집단에만 제한적으로 발생하는 관습이나 믿음을 일컬으며, 또한 교육, 언어, 그 외에 훨씬 더 미묘한 방식으로 한 세대에서 다음 세대로 전달되는 특징을 가진다. 즉, 문화는 사회인지적인 처리의 산물이다. 동물들도 다양한 종류의 사회적 전달과 관련된 행동들을 보이지만(Kendal et al., 2010; Whiten et al., 2011), 이러한 행동들은 한 세대에서 다음 세대로 전달되면서 전혀 변하지 않는다는 중요한 차이점이 있다. 인간의 문화는 그러한 단순한 행동의 전수를 넘어서는 특징을 보이는데, 다음 세대는 이전 세대로부터 배운 패턴을 개선함으로써(언제나 개선이 일어난다고 할 수는 없지만 적어도 다른 형태로 변형시켜서) 점점 더 복잡해지는 양상을 보인다 (Richerson & Boyd, 2005). 이는 인간의 문화는 인간에게만 고유하게 존재하는 인지적 및 동기적 메커니즘에 의해 형성될 가능성을 시사한다(Tomasello, Carpenter, Call, Behne, & Moll, 2005). 그러한 메커니즘이 어떤 것이고, 또 어떻게 진화했는지를 밝히려는 여정은 주로 야생의 침팬지가 보이는 종-특이적인 행동 및 침팬지와 인간 아동 간의 행동을 비교하는 실험실 연구를 중심으로 진행되어 왔고, 그 와중에 과연 그런 메커니즘이 정말 존재하는지에 대한 논쟁이 벌어지기도 했다. 그뿐만 아니라 침팬지 이외의 다른 영장류, 고래류, 조류, 그리고 심지어는 어류를 대상으로 한 연구들도 중요한 단서를 제공한다(Laland & Galef, 2009; Whiten et al., 2011 참조).

이를 보여 주는 핵심 데이터는 여러 개의 지역으로 분리된 야생의 침팬지 집단에서 보이는 도구 사용 및 기타 행동들을 비교하는 연구에서 볼 수 있다(Whiten et al., 1999). 무려 30개가 넘는 사례가 해당 지역의 먹이 분포와 같이 단순한 생태학적 환경의 차이만으로는 설명이 어려운 결과를 보고했다. 이에 대한 설명은 '문화적', 즉 한두 마리의 개체에 의해 시작되어서 사회학습을 통해 무리의 모든 구성원에게 퍼져 나갔다는 해석을 가능하게 한다. 그러나 이러한 주장은 논란의 여지가 있는데, 일단 다수의 행동이 집단 내에 공통적으로 전해져 내려온다는 것만으로 문화를 정의하는 데 개념적으로 동의하지 않는 연구자들도 있다(Laland & Galef, 2009). 그뿐만 아니라 집단에 따라 다른 행동을 보이는 이유에는 다양한 생태학적 설명이 가능하다. 예를 들어, 문화적 행동의 예로 자주 등장하는 '개미 낚시(ant dipping)' 행동을 보면 침팬지는 기다란 나뭇가지나 줄기를 개미굴에 넣어서 거기에 달라붙은 개미를 손이나 입으로 훑어 먹는다. 이러한 개미 낚시 행동은 침팬지 집단에 따라 절차가 달라진다는 점에서 동물 문화로 해석될 여지가 있다. 그러나 침팬지 집단마다 절차가 달라지는 이유가 개미가 사나울수록 더 기다란 도구를 사용한다거나 손을 사용하는 기술이 달라진다든지 하는 생태학적 제약 때문이라는 주장이 있다(Humle & Matsuzawa, 2002). 즉, 집단 간에 서로 다른 절차나 기술이 존재하는 이유는 지역마다 다른 종류의 개미들이 있고, 이들을 더 잘 사냥하기 위한 방식을 침팬지가 학습한 것이라는 설명이 적어도 부분적으로는 가능해진다 (Mobius, Boesch, Koops, Matsuzawa, & Humle, 2008 참조).

집단–특이적인 행동과 문화를 동일시하려는 관점을 반대하는 학자들은 문화 적 '전통'이라는 표현은 사회적 전달을 전제로 하며, 자연 상태에서 어떻게 복잡한 행동이 출현하는지를 규명하기 위한 데이터가 너무 부족하다고 주장한다(Galef, 2009b). 그뿐만 아니라 문화의 개념은 종종 가르치기와 모방을 포함하는 것으로 정의된다. 앞서 설명한 바대로 인간 이외의 동물에서 가르치기가 가능하다는 증거는 희소하다. 또한 어린 동물들이 성체 동물들이 도구를 사용하는 모습을 의도적으로 관찰하는 것처럼 보인다고 하여도(이런 의도적인 관찰 행동은 침팬지 이외의 동물에서도 발견되었다; Ottoni & de Resende, 2005) 그와 관련된 모종의 사회적 학습이 반드시 모방이라고 할 수는 없다. 이를 지지하는 결과로 비록 어린 동물들이 도구를 사용하는 성체 동물들을 관찰하는 행동을 보인다고 하여도 여전히 먹이를 껍질이나 틈새에서 빼내는 도구 사용 기술을 습득하기까지 시행착오 학습을 거듭해야 하는 것으로 나타났다(Bluff et al., 2010의 예를 참조).

야생의 영장류에서 사회적 전달을 이해하는 것이 어렵다면 대안으로 사육시설에 있는 원숭이 집단에서의 실험결과를 참고할 필요가 있다(Whiten et al., 2009). 가장 기본적인 형태의 연구는 두 집단의 동물들과 [그림 4–4]에서 볼 수 있는 형태의 장비처럼 먹이를 얻기 위해서 가능한 행동이 두 가지인 상황을 포함한다. 각 집단에서 한 마리씩 차출해서 두 가지 행동 중 하나를 선택하게 하는 실험을 수행한다고 하자. 즉, 한 마리는 A라는 동작을, 다른 개체는 B라는 동작을 배우고 나서 각자 자신이 속한 집단으로 돌아간다. 이들이 각 집단으로 돌아가서 배운 동작을 시범하게 될 경우에 과연 소속집단의 다른 멤버들이 같은 동작을 행하게 될까? 이 상적으로는 통제집단을 하나 더 추가해서 이 집단의 원숭이들이 훈련된 시범자가 없이도 자연스럽게 상자 열기를 배울 수 있을지, 그렇다면 어떤 동작을 선택하게 될지를 살펴보고 비교할 수 있을 것이다. 대여섯 가지의 다른 행동이 이 방법을 통해서 확인되었다. 침팬지를 대상으로 이러한 사회적 전달의 연쇄를 보는 과제들이 수행되기도 하였다. 예를 들어, 관찰자 침팬지가 훈련된 시범자로부터 행동을 배우고 그다음에는 스스로가 시범자가 되어 다른 침팬지에게 행동을 전달하는 식의 훈련을 행했다(Whiten et al., 2009). 또한 어떤 행동을 관찰을 통해 학습한 관찰자 동물이 이번에는 시범자가 되어 다음번 동물에게 시범자 역을 하는 연구도 수행되었다(Whiten et al., 2009). 따라서 이런 실험들에서 출현하는 집단 간의 차이는 사회학습에 근거해서 설명이 가능하다. 여기서의 사회학습은 반드시 모방학습에 국한될 필요는 없다. [그림 4–4]에 언급한 결과와 같이 침팬지가 따라하기, 에뮬레이션 및 기타 다른 사회학습 과정 중 어느 것에 의존할지는 과제의 속성에 따라 달라진다. 물론 여러 가지 메커니즘이 동시에 활용될 수도 있다. 사람의 유아와 비교할 때 침팬지의 행동 모방은 고정되거나 길게 지속되는 것 같지는 않다. 예를 들어, 막대기를 이용해서 문을 열기 전에 불필요하게 구멍에 집어넣었다 빼는 것과 같은 과제의 기능적 목적과 무관한 사소한 행동까지 모두 고지식하게 복제하지는 않는 것 같다. 한편 일단 모방한 행동이 습관으로 굳어진 이후에는 침팬지가 유아에 비해서 다른 방식으로 전환하려는 경향이 더 적었다. 설령 새로운 방식이 더 많은 보상을 가져다 준다고 해도 말이다(Whiten et al., 2009). 이러한 결과들이 시사하는 바는 인간 문화만의 독특함에는 동물에게서도 발견되는 다양한 사회학습 메커니즘을 포함한 여러 가지 요소가 기여하고 있다는 것이다.

의사소통

동물의 의사소통에 관한 연구는 꿀벌의 '춤언어'처럼 자연 상황에서의 의사소통 시스템에서부터 반려 앵무새와 동물원의 침팬지에게 단어를 가르치는 것까지 포함하는 넓은 범위를 포괄한다. 의사소통의 연구에서 핵심적으로 다루어지는 질문들은 다음과 같다. 동물의 의사소통에 관여하는 인지 과정에는 어떤 것들이 있는가? 인간이 사용하는 언어와의 유사성은 무엇이며, 그러한 유사성에 관한 연구를 통해 인간의 언어가 어떻게 진화해 왔는지를 밝힐 수 있을 것인가?

20세기 후반부에 행해진 연구들은 인간의 언어를 영장류들에게 가르치기 위해 많은 노력을 소모했다. 동물들이 조금이라도 수화(sign language)[11]나 토큰(token)[12]을 사용하는 언어 습득에 성취를 보이면 이는 곧 아기들의 언어 습득에 비교되는 증거로 환영을 받았다. 그러나 실제로 동물들은 수화나 토큰을 자신들이 원하는 것을 얻기 위해 도구적으로 사용한 것뿐임이 확실해졌다. 동물들은 정보를 전달하거나 공유하기 위해 그런 것도 아니고, 의미 있는 문법 구조를 발전시키지도 못했다. 이제 대부분의 연구자는 그간 행해진 이런 연구들이 동물이 어떤 것을 할 수 있느냐가 아니라 어떤 것들이 동물에게서 불가능한지를 우리에게 알려 준 것으로 이해한다(이에 대한 개관은 Fitch, 2010; Shettleworth, 2010a 참조). 어린 북미산노래참새(song sparrow)가 늪지참새(swamp sparrow)의 노래를 들으며 자라더라도 그 노래를 배우지 못한다(Marler & Peters, 1989). 마찬가지로 영장류 동물들이 인간 아동과 유사한 언어 환경에 노출된다고 해도 인간의 언어를 배우지 못한다. 따라서 동물의 의사소통에 대한 현대의 연구는 영장류 및 다른 동물들의 의사소통과 인간 언어의 유사한 측면이 무엇인지를 찾는 쪽으로 옮겨 갔다. 여기서도 그런 관점에서 연구들을 살펴볼 것이다. 일단은 동물 의사소통의 기본적인 요소들부터 살펴보도록 하겠다.

동물의 의사소통: 개념 및 논란

의사소통이라는 행위는 언제나 **신호자**(signaler)와 **수신자**(receiver)를 포함한다. 이 분야에서 신호(signal)란 "다른 개체의 행동을 변화시킬 수 있는 행위나 구조"로 정의되며, "그러한 신호가 효과를 나타낼 수 있도록 신호자의 행위나 구조가 진화해 왔고, 수신자의 진화 또한 그러한 효과에 기여했다."(Maynard Smith & Harper, 2003, p. 3) 의사소통을 위한 구조의 예로는 제왕나비(monarch butterfly)나 독화살

---

11) 손짓이나 발짓 등의 몸을 이용한 소통 방식을 통칭하는 용어로 사용한다.
12) 심볼이나 기호를 이용한 소통 방식. 예를 들어, 그림이 그려진 카드들을 이용해서 그림에 해당하는 음식이나 동작을 활용하게 훈련시키는 방식을 의미한다.

개구리(poison-arrow frog)들의 경고색(warning color)이 있다. 눈에 확 띄는 색과 패턴을 통해 포식자들이 잘못 잡아먹었다가는 배탈이 날 수도 있는 동물들에 관한 정보를 신속하게 학습할 수 있도록 진화했다(Ruxton, Sherratt, & Speed, 2004). 반면에 단서(cue)는 동물의 행동 특징과 높은 상관을 보이지만(따라서 그러한 특징을 신호할 수 있지만) 실제로 그러한 목적으로 진화하지 않은 경우를 일컬으며, 따라서 신호와는 구분된다. 예를 들어, 아픈 동물이 보이는 느린 걸음걸이는 포식자들에게는 놓칠 수 없는 중요한 단서가 될 수는 있으나 신호라고 볼 수는 없다.

동물의 의사소통에 관해 두 가지의 극단적인 관점은 전통적인 동물행동학적인 관점과 인간 언어의 철학적 분석에 기반한 관점 두 가지로 대변된다. 틴버겐과 로렌츠를 비롯한 동물행동학자들에 의하면, 조류, 어류, 기타 여러 동물이 보이는 짝짓기나 싸우기 같은 사회적 행동들은 정교한 자극과 반응의 연쇄로 설명이 가능하다. 자극은 '**장식행동**(display)'에 의해 제공되며, 의사소통의 상대방에게 특정 행동을 유발하는 동작(posture)이나 발성(calls)을 의미한다. 이러한 반응은 애초의 신호자에게 또다른 반응을 유발할 수 있으며, 이렇게 계속해서 신호와 반응이 오가면서 구애나 싸움이 진행되고 종결될 수 있다. 다윈(Darwin, 1879, 2004)이 인간의 정서적 표현과 비교하기 위해 사용한 수컷 비둘기의 절하기(bowing)나 구구 하는 소리 내기, 사나운 개가 보이는 짖기와 이빨 드러내기와 같은 행동들이 주변에서 쉽게 볼 수 있는 장식행동의 예들이다.

의사소통을 연구하기 위한 동물행동학적 접근은 다분히 행동주의적이다. 신호란 무엇이고, 어떤 조건하에서 주어지며, 그에 대한 반응은 무엇인가? 한편 행동생태학은 이러한 전통을 고수하면서 진화와 기능에 주목한다. 예를 들어, 공작의 꼬리와 같이 눈에 확 띄고, 에너지를 소모하는 장식행동은 적합성에 기여하는 바가 무엇이길래 상당한 비용에도 불구하고 존재하는가? 그러나 인간의 언어적 의사소통은 이러한 행동생태학적 설명만으로는 불충분한 측면이 있다. 언어적 의사소통은 신호자와 수신자의 마음속에 있는 의도성과 표상을 포함한다. 철학자 다니엘 데넷은 이를 이렇게 함축적으로 표현했다. "내가 표현하고자 하는 어떤 생각이 있는데, 네가 그걸 알아주기 바란다."(Dennett, 1983 참조) 이러한 관점에서 본 의사소통에 필수적으로 포함되어야 하는 것은 마음 이론이다. 말하는 사람은 청자가 어느 정도까지 알고 있을지에 대한 믿음이 있고, 이를 기반으로 말하는 내용을 조정한다. 마음 이론은 동물의 의사소통 연구에도 영향을 주었고, 심지어는 지나칠 정도로 영향을 미쳤다(Rendall, Owren, & Ryan, 2009; 하지만 Seyfarth et al., 2010도 참조할 것). 그러나 마음 이론이 없었다면 가능하지 않았을지도 모르는 발견들이 이루어졌고, 그중 일부는 동물의 신호체계와 인간의 언어 사이에 존재하는 중요한 차이점을 파악하는 데 기여했다. 의사소통에 관한 현대의 연구들은 동물행동학적인 관점과 인지과학 혹은 정보처리 이론에 기반한 관점 간의 융합을 강조한다. 이러한 융합적 접근을 보여 주는 동물 의사소통의 잘 알려진 예들을 설명하도록 하겠다.

꿀벌의 '춤언어'

　꿀벌이 성공적인 채집을 마치고 집으로 돌아오면 다른 벌들이 몰려들고, 이 꿀벌은 벌집의 표면에서 좌우로 흔들거리는 **왜글춤**(waggle dance)을 춘다([그림 4-5] 참조). 이 춤은 벌이 윙윙거리면서 좌우로 아랫배를 흔들며 곧장 날아가는 직선형 궤적과 8자 모양을 그리면서 다시 출발선으로 돌아가는 곡선형 궤적으로 구성된다. 왜글춤의 직선형 궤적과 벌집의 수직선 사이가 이루는 각도는 태양의 방위각과 현재의 위치에서 꿀이 있는 장소를 잇는 직선이 이루는 각도와 같다([그림 4-5] 참조). 춤을 한 바퀴 추는 데 걸리는 시간은 꿀이 있는 장소까지의 거리에 해당한다. 따라서 춤은 꿀벌이 방금 어디에서 꿀을 발견했는지에 관한 정보를 전달하며, 여러 연구는 춤을 보는 다른 꿀벌들이 이 정보를 사용하고 있음을 증명했다(Dyer, 2002). 본 프리쉬(von Frisch, 1953)는 선구적인 연구를 통해 꿀벌의 춤이 신호하는 거리 혹은 방향에서 가장 많은 꿀벌이 모여드는 것을 보인 바 있다. 후속 연구에서는 벌들이 방문하는 장소가 최근에 방문한 벌에서 나는 냄새와 같은 다른 단서에 의해서 결정될 가능성을 배제했다. 이런 연구 중 하나는 로봇 벌을 사용하거나 특별한 방법을 써서 살아 있는 벌을 조작함으로써 '거짓말'을 하게 했다(Dyer, 2002 참조). 또한 꿀벌의 춤을 본 뒤 꿀을 찾아 떠나려던 벌들을 출발 직후에 잡아서 몇 백 미터 떨어진 곳에 놓아주었더니 이 출동대의 벌들은 놓아준 장소에서부터 원래 가려고 했던 방향과 거리(춤이 지시하는 방향과 거리)만큼을 이동해서 꿀을 찾아 맴도는 모습을 보였다. 즉, 출동하는 벌들이 춤을 보고 인지 지도상의 어떤 장소를 찾는 정보로 활용하는 것이 아니라 비행에 필요한 지시사항 목록으로 활용하고 있다는 증거로 보인다(Riley, Greggers, Smith, Reynolds, & Menzel, 2005).

　꿀벌의 춤언어 연구에도 논란의 역사가 있다(Dyer, 2002). 최근의 논쟁은 벌들이 과연 춤언어 속에 담긴 정보를 이용하는지 여부가 아니라, 어느 정도까지 이용하는가라는 질문을 중심으로 이루어지고 있다(Grüter & Farina, 2009). 꿀 채집 경험이 풍부한 노련한 벌의 경우에는 춤이 가리키는 생소한 장소를 방문하기보다는 춤추는 벌의 몸에서 나는 꽃향기를 단서로 익숙한 장소들 중에서 같은 꽃향기가 났던 장소를 찾아가기도 한다. 즉, 이전에 방문했던 장소에 대한 기억이 재활성화된 것처럼 행동한다. 그러나 다음 절의 내용이 시사하듯이, 꿀벌의 춤은 의사소통에 대한 고전적 동물행동학의 대표적인 사례로 손색이 없다.

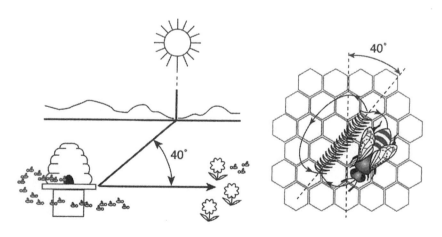

[그림 4-5] 꿀벌의 왜글춤. 벌집의 수직선과 왜글춤의 궤적이 이루는 각도는 태양의 방위각(수평선상에서 태양의 바로 아래에 있는 지점)과 꿀이 있는 장소로 가는 방향이 이루는 각도와 같다.
출처: Seeley (1985)로부터 재구성.

관중 효과

신호를 보내는 동물은 에너지를 사용할 뿐 아니라 포식자의 이목을 끄는 위험까지 감수해야 하므로 수신자가 가까이 있지 않다면 불필요한 행동을 하지 않도록 진화했을 것이다. 즉, 신호자는 동종 개체의 존재 여부에 민감하게 반응해야 한다. 그러나 그러한 민감성이 반드시 마음 이론을 전제로 하는 것은 아니다. 연합학습에 의해 학습된 반응처럼(제2장 참조), 신호 보내기는 맥락 의존적일 수 있다. 예를 들어, 채집에서 돌아온 꿀벌은 현재 벌집에서 얼마나 더 간절하게 꿀을 필요로 하는가에 따라 자신의 춤을 조정하기도 한다. 이 정보는 벌집에 있는 일벌[13]이 채집한 꿀을 얼마나 빨리 옮겨 가는가에 의해 파악되는 것 같다(Seeley, 1995). 일반적으로 **관중 효과**(audience effect)라고 부르는 행동에 좀 더 가까운 예는 수탉의 **경보 발성**(alarm call)을 들 수 있다(Zuberbühler, 2008). 화면을 통해서 매(hawk)를 제시했을 때, 수탉은 혼자 있거나 혹은 메추라기들이 있을 때에 비해서 암탉들이 주변에 있을 때 더 많은 '공중 경보(aerial alarm)'[14]발성을 내는 경향을 보였다. 심지어는 암탉 '관중'들이 동영상으로 제시되어서 직접적인 반응이 영향을 미치지 못하는 상황에서도 같은 경향을 보였다(Karakashian, Gyger, & Marler, 1988). 수탉의 구애 행동 중 하나인 섭식 발성(food calling) 또한 관중 효과를 보인다(Evans & Marler, 1994). 그러나 그런 효과들이 반드시 수탉이 보내는 신호가 다른 개체들에게 정보를 전달하려는 의도가 있음을 의미하지는 않는다. 그리고 실제로 인간 이외의 동물이 수신자의 알고자 하는 필요에 민감하게 반응한다는 증거는 희박하다. 같은 맥락에서 마음 이론에 대한 증거 역시 인간을 제외한 동물에서는 찾기 어렵다. 예를 들어, 많은 경우에 동물의 경보 발성은 수신자가 이미 포식자의 존재를 알아차

---

13) 꿀벌은 업무 분담을 하는 것으로 알려져 있다. 채집을 담당하는 일벌들이 있고, 이러한 일벌들이 채집한 꿀이나 꽃가루를 받아서 옮기는 일벌들이 있다.

14) 공중에서 포식자가 접근한다는 신호이다. 수탉은 위협적인 포식자가 공중으로부터 접근하는지(맹금류), 아니면 땅으로부터 접근하는지(여우나 너구리 등)에 따라서 두 가지의 다른 발성을 내놓는데, 이에 따라 암탉들의 대응 반응 역시 달라진다.

린 다음에도 계속된다(Seyfarth & Cheney, 2003; Zuberbühler, 2009).

기능적 참조

　버빗원숭이(vervet monkey)들이 뱀, 독수리, 표범 등의 대상에 따라 다른 종류의 경보 발성을 가지고 있다는 사실(Seyfarth, Cheney, & Marler, 1980)은 동물의 발성이 인간의 단어처럼 세상에 존재하는 다른 물체들을 지칭하는 데 사용될 것으로 생각하게 만든다(Radick, 2007). 버빗원숭이 외에도 많은 다른 종이 특정한 포식자에 해당하는 경보 발성을 가지고 있는 것으로 알려졌지만(Zuberbühler, 2009), 그러한 발성이 유발하는 내부적 표상이 있는지, 있다면 어떤 형태일지 알아내기는 어렵다(Manser, 2009). 제3장에서 논의한 메타기억 및 계획하기를 포함한 내부 표상에 관한 연구가 모두 그러하듯이, 이 문제도 과연 어떻게 명확한 행동적 기준을 정하는지가 해결의 열쇠가 될 것이다. 한 방법은 **기능적 참조**(functional reference)를 조작적으로 정의하는 것이다. 어떤 발성이 기능적 참조를 수행한다고 보기 위해서는, 첫째, 매우 제한된 조건들에서 발생해야 한다. 즉, 특정 상황에서만 나타나야 한다. 이를 증명하기 위해서는 발성을 내놓는 개체가 홀로 있어서 수신자가 내놓은 반응이 아닌 발성을 유발하는 원인에 의해서만 발생한다는 가정을 할 수 있게 통제된 조건이어야만 한다. 예를 들어, 앞서 언급한 실험 상황에서 수탉은 하늘에서 공격하는 매와 닭장 옆으로 숨어들어 오는 너구리에 대해 각각 다른 발성을 내놓았다. 어떤 발성이 수신자 입장에서 기능적 참조임을 증명하기 위해서는 애초에 발성을 유발한 원인이 보이지 않는 상황에서도 특정한 행동반응을 표현해야 한다. 예를 들어, 우리 안의 암탉들이 '공중 포식자'를 신호하는 발성을 들으면 웅크리면서 위를 바라보아야 하고, '육상 포식자'를 신호하는 경보 발성을 들으면 꼿꼿이 서서 좌우를 살피는 모습을 보여야 한다(Evans, Evans, & Marler, 1993).

　경보 발성에 대한 반응이 기능적 참조의 조건을 만족시킨다고 해서 포식자에 대한 표상이 있다는 이야기는 아니며 혹은 그러한 반응이 전부 학습에 의한 반응이라는 이야기도 아니다. '표범 경보'가 뜨면 당장 가까운 나무로 뛰어가는 반응

(적절한 반응)을 유발한다고 설명할 수도 있지만, 그와는 다르게 우선 경보가 표범에 대한 표상을 떠올리게 하고 이러한 내부적 표상이 뛰어가기를 유발했다고 해석할 수도 있다. 가능성은 낮지만 이러한 표상이 고차적으로 형성될 수도 있다. 예를 들어, 경보를 듣는 수신자는 그 경보를 발생한 동료가 "가까이에 표범이 나타났고, 이를 피해서 나무 위로 도망가라."라고 알려 주는 상황이라고 추론할 수도 있다(Dennett, 1983). 제2장에서 설명한 습관화/탈습관화 절차가 이 논쟁에 대한 해결책이 될 수도 있다. 같은 상황을 신호하는 다른 발성을 활용하는 것이다. 훌륭한 예가 다이아나원숭이(Diana monkey)에게서 발견된다.

수컷 다이아나원숭이는 표범이나 독수리를 발견하면 각각의 포식자에 해당하는 특정적인 경보 발성을 내보내고, 이를 들은 근처의 암컷 다이아나원숭이들은 자신들만의 경보 발성을 내놓는다. 만약 수컷이 몇 분 후에 또다시 같은 발성을 낸다면 암컷들은 습관화 때문에 훨씬 적은 발성을 내놓게 된다. 그러나 만약에 암컷들이 다른 종류의 포식자를 신호하는 경보 발성을 들으면 습관화된 반응이 회복(renew)되는 탈습관화를 보인다. 이 탈습관화는 단순히 청각적인 신호의 변화 때문이 아니라 발성의 내용(발성이 지칭하는 포식자의 종류가 바뀌었기 때문에)에 의해서 일어난 것이다. 이는 암컷들이 다른 종류의 포식자 발성과 실제로 그에 해당하는 포식자의 종류를 구분해서 파악하고 있음을 보여 주는 연구에 의해서 지지된다(Zuberbühler, Cheney, & Seyfarth, 1999). 이 실험에서 암컷 다이아나원숭이들에게 세 가지 조건, 즉 독수리에 대한 수컷의 경보 발성, 독수리의 날카로운 공격음, 혹은 표범에 대한 수컷의 경보 발성 중 하나를 녹음해서 들려주었다. 그러고 나서 6분 후에 독수리의 공격음을 들려주었다. 암컷 다이아나원숭이들은 세 가지 조건 중 독수리에 관한 경보 발성이나 독수리 자체의 공격음을 들은 후에 (표범에 대한 경보 발성을 들은 후보다) 더 줄어든 경보 발성을 내놓았다. 마찬가지로 표범에 대한 경보 발성이나 표범의 으르렁거리는 소리에 노출된 후에 표범의 으르렁거리는 소리를 들을 경우(독수리에 대한 경보 발생에 노출된 후에 비해)에 줄어든 경보 발성을 내놓았다. 이 결과는 경보 발생이 표상하는 정보와 실제로 포식자의 종류가 나타내는 정보가 일치되게 활용되고 있음을 보여 주는 결과이며, 제2장에서 설명한 범주학습 혹은 다대일 대응 규칙과 유사한 처리가 이루어진다는 증거이다.

이러한 정보처리의 정교함은 영역과 포식자를 공유하는 서로 다른 종들이 이종 간의 경보 신호를 활용하는 법을 배울 수 있다는 결과에 의해서도 지지된다. 이러한 학습 중 일부는 매우 미묘하게 일어나는데, 다이아나원숭이는 주변에 인간이 있었는지 표범이 있었는지에 따라 뿔닭(guinea fowl)이 내는 같은 경고 발성을 듣고도 다르게 대응한다. 전자의 경우는 소리 없이 도망을 가지만 후자의 경우는 스스로 경고 발성을 내보내는 식으로 반응한다. 즉, 새들이 내는 발성에 단순히 반응하는 것이 아니라 그 이면에 있는 인간이 원인이라는 사실을 알고 있는 것처럼 행동했다(Zuberbühler, 2009 참조). 여기서 원숭이들은 다른 종들의 의사소통을 엿듣는 관중이라고 볼 수 있다(Peake, 2005). 엿듣기에는 제3자가 다른 개체들 간에 이루어지는 의사소통을 위한 상호작용으로부터 정보를 추출하는 과정이 포함된다(Cheney & Seyfarth, 2005a; Seyfarth & Cheney, 2010). 제3장에서 설명한 것처럼, 다른 동물들 간의 상호작용을 보고 두 동물 간의 우세성을 판단하는 경우를 예로 들 수 있다.

급박함과 정서

포식자에 대응하는 경보 발성은 각각 다른 포식자에 대해 각각 다른 탈출 방법이 필요한 환경에서만 진화했을 것이다. 숲에 산다면 표범을 피해서는 나무 위로 기어 올라가고, 독수리를 피하려면 나무꼭대기에서 아래로 내려와야 하듯이 말이다(Donaldson, Lachmann, & Bergstrom, 2007). 그러나 만약 거주지가 오직 하나의 탈출 방식만을 제공한다면 중요한 정보는 오직 포식자가 얼마나 가까이 있는지에 따라서 얼마나 위험한 상황인지가 될 것이고, 이러한 정보가 전달되기 위해서는 한 가지 경보 발성으로 그 강도(예를 들어, 소리의 크기나 발성이 반복되는 속도)를 다르게 변화시키면 될 것이다. 예를 들어, 벨딩 지역의 땅다람쥐같이 개방된 목초지에서 사는 동물은 오직 하나의 경보 신호를 가지고 강도를 변화시켜서 얼마나 급한 상황인지, 즉 얼마나 빨리 하든 일을 멈추고 안전한 땅굴로 피신해야 하는지를 신호한다(Furrer & Manser, 2009 참조). 이와 유사하게 검은머리박새의 경보 신호는 얼마나 많은 '디디디' 소리[15]가 포함되었는지가 위험한 포식자의 수를 신호한다 (Templeton, Greene, & Davis, 2005). 이러한 급박함에 기반한 경보 신호는 동물에서의 신호가 정서(여기서는 공포)를 표현하는 방법이라는 이론과 일치한다(Rendall et al., 2009). 급박함은 참조적 경보 신호에도 반영될 수 있다. 예를 들어, 버빗원숭이와 미어캣은 뱀, 육지 포식자, 조류 포식자 각각에 대해서 독특한 경보 발성을 가지고 있을 뿐 아니라 주어진 상황에서 포식자가 얼마나 위협적인지에 따라 발성의 강도를 변화시킨다. 또한 발성의 강도는 수신자의 반응이 얼마나 크고 길게 나타날 것인지를 결정한다(Furrer & Manser, 2009 참조).

동물의 의사소통과 인간의 언어

그동안 유인원들에게 인간의 언어를 가르치려는 노력들이 목표한 바를 요약하면 "과연 인간 이외의 동물도 언어를 배울 수가 있는가?"가 될 것이다(Fitch, 2010; Shettleworth, 2010a 참조). 이 단순한 질문은 21세기 초반에 이르러서는 언어의 어떤 측면이, 혹은 의사소통 능력의 어떤 측면이 동물과 인간 사이에서 공유되며, 어느 정도까지 또 왜 그러한지를 묻는 것으로 바뀌었다. 예를 들어, 동물이 내는 신호는 정보를 담고 있는데, 이는 그러한 신호들과 세상의 특정한 상태들이 상관관계를 보인다는 점에서 그러하다(Seyfarth et al., 2010). 수신자들이 이 신호를 받아서 거기에 담긴 정보를 이용하지만 신호를 보내는 동물이 그러한 의도를 가지고 한 것은 아니다. 인간의 언어와 동물의 신호 간에 또 다른 차이는 인간이 만들어 내는 거의 무한한 개수의 메시지에 비해서 동물의 경우, 예를 들어 땅다람쥐의 경보 발성이나 꿀벌의 춤은 비록 약간의 강도 조절이 가능한 신호임에도 불구하고 오직 몇 가지의 제한된 정보만을 전달한다는 점이다. 아무리 간단한 인간의

---

15) 검은머리박새(black-capped chickadee)가 내는 발성 중 가장 흔한 소리이면서 영문 이름 '치커디 (chickadee)'가 유래한 이유이다. 글자로 표현하기 어려운 소리이므로 인터넷에 잠깐 검색해서 실제 새소리를 한번 들어 보면 '아하!' 하고 실감하게 될 것이다.

언어라고 하여도 알려진 그 어떤 동물의 의사소통 시스템이 가진 신호보다 압도적으로 많은 수의 단어를 보여 줄 뿐 아니라 이러한 단어들이 암묵적인 문법체계에 의해 무수히 많은 새로운 메시지를 생성한다. 동물에게서 그렇게 서로 다른 신호들을 결합해서 규칙성 있게 새로운 신호로 활용하는 사례는 오직 몇 개만이 알려졌을 뿐이다. 그마저도 과연 2개의 서로 다른 경보 발성이 연달아 표현될 때 어떤 구분되는 '의미'를 체계적으로 생산해 내는지는 의문시되고 있다(zuberbühler, 2009 참조).

이렇게 넓은 의미로 언어의 비교심리학적인 접근을 취하는 입장은 하우저, 촘스키와 피치(Hauser, Chomsky, & Fitch, 2002)가 정교하게 묘사한 바 있다. 그들은 넓은 의미에서 인간의 언어 '기능(faculty)'은 감각 및 운동, 개념 및 의도, 그리고 계산 기능을 담당하는 요소들로 이루어져 있다고 주장했다. 이러한 요소들은 비단 언어 기능뿐 아니라 다른 인지기능 그리고 다른 동물들에게서도 발견된다. 추상적 계산 역량에 의해 유한한 수의 단어 세트로부터 무한히 많은 문장이 각기 다른 의미를 가지도록 생성될 수 있는데, 하우저, 촘스키와 피치(2002)는 이러한 계산 역량을 좁은 의미에서의 언어기능이라고 보았다. 그중에서도 **재귀적**(recursive) 구조를 이해하고 만들어 내는 능력이 무엇보다 중요하다고 보았으며, 하우저와 동료들은 인간만이 이러한 능력을 가지고 있다고 제안했다. 재귀적 순환은 하나의 단위 내부에 같은 종류의 단위를 내포하는 방식을 일컫는 바, "The rabbit the fox saw ran"[16]과 같은 문장의 방식이다. 원칙적으로 앞과 같은 AABB 구조(A는 주어부, B는 서술부이고, 주어부의 개수만큼 서술부가 있다)를 해석하기 위해서는 **구구조 문법**(phrase structure grammar)에 대한 이해, 즉 각각의 A마다 이에 상응하는 B가 있어야만 한다는 규칙에 대한 암묵적 이해가 필요하다. 인지적으로 덜 어려

---

16) 재귀의 의미를 정확히 전달하기 위해 원어를 그대로 제시했다. 문장은 "토끼가 도망갔다(The rabbit ran)"라는 문장 안에 "여우가 토끼를 보았다(The fox saw the rabbit)"라는 문장이 포함되어 있는 형식 (AABB)이다. 이렇게 재귀적 구조를 이해하면 이론적으로는 이 구조를 문장에서 끝없이 사용할 수 있게 된다. 즉, 앞의 문장에 더해서 "The rabbit the fox the eagle spotted saw ran"과 같은 방식으로 확장할 수 있다. 언어학, 논리학, 수학, 컴퓨터 프로그래밍 등 다양한 영역에서 재귀적 문법이 사용된다.

운 방식은 구성 요소들을 줄줄이 꿰는 방식, 즉 **유한 상태 문법**(finite state grammar)
으로서 "The fox saw the rabbit that ran"에서 보이는 바와 같은 ABAB 구조이다.

재귀적 구조가 인간의 언어 기능에만 존재하는지에 대해서는 아직도 논란이 존
재하지만(Fitch, 2005; Pinker & Jackendoff, 2005), 구 구조 문법이 인간 언어의 핵심
적인 특성이라는 데에는 대부분의 학자가 동의한다. 이러한 관점에 자극을 받은
연구 중 하나에서는 금화조를 대상으로 인공적인 노래를 들려주었다. 금화조가
재귀적인 구조(AABB 형태)의 노래와 길이는 같지만 유한 상태 문법(ABAB) 구조
를 가진 노래를 구분할 수 있는지 검사했다. 같은 노래 성분을 혼합해서 두 가지
구조를 가진 노래 5곡씩을 합성하여 금화조들이 구분할 때까지 훈련시켰다(van
Heijningen, deVisser, Zuidema, & ten Cate, 2009). 그리고 나서 같은 요소로 만든 새
로운 조합을 들려주었을 때 비록 약간의 수행 저하는 있었으나 새들은 두 가지 구
조를 구분해 내는 것처럼 보였다. 그러나 완전히 새로운 요소로 만든 노래 배열에
대해서는 두 가지 구조를 구분해 내지 못했다. 즉, 새들은 전체적인 구조를 구분
하기보다는 지엽적인 특성, 예를 들어 노래자극이 2개의 B로 끝난다든지 하는 패
턴을 구분하는 것으로 보인다.

이를 비롯해서 여러 연구(예: Corballis, 2007)가 연구의 관심사를 언어에 관한 전
반적인 인지 역량에서 그 역량을 구성하는 개별 요소들로 전환시키는 데 기여했
지만(이전에 살펴본 수 인지, 계획하기 등에 관한 연구들에서도 유사한 경향을 설명한 바
있다), 그렇다고 해서 애초의 "동물이 언어를 구사할 능력이 있는가?"라는 질문에
대한 논쟁이 종식된 것은 아니다. 다만 그 질문이 "언어를 사용하는 동물이 있는
가?"에서 "재귀를 이해하고 활용하는 동물이 있는가?"로 바뀌었을 뿐이다. 여전
히 연구자들은 이 질문을 만족시키는 동물을 끝없이 찾아 헤매야 한다. 게다가 모
든 학자가 재귀성이 인간의 언어가 가진 유일한 특성이라고 생각하는 것은 아니
다. 그보다 언어는 원시 유인원의 독특한 사회적 환경으로부터 공진화한 여러 가
지 인지적 요소의 독특한 조합이라고 보는 관점이 설득력을 얻고 있다(Pinker &
Jackendoff, 2005). 또한 재귀성의 경우와 마찬가지로 언어의 작동에 암묵적으로
내재되어 있거나 외현적으로 표현된 개념 중 일부는 비록 의사소통에서 드러나

지는 않더라도 다른 인지기능 영역의 일부일 수 있다. 예를 들어, 체니와 세이파스(Cheney & Seyfarth, 2005b)는 개코원숭이의 사회 인지 기능을 규명하는 연구들을 종합하면서(예: Bergman et al., 2003) 그들이 암묵적으로 위계적 범주화라는 개념을 이해하고 있다고 제안했다. 그들은 또한 개코원숭이가 사회적인 상호작용에서 나타나는 연속적인 발성을 듣고 반응하는 것은 간단한 서사적 구조에 대한 이해를 하고 있음을 시사한다고 주장했다. 즉, "A가 B에 접근해서 구애 행동을 보이고 있고, B는 이를 거절하고 있다."와 같은 상황에 대한 이해이다. 이러한 개념의 또 다른 예로 공간 인지와 수 인지, 그리고 연속적인 구조에 대한 민감성을 들 수 있다(Hauser et al., 2002). 연속적인 구조에 대한 민감성은 복잡한 명령체계를 이해하도록 훈련받은 돌고래들이 보여 준다. 예를 들어, 문법적 민감성을 보여 주는 행동적 시범으로 돌고래들은 "공을 가져다가 링 안으로 집어넣어라."라는 명령과 "링을 가져다가 공에 통과시켜라."라는 명령을 구분할 수 있었다(Herman & Uyeyama, 1999; Kako, 1999).

인간의 언어와 유사한 방식으로 오랫동안 훈련시켰음에도 불구하고 유인원 동물들의 언어 사용이 매우 제한적이었다는 사실은 언어학습이 인간에만 고유하게 존재하는 하나 혹은 그 이상의 특별한 처리 역량을 필요로 함을 시사한다. 그중 중요한 역량으로 마음 이론과 정보를 공유하려는 동기를 들 수 있으며, 이러한 특징은 다른 동물들은 물론이고 침팬지의 의사소통에서조차도 거의 관찰되지 않았다(Tomasello et al., 2005). 그뿐만 아니라 언어학습 자체도 특별한 방식으로 이루어질 가능성이 있는데, 대표적으로 아동들에게서 보이는 천문학적인 속도의 어휘 습득, 즉 **고속 지도화**(fast mapping)에 의한 학습을 들 수 있다. 새로운 단어와 함께 새로운 물체나 사건에 접했을 때 인간의 어린이는 암묵적으로 그 단어가 그 물체나 사건을 지칭한다는 사실을 이해하고 그로부터 단어의 의미를 학습한다(Pilley & Reid, 2010 참조). 고속 지도화는 바다사자를 비롯하여 여러 동물에게서 발견되는 **제외 학습**(learning by exclusion; Kastak & Schusterman, 2002)[17]을 넘어서는 과정

---

17) 제외에 의한 학습(learning by exclusion)은 로이스 딕슨(Lois S. Dixon, 1977)에 의해 발견된 현상으

이며, 다양한 맥락에서 적절한 단어를 즉각적으로 활용할 수 있는 능력, 즉 정보의 참조(referencing)를 가능하게 하는 능력이다. 예를 들어, 3개의 장난감을 아동에게 보여 주면서(그중 2개는 이름을 알고, 1개는 처음 보는 장난감) "wug를 가져다주렴."(처음 들어보는 단어) 하고 요구하면 3개의 장난감 중에 자기가 알고 있는 2개를 제외하고 새로운 장난감을 선택하는 행동을 보일 것이고(제외 학습을 통해 단어의 의미를 학습한다), 이렇게 단 한 번의 경험만으로도 나중에 "wug를 곰 인형 옆에 두어 줘."라는 말을 이해하고 수행하는 모습을 보일 것이다. 놀랍게도 사람 외에도 체이서라는 이름을 가진 보더콜리종의 개가 그런 능력을 지니고 있음이 밝혀졌다(Pilley & Reid, 2010). 아마도 단어−물체 연합을 엄청나게 학습시킨 결과로 그런 능력이 출현할 가능성이 높아진 것으로 보이는데, 체이서는 3년 남짓한 기간 동안에 1,000개가 넘는 물체의 명칭을 학습했고 거기에 더해서 자신이 할 수 있는 동작을 지칭하는 동사도 여러 개를 학습했다. 영리한 한스 효과[18]를 배제하기 위해 실험자가 다른 방에서 명령을 내리는 상황에서도 이전에 학습한 물체를 명칭에 따라 정확하게 찾아냈다. 체이서가 보이는 고속 지도화 능력은 이전에도 다른 보더콜리종의 개에서 발견된 바 있었다. 다만 새로 배운 단어−물체 연합을 반복해서 연습하지 않을 경우에 금방 잊어버리는 경향을 보였는데, 이는 인간의 어린

로, 처음 접하는 자극 간의 연합을 학습할 때 기존에 학습된 연합은 제외하고 새로운 자극들끼리 연합할 경향이 높음을 보여 주는 현상이다. 이러한 경향성은 많은 수의 연합을 변별해서 학습할 때, 예를 들면 새로운 단어의 의미를 배울 때에도 도움을 줄 것이다. Dixon L. S. (1997). The nature of control by spoken words over visual stimulus selection. *Journal of Experimental Analysis of Behavior*, 27(3), 433-442.

18) 영리한 한스(Clever Hans)는 간단한 덧셈을 비롯한 여러 가지 지능적인 재주를 보여 줌으로써 독일에서 대중에게 많은 인기를 얻었던 말의 이름이다. 주인인 빌헬름 본 오스텐(Wihelm von Osten)은 전국을 돌면서 한스의 능력을 과시했다. 예를 들어, 본 오스텐이 다음과 같은 질문, 즉 "5 더하기 6은 얼마이지?"라고 하는 경우에 한스는 앞발을 11번 두드림으로써 정답을 맞히는 것이다. 즉, 사람의 말을 알아듣는 것뿐 아니라 덧셈을 하는 능력까지도 과시했다. 결국 독일의 심리학자인 오스카 풍스트(Oskar Pfungst)에 의해 한스의 재주는 지적인 능력에서 오는 것이 아니라 주인의 미묘한 몸짓에 대해 조건화된 반응을 보이는 것으로 결론이 났다. 따라서 영리한 한스 효과는 실험자의 기대를 충족시키려는 피험자 효과가 인간에게만 있는 것이 아니라 동물에게서도 가능하다는 중요한 사례가 되었고, 이후 비교 인지 연구에서 반면교사의 예로 자주 언급되게 되었다. 보통 이중 맹검 설계(double-blind design)가 인간을 피험자로 할 때에만 필요하다고 생각하지만 동물 연구에서도 필요한 이유이다.

이들에게서도 유사하게 나타난다. 무엇보다 중요한 것은 어떤 물체와 연합된 단어를 처음 배운 순간부터 그 물체를 앞발이나 코로 가리키기도 하고, 그 물체를 집어 오기도 하는 행동을 수행했다는 사실이다. 이러한 행동은 체이서가 '참조'라는 개념을 이해하고 있음을 나타낸다.

지금까지 우리는 청자의 입장에서만 언어를 다루었다. 물론 언어의 생성과 관련된 측면 역시 중요한데, 이는 **음성 따라하기**(vocal imitation)에 기반을 둔다. 분명한 것은 음성을 만들어 내는 메커니즘과 말소리를 인식해서 습득하는 능력은 적어도 인간과 침팬지의 공통 조상에서는 존재하지 않았다는 사실이다. 즉, 말하는 능력은 진화의 역사에서 최근에 출현한 것으로 보인다(Fitch, 2005). 어떤 단어의 발음을 학습하는 능력은 따라하기에 의해서이든 혹은 다른 방식으로든 침팬지에게서는 불가능하다는 결과는 다른 유인원을 대상으로 몸짓이나 기타 다른 방식의 음성을 동반하지 않는 의사소통 방식을 가르치는 연구로 이어지게 되었다. 그러나 새 중 일부는 인간과 같이 음성 따라하기에 의해 넓은 범위의 소리를 습득할 수 있다는 사실이 잘 알려져 있고, 실제로 노래새들이 노래를 배우는 과정과 인간이 언어를 배우는 과정 사이에는 학습 방식에 있어서 공통점이 존재한다는 사실이 밝혀졌다(Bolhuis et al., 2010 참조). 두 경우 모두 언어나 노래를 배울 수 있는 종-특이적인 소질과 그에 적합한 경험 간의 상호작용을 보여 주는 대표적인 예라고 할 수 있다. 인간의 아기들처럼, 노래새들도 새끼 시절에 들었던 종-특이적인 발성을 흉내 내는 과정을 거친다. 마치 인간의 아기들이 옹알이하듯이, 새끼 노래새들도 처음에는 완성도가 떨어지는 엉성한 노래를 부르기 시작한다. 노래 배우기와 부르기에 관련된 뇌회로는 잘 연구가 되었으며, 인간의 언어 처리에 대해 비교할 만한 시사점이 많이 있다. 진화론적으로 볼 때, 인간의 말하기 발달과 노래새의 노래는 상동기능이 아니라 상사기능이라고 할 수 있다(즉, 공통의 조상으로부터 유래한 것이 아니고 수렴적으로 진화했다). 이는 아마도 종의 차이와는 무관하게 복잡한 음성 신호의 통제와 발달에 요구되는 조건이 비슷하기 때문일 것으로 생각된다.

의사소통에 관한 주제들은 다시 우리를 제1장에서 시작한 질문으로 인도한다. 다윈의 주장, 즉 인간의 '정신적 역량'이 동물의 그것과 질적인 차이가 아니라 양적인 차이에서 기인한다는 주장에 대한 평가이다. 이 장에서는 적어도 하나의 '질적인 차이'를 발견한 것 같은데, 바로 언어를 배우고 사용할 수 있는 인간의 능력이다. 언어로부터 기인하는 '정신적 역량'에 대해서는 다윈 역시도 예외적인 기능으로 고민했던 것 같다(Seyfarth & Cheney, 2010 참조). 본격적인 마음 이론 역시도 인간에게만 존재하는 능력이라고 할 만하고 협력하고자 하는 동기도 중요한 후보가 될 수 있다. 다윈의 주장에 대한 현대적 입장과 논의는 제5장의 주제로 넘기고자 한다.

추가적인 읽을거리들

Cheney, D. L. (2011). Cooperation and cognition. In R. Menzel & J. Fischer (Eds.), *Animal thinking: Contemporary issues in comparative cognition* (pp. 239-252). Cambridge, MA: MIT Press.

Dyer, F. C. (2002). The biology of the dance language. *Annual Review of Entomology*, *47*, 917-949.

Emery, N. J., & Clayton, N. S. (2009). Comparative social cognition. *Annual Review of Psychology*, *60*, 87-113.

Fitch, W. T. (2005). The evolution of language: A comparative review. *Biology and Philosophy*, *20*, 193-230.

Heyes, C. (2009). Evolution, development, and intentional control of imitation. *Philosophical Transactions of the Royal Society B, 364*, 2293-2298.

Hoppitt, W., & Laland, K. (2008). Social processes influencing learning in animals. *Advances in the Study of Behavior, 38*, 105-165.

Hoppitt, W. J., Brown, G. R., Kendal, R., Rendell, L., Thornton, A., Webster, M. M., & Laland, K. N. (2008). Lessons from animal teaching. *Trends in Ecology and Evolution, 23*, 486-493.

Seyfarth, R. M., & Cheney, D. L. (2010). Production, use, and comprehension in animal vocalizations. *Brain & Language, 115*, 92-100.

Shettleworth, S. J. (2010). Chapters 12-14 in *cognition, evolution, and behavior* (2nd ed.). New York: Oxford University Press.

Silk, J. B., & House, B. R. (2012). The phylogeny and ontogeny of prosocial behavior. In J. Vonk & T. K. Shackelford (Eds.), *Oxford handbook of comparative evolutionary psychology* (pp. 381-398). New York: Oxford University Press.

Whiten, A., Hinde, R. A., Stringer, C. B., & Laland, K. N.(2011). *Culture evolves. Philosophical Transactions of the Royal Society (London) B, 366,* 938-948.

제5장

비교 인지적 관점에서 본 인간 인지의 특별함

이 책에 소개된 연구들은 우리가 동물의 인지기능에 대해서 알고 있는 지식의 영역을 확장하는 데 기여했다. 동물이 가진 정교한 기억 능력, 숫자와 공간에 대한 인지기능, 사회적 지능의 미묘함, 유연한 도구 사용에 관한 연구 등이 그 예들이다. 따라서 다윈(Darwin, 1871, p. 105)이 언급한 대로 "인간의 마음과 고등동물의 마음이 다른 것은 정도의 차이이지 질적인 차이는 아니다."라는 결론을 지지하는 증거들이 충분한 것처럼 여겨진다. 그러나 조금 더 엄밀하게 최근의 연구들을 들여다보면 다윈의 주장을 지지하는 증거들만큼이나 부정하는 증거들도 존재하고 있음을 알게 된다. 인간과 유사한 것처럼 보이는 동물의 능력 중 일부에 대해서는 아직도 논란의 여지가 많거나 증거가 부족한 단계이고, 따라서 기능적으로 유사하게 보이는 행동들이 과연 실제 메커니즘 수준에서도 인간과 유사한지 판단하기 위한 추가 연구가 필요하다. 또한 인간과 멀리 떨어진 종들에게서 발견되는 도구 사용이라든지 가르치기의 증거들 역시도 매우 제한적인 조건에서만 관찰된다. 사실 최근에 발견된 증거들은 오히려 인간이 다른 동물과 구분되는 독특한 존재임을 보여 주는 측면이 강하다. 이 장에서는 이 책 전반에 걸쳐 제시된 연구들에 비추어 현대적인 측면에서 인간의 독특한 인지적 특성을 파악하고자 한다.

정도의 차이인가, 질적인 차이인가

　다윈이 인간의 정신 역량과 동물의 정신 역량이 정도의 차이이지, 질적인 차이는 아니라고 주장한 것은 인간이 보이는 모든 인지적 능력이 동물에게서도 존재하며, 다만 발달 정도가 미약하다는 의미였다. 그는 비교 인지에 큰 영향을 미친 그의 저서의 주요 장들에서 원숭이, 개, 앵무새가 특정한 소리와 특정한 의미를 연합시킬 수 있음을 기술하면서 인간이 가진 언어 능력은 이같은 연합 과정이 '거의 무한히 확장'됨으로써 표현된 것이라고 주장했다(Darwin, 1879/2004, p. 108). 하지만 오늘날 대부분의 연구자는 제4장에서 논의했듯이, 인간의 언어를 단순히 단어와 의미 간의 연합을 형성하는 능력을 훨씬 넘어서는 것으로 본다. 실제로 인간 언어의 특징 중 하나인 재귀적 구조를 이해하고 만들어 낼 수 있는 능력은 어떤 동물에게도 없다. 한 가지 여기서 짚고 넘어가야 하는 부분은 다윈이 틀렸고 인간이 인지적으로 독특한 존재라는 주장에 동의한다고 해도(Penn et al., 2008) 우리가 침팬지 및 보노보의 공통 조상으로부터 조금씩 다르게 진화해 왔다는 사실을 부정하는 것은 아니라는 점이다. 자연계에는 '작은 정도의 차이'가 모여서 뚜렷한 '질적인 차이'를 만들어 냈다는 것을 보여 주는 증거가 얼마든지 있다. 원시적인 파충류에서 조류가 진화한 것과 다리가 있는 동물들로부터 뱀이 진화한 증거가 그 예이다. 침팬지와 보노보가 현존하는 인간의 가장 가까운 친척이기는 하지만(제1장의 [그림 1-2] 참조), 인지기능이라는 측면에서 그들과 인간의 가장 가까운 공통 조상은 이미 사라지고 없는 상태이다. 그 사라진 조상에서부터 현재의 우리인 호모 사피엔스에 이르기까지의 진화 과정은 지금은 멸종해 버린 몇몇 종과 아직 발견되지는 않았지만 존재했을지도 모르는 중간 조상들을 거쳐서 진행되었을 것으로 추정된다. 게다가 인간을 포함한 유인원 종들은 이미 5백만 년 이상의 기간 동안에 분리된 경로를 거쳐 각각 진화해 왔다. 사실 침팬지와 인간 아동들의 비교는 두 종의 유사성을 보여 주는 결과보다는 인간의 독특함에 관한 이론을 지지하는 데이터를 더 많이 제공했다고 할 수 있다.

의도 공유

인간의 독특함에 관한 주요 이론들은 인간과 가까운 네 가지 유인원 종[1](침팬

---

1) 일반적으로는 혼용되기 쉬운 분류 용어가 유인원(apes)과 영장류(primates)이다. 영장류는 엄밀하게는 영장목(order primates)을 일컫고, 유인원은 유인원과(family hominidae; 성성이과로 번역되기도 함)를 지칭한다. 즉, 분류 체계상으로 영장류는 한 단계 더 높은 '목'이고, 유인원은 그 아래에 있는 한

지, 보노보, 고릴라, 오랑우탄)과 인간의 아이들을 같은 실험 패러다임을 가지고 연구한 결과들에서 비롯된다. 토마젤로와 동료들(Tomasello et al., 2005)은 인간의 독특함을 규명하는 핵심은 인지적인 측면에서뿐 아니라 동기적인 측면에서 찾을 수 있다고 보았다. 그들은 그러한 동기를 **의도 공유**(shared intentionality)라고 명명했다. 아동들은 만 1세가 되기 전부터 다른 사람과의 상호작용에 참여해서 함께 주의를 기울이고 세상을 변화시키려는 노력을 공유한다. 이렇게 다른 사람과 의도를 공유하려는 동기와 능력은 언어학습의 초기 단계부터 성인과 유아가 세상의 흥미로운 일들에 대해서 발성과 몸짓으로 정보를 교환할 때부터 나타난다. 그들은 그런 상호작용 자체를 즐기는 모습을 분명히 보이고, 이는 아무리 언어 훈련을 시켜도 영장류에게서는 나타나지 않는 장면이다. 그러한 '상호 협력의 의사소통'은 마음 이론이 시사하는 바이기도 하지만, 마음 이론이 발달하기 전 단계인 유아들에서부터 분명하게 나타난다는 점에서 차별화된다. 의도 공유는 인간의 아동이 성인의 문화를 습득하는 데 있어서 핵심적인 역할을 하며, 이와 관련해서 아동이 성인의 시범을 보고 상세한 부분까지 충실하게 따라 하는 반면, 침팬지는 그렇지 않다는 사실도 흥미롭다(제4장 참조). 따라서 토마젤로와 동료들(Tomasello et al., 2005)에 의하면, 의도 공유에 필요한 사회 인지 능력들은 수 처리, 지도 읽기, 도구 사용과 같은 물리적 차원의 인지적 기술들을 하나하나 쌓아 갈 수 있게 유도하는 역할을 담당한다. 무엇보다도 목적과 의도를 공유하는 능력이야말로 인간 사회에서만 볼 수 있는 독특한 형태의 협력들을 가능하게 하는 것이 아닌가 하는 추측을 낳게 한다.

의도 공유라는 개념을 적용하면 제4장에서 논의한 사회 인지 기능 중 인간과 유인원의 차이 대부분이 설명된다. 인간과 유인원을 구분 짓는 근본적인 인지기능

'과'이다. 영장류에는 우리가 흔히 원숭이라고 부르는 수백 개의 종(species)이 속해 있다. 유인원은 크게 인간, 침팬지, 고릴라, 오랑우탄의 네 가지 속(genus)만이 포함되며, 각각의 속에는 여러 종이 존재한다. 예를 들어, 침팬지속(genus Pan)에는 침팬지와 보노보가 있다. 다만 인간이 속한 호모속(genus Homo)에 속하는 다른 종들은 모두 멸종했고 호모 사피엔스만이 유일하게 현존하는 종이다. 이 장에서 유인원이라고 할 때는 주로 인간을 제외한 나머지 속의 유인원들을 일컫는다.

의 차이가 오로지 사회적 영역의 차이에서 비롯되었다는 가정을 가장 확실하게 지지하는 결과는 106마리의 침팬지, 32마리의 오랑우탄, 그리고 105명의 2.5세 된 유아를 대상으로 물리 인지 및 사회 인지 기능에 대한 검사 배터리[2]를 사용한 연구에서 나왔다(Hermann, Call, Hernández-Lloreda, Hare, & Tomasello, 2007). 유아들은 물리적 과제(공간 및 수 인지, 간단한 도구 사용)에서는 유인원과 비슷한 수준을 보였으나 사회적 과제, 특히 사회학습에서는 훨씬 더 우수한 성적을 기록했다. 뿐만 아니라 요인 분석(factor analysis)[3]의 결과는 유아들과 유인원들의 지능이 다르게 구조화되어 있음을 나타냈고, 유아들의 성적을 설명하기 위해서는 뚜렷이 구분되는 사회적 요인이 반드시 필요함을 나타냈다. 반면에 침팬지들에 대한 분석에서는 그러한 요인이 나타나지 않았다(Hermann, Hernández-Lloreda, Call, Hare, & Tomasello, 2010). 유인원 중 어느 종에서도 일반지능요인(general intelligence factor), 즉 g 요인을 지지하는 증거는 나타나지 않았다는 사실은 그러한 종 간의 차이가 지능 중 어느 한 모듈 혹은 요소에서 비롯됨을 의미한다. 인간만이 가진 독특한 요소를 주장하기 위해서는 적어도 그 요소가 원시 인간 사회에서부터 어떤 기능을 수행했는지를 설명할 수 있어야 하며, 그런 관점에서 볼 때 목표의 공유는 강력한 후보로 여긴다. 즉, 인간의 진화에 있어서 협력(cooperation)이 중요한 역할을 담당한다는 최근 이론과 일맥상통한다(Wilson & Wilson, 2008).

헤르만과 동료들(Hermann et al., 2007)이 보고한 결과들이 비교 행동 연구에 큰 반향을 가져왔지만 비판의 여지도 있다. 우선 종 간의 비교에서 언제나 발생하는 질문, 즉 "연구에 사용된 동물들이 그 종 전체를 대표한다고 볼 수 있는가?" "사용한 검사가 모든 개체에게 공평하게 적용되는가?"와 같은 질문들(Boesch, 2007)에 답해야 한다. 유아들은 서양의 중산층 출신이고, 같은 종(인간 어른)에 의해 검사

---

2) 어떤 특성 혹은 증상을 측정하거나 진단하기 위해 여러 가지 검사를 조합하여 하나의 구성 단위로 만들어 놓은 것이다. 예를 들어, 지능을 측정하기 위해서는 언어, 논리, 계산 등의 여러 검사가 포함되어야 하고, 우울증을 진단하기 위해서는 행동, 동기, 정서, 신체적 변화 등 여러 기준이 충족되어야 한다.
3) 관찰된 상관관계가 존재하는 여러 개의 변인을 그에 기저하는 공통된 소수의 변인으로 해석하는 다변인 통계 기법의 하나이다.

되었으며, 언제나 엄마가 함께했다. 유아들의 나이가 2.5세였으므로 구체적인 지시사항을 전달받을 수 있는 나이는 아니었겠지만 그래도 유인원들보다는 일반적인 검사형식을 더 잘 이해했을 것으로 추측할 수 있다. 반면에 유인원들은 소속된 국가의 사설 보호구역 내에서 비교적 자유롭게 서식하는 개체들이었지만 검사의 진행은 물론이고, 유인원이 아닌 사람에 의해서 행해졌다. 불행히도 보호구역에 수용된 유인원들의 경우에 모든 개체가 성장기 동안에 같은 과거나 경험을 가지고 있다고 가정하기 힘든 경우가 많다(침팬지나 오랑우탄 같은 유인원의 경우에는 워낙 개체수가 적어서 야생에서도 관찰이 쉽지는 않다). 동물들에게 '규칙'을 이해시키기 위해서는 시행착오에 의한 학습 외에는 방법이 없는 반면에 사람에게는 직접 언어적으로 전달이 가능하다. 사람 피험자의 경우에도 지시사항을 전달하지 않고 스스로 규칙을 알아내게 하면 수행 정도가 동물과 비슷해진다는 보고가 있다(Brosnan et al., 2011; Gibson, 2001). 인간을 제외한 유인원을 포함하는 비교심리학적 연구에서는 엄격한 방법론적 기준을 적용하기가 어려운 경우가 많이 있기에 이를 극복하고자 연구자들은 가능한 모든 혼입 변인을 파악하고, 다양한 검사 배터리를 사용하며(헤르만과 동료들의 연구처럼), 이상적으로는 한 실험실이 아닌 여러 실험실과 피험자 군집을 포함하는 등 관찰된 종 간의 차이와 유사성들이 정말로 그러한 요인들에서 비롯되었는지를 증명하려는 모든 노력을 해야만 한다.

표상에 의한 재구성[4]

실험실의 침팬지를 대상으로 마음 이론과 물리 인지에 대한 심도 깊은 연구를 해 온 포비넬리와 동료들은 침팬지가 겉으로는 마치 세상의 작동 방식을 이해하는 것처럼 보일지 모르지만, 그러한 이해의 수준이 보이지 않는 정신적 혹은 혹은 물리적 과정에 대한 추상적인 이해와는 거리가 멀다고 주장해 왔다(예: Povinelli,

---

4) 원저에는 "relational redescription"으로 적혀 있으나 의미상으로 "표상에 의한(representational)"이 정확하여 수정했다.

2000; Vonk & Povinelli, 2006). 침팬지는 물론이고 다른 동물들도 주변에서 일어난 사건들이 제공하는 정보들에 대하여 놀랄 만큼 정교하고, 민감하게 반응하고 학습할 수 있지만 이러한 정보들을 중력이라든지, 지식 혹은 믿음과 같은 추상적인 형태로 전환해서 사용하지는 않는다. 이러한 주장들은 제3장과 제4장에서 살펴보았듯이, 의인화된 해석을 지지하는 이들에게 커다란 도전을 제기하며 좀 더 분명한 증거를 찾을 것을 요구한다. 마찬가지로 현대의 비교 인지 이론가 중 일부는 인간 인지의 우수함을 나타내는 많은 역량, 예를 들어 마음 이론(Apperly & Butterfill, 2009)이나 도구 사용(Osiurak et al., 2010)과 같은 일부 역량은 다른 동물 종들과 공유하는 처리 과정에서 비롯되지만 한편으로는 오직 인간에게만 독특하게 존재하는 과정들에 의해서만 설명될 수 있다고 주장한다. 예를 들어, 인간의 사회적 반응은 어느 정도까지는 유인원과 서양어치들에게서도 발견되는 빠르고 효율적인 '동작 읽기(behavior reading)'에 의해서 설명이 되지만, 동시에 느리고 의식적인 '마음 읽기(mind reading)' 과정도 포함하며, 마음 읽기는 인간의 경우에 4~5세 정도의 아동에게서 나타나기 시작한다(Apperly & Butterfill, 2009).

포비넬리와 동료들의 주장(예: Povinelli, 2000; Vonk & Povinelli, 2006)을 좀 더 급진적으로 발전시킨 버전이 펜, 홀리오크와 포비넬리(Penn, Holyoak, & Povinelli, 2008)의 제안이다. 오직 인간만이 세상으로부터 지각된 특징들을 추상적인 개념과 그들 간의 관계로 표상하며, 따라서 인간과 동물의 인지기능에 있어서 근본적인 차이가 존재한다는 주장이다. 동물들도 규칙을 학습하고 지각된 사건, 행동, 사물들을 범주화해서 표상한다. 대표적인 것이 제4장에서 논의된 '행동의 추상화'와 같은 것이다. 그러나 동물들은 고차적인 표상을 만들어 내거나 조작하지는 못한다. 이것이 바로 인간에게만 있는 특성이며, 이를 '표상에 의한 재구성(representational redescription)'이라고 표현한다. 즉, 세상에 대해 지각되는 일차적인 특징에 대한 표상을 바탕으로 고차적이고 추상적인 표상을 통해 재구성하는 행위를 의미한다. 예를 들어, 제2장에서 본 것처럼 원숭이와 비둘기가 시각자극을 처리할때 두 자극이 같은지 아닌지를 판단하는 것은 시각자극을 구성하는 요소들이 얼마나 다른지에 대한 지각적 변화량에 기반하지, 사람처럼 자극의 종류에 상관없이 같다 혹은 다르다는 범주화의 개념을 적용시키지는 못한다 (Wasserman & Young, 2010).

인간의 인지 구조를 이해하기 위해서는 표상에 의한 재구성이라는 독특한 측면을 이해해야 한다는 펜과 동료들(Penn et al., 2008)의 주장은 일견 토마젤로의 주장, 즉 인간의 인지기능의 독창성이 의도의 공유에서 비롯된다는 주장과 대치되는 듯이 보인다. 그러나 두 주장은 비교할 성질의 것이 아니다. 펜과 동료들의 이론은 인간과 유인원의 인지적 불연속성을 성인을 대상으로 설명한다. 이 이론은 인간 발달의 초기 단계에 존재하는 사회적 · 정서적 · 인지적 특징이 인간의 성인과 유인원 성인 사이에 보이는 엄청난 차이를 유도할 가능성을 부정하지 않는다. 오히려 어떻게 해서 인간 사회에서 자라난 인간의 아이가 펜과 동료들이 주장한 독특한 표상과 논리적 추론을 발전시키게 되었는지를 설명하는 메커니즘의 일부로서 '의도의 공유'에 기반한 동기적 및 인지적 과정을 포함시킬 수 있다. 물론 서로 다른 종들이 가진 인지적인 역량의 차이, 예를 들면 언어학습을 할 수 있느냐 없느냐도 중요한 역할을 할 것이다. 침팬지를 아무리 인간의 어린이와 같은 환경에서 키운다고 하여도 인간 수준의 언어 능력은 불가능하다는 사실은 이미 반복적으로 검증된 바 있다.

언어, 재귀, 도메인 초월성

앞선 두 이론은 인간의 독특함을 설명하고자 하는 수많은 아이디어 중 일부에 불과하다. 우선 언어는 전통적으로 인간과 유인원의 차이를 보여 주는 대표적인 기능이다. 이를 지지하듯이 침팬지에게 인간의 언어를 가르치고자 한 20세기의 대부분의 연구는 실패로 끝났다. 그렇다고 해서 인간의 모든 독특함을 언어에서 비롯되는 것으로 설명하는 입장도 주의해야 한다. 이는 전형적인 닭이 먼저냐 달걀이 먼저냐의 문제인데, 언어로 표현된 개념은 그 언어와 유사한 무언가를 가지지 못한 생명체에게는 아무 의미도 없을 것이기 때문이다. 즉, 언어를 이해하지 못하는 것과 그 언어에 기반한 인지기능을 구사하지 못하는 것과는 구분하기 어렵다. 그러므로 동물들에게서 인간의 언어적 혹은 개념적 사고 능력에 견줄 만한 비 언어적 개념들이 어떤 것들이 있는지 살펴보는 것이 필요하다(Hauser et al., 2002). 예를 들어, 계급이 있는 가족 구조에서 생활해야 하는 유인원들의 경우에는 위계적 관계를 처리하는 능력이 필요한 것으로 보인다(Cheney & Seyfarth, 2005b). 그런 측면에서 보면 인간의 언어와 추상적 개념을 처리하는 능력은 함께 진화했을 것으로 볼 수 있다. 즉, 원시적인 의사소통 능력을 통해 새로운, 그러나 그다지 정교하지는 않은 개념을 전달하고, 그런 과정에서 좀 더 정교한 언어가 필요해지면서 언어가 발달하고, 그것을 기반으로 다시 새로운 개념을 전달하는 식으로 말이다(Penn et al., 2008 참조).

　물론 언어와 인지기능의 공진화가 조금씩 '양적으로' 쌓이면서 인간이 가진 '질적으로 다른' 고유의 능력을 만들어 냈을 가능성도 있다. 그러한 고유의 능력들 중 대표적인 것은 재귀적 구조를 이해하고 사용하는 능력으로서 제4장에서 언급된 바 있다. 하우저, 촘스키와 피치(Hauser, Chomsky, & Fitch, 2002)의 주장에 따르면, 재귀는 '좁은 의미에서의 진정한 언어 능력'이며 다른 종에는 존재하지 않는 인간만의 고유한 특성이다. 이를 좀 더 확장한 개념은 재귀가 인간에게 고유한 능력일 뿐 아니라 언어에만 한정되지는 않는다는 주장이다. 또 한편으로는 재귀의 개념이 언어에만 한정되지 않는다는 주장도 있다(Corballis, 2011). 즉, 오히려 재귀의 개념이 인간의 독특함을 이해하는 열쇠라고 보는 입장이다. 더 일반적인 의미에서의 재귀는 하나의 생각이나 지식이 다른 생각이나 지식 안으로 포함되는 모든 종류의 논리적 조작으로 이해된다. 예를 들어, 과거 기억을 이용해서 앞으로의 계획을 세운다거나 자신의 마음 상태에 대한 이해를 사용해서 다른 이의 마음을 이해하려고 하는 경우 등이다.

　마지막으로 동물들이 인간과 유사한 행동을 보여 준다는 연구결과가 최근에 쏟아지는 것에 대한 반론을 소개하고자 한다. 프리맥(Premack, 2007)에 의하면, 동물이 보이는 유사-일화기억, 계획 능력, 가르치기 등은 단일 도메인에 제한된 전문화된 적응 방식의 결과이다. 예를 들어, 미어캣이 새끼들에게 가르치는 행동은 음식을 다루는 기술에 한정되어 있고, 그 메커니즘 역시도 인간의 교육 방식과는 부분적으로만 유사할 뿐이다(제4장에서 언급). 반면에 사람은 마음만 먹으면 거의 어떤 기술이든지 전수할 수가 있다는 점에서 다르다. 따라서 동물의 능력이 도메인-특정적이라면, 인간의 그것은 도메인-일반적이며, 다양한 목표를 가질 수 있고, 동물에게서 볼 수 있는 도메인-특정적 능력을 횡적으로 결합하는 것이 가능하다(Premack, 2010). 이런 관점에서 프리맥의 주장 역시도 인간의 독특함을 한마디로 정의하려는 또 하나의 시도로 간주될 수 있다. 인간과 동물의 마음이 단 하나의 유전적, 뇌신경생물학적, 혹은 개념적 메커니즘으로 설명되는 것은 불가능할 것이므로 지금까지 언급한 어느 주장도 단독으로 인간과 동물의 인지기능에서의 차이를 모두 설명하지는 못할 것이다.

모듈화와 발달생물학적 관점에서의 단서들

모듈화란 무엇인가

모듈화는 제1장에서 대략 정의되었는데, 이는 "어느 정도까지는 단독으로 충분하고 독립적으로 기능하는 요소들에서 비롯된 성질"로 표현할 수 있다. 모든 종류의 복잡한 시스템들은 위계적으로 조직화된 모듈화된 구조를 필요로 하는데, 이덕분에 한 부분이 망가지거나 혹은 수정될 경우에도 전체의 기능에 치명적인 영향을 미치지 않는다(Simon, 1962). 모듈화는 따라서 유전자에서부터 신체에 이르는 생물학적 시스템의 필수적인 성질이다(West-Eberhard, 2003). 진화 가능한 시스템은 모듈화가 필수적이라고 판단되는데, 이미 잘 작동하고 있는 유기체의 한 부분은 그대로 둔 채로 다른 부분이 변화될 수 있는 여지를 제공하기 때문이다(Carroll, 2005). 유명한 다윈의 핀치들의 경우, 다른 신체 특징들에 비해 부리의 모양과 크기가 뚜렷하게 다른 모양을 가지는데, 이는 모든 조류에 있어서 공통적으로 부리의 성장에 관여하는 유전자의 표현과 관련이 있음이 밝혀졌다(Grant & Grant, 2008). 유사하게, 저장된 먹이를 찾기위해 특출난 공간기억을 필요로 하는 환경에서 살거나 넓은 범위의 영역을 방어해야 하는 종들의 경우에는 뛰어난 공간기억 능력과 그에 상응한 해마의 구조를 진화시키지만, 그 외의 인지 능력에 있어서는 유사한 종들과 별 차이가 없는 것을 발견할 수 있다(제1장 참조).

그러나 비록 모듈화가 진화생물학과 발달생물학에서 인정되는 이론이라고 하여도 인지과학에서는 뿌리 깊은 논란이 존재한다. 예를 들어, 방금 언급한 기억의 적응적 특수화가 그렇다(예: Bolhuis & Macphail, 2001). 인지기능의 모듈화 이론에는 포도어(Fodor, 1983)의 영향이 스며들어 있는데, 그의 기념비적인 저술, 『마음의 모듈화(The modularity of mind)』에서 찾아볼 수 있다. 역설적이게도 포도어 자신은 그가 언급한 모든 기능을 인지 모듈을 동원해서 설명하지는 않았다(Barrett & Kurzban, 2006 참조). 포도어식의 모듈은 도메인—특정적이고, 말초적이며, 지각의 존적(중추적 의사결정에 반대되는) 메커니즘이다. 또한 무의식적이고, 자동적이며(즉, 조건에 무관하게 실행되는), 또한 분절화된(주어진 도메인 외의 정보에 의해 영향을 받지 않는다는 의미이다. 예를 들어, 후각은 청각에 영향을 미치지 못한다) 모듈이다.

가히 파라다임이라고 말할 수 있는 포도어식의 모듈화 과정의 극단적인 예는 착시(visual illusion) 현상이다. 보고 있는 현상이 착시라는 걸 알고 있어도 착시를 경험하는 것을 막을 수 없다는 사실은 분절화되고 독립적인 처리 모듈이 존재한다는 강력한 증거이다[5]. 이 이론은 쳉(Cheng, 1986)으로 하여금 쥐가 가진 기하학적 모듈의 위력을 검사하는 실험을 하게 만들었다. 쥐가 상자의 기하학적 형태에 주의를 기울이는 동안에 벽의 색깔이나 이정표처럼 훨씬 더 유용한 공간정보는 무시된다(제3장 참조). 어린아이들 역시 유사하게 기하학적 구조에 대한 선호를 보인다. 그러나 쥐들은 훈련을 통해서 기하학적 정보뿐 아니라 이정표를 활용하는 방법을 배우고, 이는 어린이도 마찬가지이다. 나이를 먹어 가면서 기하학적 정보의 압도적인 영향을 극복하고 공간정보를 기호화하여 활용하게 된다. 연구자들(예: Newcombe, Ratliff, Shallcross, & Twyman, 2009)은 기하학적 공간정보가 모듈로

---

5) 역자가 수업 시간에 예시로 보여 주는 가장 강력한 착시의 예는 〈찰리 채플린 착시〉라는 데모 영상(https://www.youtube.com/watch?v=QbKw0_v2clo)이다. 백문이 불여일견, 꼭 한 번 경험하시기를 바란다.

작용한다기보다는 이정표를 비롯한 다른 정보들과 '적응적으로 결합된' 방식으로 처리된다고 제안했다. 이러한 선택적 결합방식(either/or)에 기반한 접근은 모듈화의 핵심을 특정 내용 혹은 특정 정보를 처리하는 배타적인 처리 규칙에 두고 있는 주장과 배치된다(Barrett & Kurzban, 2006). 즉, 이 주장에 의하면 모듈화와 다양한 출처에서 비롯된 정보가 이용되는 방식은 공존할 수 없다.

인지기능의 모듈화에 대한 최근의 논의는 진화심리학자들의 주장에 주목한다. 지각뿐 아니라 핵심적인 의사결정들도 역시 '극단적으로 모듈화'되어 있다는 것이다. 즉, 마음은 마치 스위스 아미 나이프[6] 같아서 독립적으로 작동하는 부분들로 이루어져 있다고 주장한다(Cosmides & Tooby, 1994). 핵심 모듈 이론에 대해 반론을 제기하는 학자들은 사람들이 논리적으로 사고할 때에도 문제의 추상적인 형식 구조뿐 아니라 그 내용에 의해 영향을 받는다는 증거들을 내세운다. 그 내용들 중 가장 많이 언급되는 연구들은 사람들이 사회적 내용, 예를 들면 속임수를 알아채는 것 같은 문제일 때, 이와 유사하지만 비사회적인 내용이 포함되거나 전통적인 "P이면 Q이다."와 같은 추상적인 논리 형식 문제일 때보다 훨씬 더 유능하게 답을 찾아낸다는 사실을 내세운다(Cosmides, 1989; 하지만 Evans, 2002도 참조할 것). 그러한 발견들이 제안하는 바는 논리적 추론 역시도 일반화된 문제해결을 위한 도구라기보다는 원시 인류(hominid)[7] 사회 속에서 발생했던 특수한 상황을 해결하려는 과정에서 생겨난 적응적 기능이라는 것이다. 이와 유사하게 경제적 의사결정, 상대적 가치 설정[8], 즉각적인 보상에 대한 선호 등을 포함하는 여러 현상(제3장과 Santos & Hughes, 2009 참조)이 보여 주는 바는 이러한 행동들이 수학적으로 최종 이득을 극대화하지는 못하지만 개체의 과거 환경들에 비추어 볼 때는 지

---

6) Swiss Army Knife. 일상에서 흔히 볼 수 있는 다용도 도구인데, 칼은 물론이고 숟가락, 포크, 가위 등 여러 가지 도구가 하나의 묶음으로 만들어져 있는 모양을 비유했다.

7) 현생 인류 및 지금은 멸종한 인류의 조상 종들을 포함한 분류를 의미한다.

8) 인간과 동물에서 보상의 가치는 상대적인 경우가 많다. 예를 들어, 원숭이에게 처음부터 보상으로 양상추를 주면 잘 먹지만 그보다 선호하는 먹이인 바나나를 먼저 주다가 양상추로 바꾸는 경우에는 보상으로서의 가치가 현저히 떨어지는 모습을 보인다. 원숭이가 양상추의 가치를 바나나와 비교해서 평가하는 것이다.

극히 '생태학적으로 이성적인(ecologically rational)' 행동들이라는 사실이다(Todd & Gigerenzer, 2007). 종종 진화심리학은 모든 것을 모듈이라는 개념으로 설명하려고 한다는 비판을 받곤 한다(Buller, 2005 참조). 실제로 어디까지가 모듈이고, 관련 정보가 어디까지 하나의 도메인으로 묶여야 하는지는 분명하지 않은 경우가 많다. 예를 들어, 공간이란 개념은 하나의 정보 도메인으로 간주되지만, 길 찾기는 몇 개의 분리된 이질적인 정보로 이루어진 과정으로 나뉠 수 있다. 이전에 기술하였듯이, 경로, 이정표의 사용 등이 그 예이다. 또한 신경생물학적 분석은 그 외의 추가적인 과정들도 포함시킬 것을 제안한다(Jeffery, 2010). 이런 측면에서 도메인이란 일종의 프랙탈⁹⁾ 개념이라고 할 수 있다.

극단적인 두 가지 입장에 대립하는 경우에 진실은 종종 그 중간 어디쯤에 있는 경우가 많다(Barrett & Kurzban, 2006). 인지가 어느 정도까지는 독립적인 정보 도메인에서만 작동하는 기능적인 모듈로 이루어져 있는 것이 사실이지만, 그러한 기능적 모듈이 뇌에 국지화되어 있다거나 혹은 기타 다른 포도어식의 특성을 가지고 있을지는 실제로 데이터를 통해서만 파악할 수 있는 질문이다(Coltheart, 1999). 제3장과 제4장에서 논의된 비교 인지적 연구들은 기능적 모듈화 이론에 약간의 힘을 실어 준다. 공간, 시간 및 산술적 정보, 움직이는 물체나 사회적 관계에 대한 인식 등과 관련된 특수화된 인지적 정보와 정보의 조작을 생각해 보라. 심지어는 가장 일반적이라고 생각했던 연합학습마저도 어느 정도는 도메인 의존적임이 밝혀졌다. 비록 연합학습이 시간적 예측성과 물리적 인과관계를 학습하는 강력한 메커니즘이지만 애초에 생각했던 것만큼은 일반적이지 않다는 주장인 것이다(Gallistel, 1999). 그러나 한편으로는 이러한 다른 종류의 다양한 모듈에서 나온 결과가 궁극적으로는 통합되어서 반응으로 출력되어야 한다. 이러한 통합은 기억

---

9) 프랙탈(fractal)은 여러 스케일상에서 기하학적 패턴이 반복해서 나타나는 양상을 표현하는 수학 용어이다. 큰 스케일에서 보이는 패턴을 현미경으로 확대하면 같은 패턴을 반복하거나 반대로 그보다 더 큰 스케일에서도 나타나는 반복성을 의미한다. 예를 들어, 나뭇잎의 잎맥, 해안선의 구조 등이 그러하다. 여기서는 여러 개의 정보 처리 도메인이 합쳐져서 새로운 고차원의 도메인을 이루고, 또 그런 도메인들이 합쳐져서 상위의 도메인을 이루는 패턴을 일컫는다.

에도 반영된다. 예를 들어, 일화적 기억처럼 무엇이 언제 어디에서 일어났는가 하는 사건에 대한 기억들이 있다. 엄격한 모듈 이론 입장에서는 연합학습, 주의, 작업기억 등이 여러 도메인에 걸쳐서 작동하는 경우에는 포함하지 않아야 한다. 물론 이러한 학습이나 인지기능들이 우리가 아직 모르는 어떤 특성을 공통으로 가지고 있을 가능성도 있다. 그렇지 않다면 가장 널리 알려진 g 요인(g factor), 즉 일반화된 지능 같은 개념은 어떻게 설명하겠는가? 심지어 최근에는 동물에게서도 이러한 g 요인에 대한 증거가 증가하고 있다(Matzel & Kolata, 2010; Reader, Hager, & Laland, 2011).

인지적 모듈화, 핵심 지식 그리고 인간다움

이 책의 내용에서 가장 공통적인 주제 중 하나는 동물들에게서 뚜렷하게 정의될 수 있는 인지 과정의 대부분은 인간에게서도 존재한다는 사실이다. 그중 일부는 **핵심 지식 시스템**(core knowledge system)이라고 불리며, 인간의 인지발달에 대한 연구의 중심을 차지한다. 저명한 발달심리학자인 캐리(Carey, 2011), 겔만(Gelman, 2009), 스펠케(Spelke, 2000) 등이 큰 공헌을 하였다. 무엇이 핵심 지식 시스템을 구성하는가에 대해서는 의견이 갈리지만 일반적으로 명확한 작은 숫자 시스템 및 큰 숫자를 위한 근사 숫자 시스템, 그리고 공간의 기하학적 정보 및 생동감[이 맥락에서는 일종의 주체성(agency)] 등을 포함한다는 데에 대부분의 학자가 동의한다. 이러한 기초적인 핵심 지식 시스템들은 동물과 인간에게서 공통된, 진화적으로 오래된 인지 역량으로 생각된다. 이러한 시스템의 존재는 발달 단계의 가장 초기에서부터 감지되기에 (논란의 여지가 없는 것은 아니지만, 예를 들어, Newcombe, 2002), 생득적 지식 시스템이라고 불린다. 또한 중요한 것은, 도메인-특정적인 정보를 습득하고 조작하는 핵심 시스템들(실질적으로는 인지 모듈에 해당)에 추가하여 유아는 이러한 핵심 시스템 전반에 걸쳐 학습과 개념의 형성에 사용하는 기본 메커니즘들을 가지고 있다는 사실이다(Gelman, 2009 참조).

이 책에서 핵심 지식이 중요한 이유는 핵심 지식에 대한 이해가 인간 인지기능의 독특함에 대한 두 가지 질문에 답을 제공하기 때문이다. 첫째, 만약 인간의 유아가 아주 어릴 때는 다른 종의 동물들(특히 유인원들)과 공유하는 핵심 지식 시스템을 가지고 있다면, 인간에게만 고유한 인지적 특성들은 어디서 출현하게 되는 것인가? 결국 문화적인 영향에서 비롯된다고 이야기하겠지만 문화적인 영향이 어떻게 인지적 이해에 영향을 미치는지에 대한 질문, 즉 한 개인이 어떤 식으로 인간만의 독특한 인지기능을 습득하게 되는가에 대한 질문은 여전히 남는다. 결국 인간의 독특성을 만들어 내는, 인간에게서만 존재하는 발달 메커니즘이 있다는 결론에 이른다. 둘째, 생득적 핵심 메커니즘은 발달단계를 거치면서 어떻게 변화하는가? 어른이 되어서도 남아 있는가, 아니면 인간 고유의 인지 메커니즘에 의해 대치되는가? 이 질문에 대한 대답은 핵심 지식 이론이 담당하고 있는 바(특히 Carey, 2009, 2011), 이를 통해 인간의 인지적 독특함에 대한 통찰을 얻을 수 있다.

수 개념에 관해서는 잘 연구된 사례들이 있다. 제3장에서 살펴본 연구들은 인간의 유아와 (적어도) 영장류들은 수 개념과 관련된 2개의 핵심 시스템을 가지고 있다고 제안한다. 작은 수 혹은 대상 추적 시스템은 3~4까지의 숫자를 정확히 부호화한다. 이 특별한 범위 내에서는 모든 숫자가 같은 정확도로 구분된다. 예를 들어, 인간의 유아가 과자 3개를 2개보다 더 선호하는 경향은 2개를 1개보다 더 선호하는 경향과 동일하다. 반면에 두 번째인 근사 숫자 시스템은 대량의 숫자를 베버의 법칙에 의거한 방식으로 구분해 낸다. 절대적인 차이가 아닌 상대적 양의 크기가 중요하다. 그러나 아동기의 어느 시점에 수 개념이 존재하는 사회에서 양육된 아동들은 정수의 개념을 학습하게 되면서 어떠한 숫자도 정확하게 구분하고 이름을 붙이게 된다. 이는 작은 수 시스템이 확장되어서 모든 숫자에 적용되었다는 것을 의미한다. 정수 체계 내에서 어느 한 숫자는 그 앞의 숫자보다 정확하게 하나만큼 더 크다는 사실은 무한히 확장된다. 이는 단순히 "하나, 둘, 셋……" 하는 식으로 숫자에 이름을 붙이는 것과는 다른 개념이다. 이러한 개념은 처음에는 서서히 발달한다(Carey, 2009 참조). 아동이 작은 숫자뿐 아니라 어떠한 숫자에도 하나라는 양이 더해지면 그다음 숫자가 된다는 사실을 깨닫기 위해서는 인지적 도약이 필요하다. 침팬지를 아무리 훈련시켜서 숫자 기호와 그에 해당하는 수를 연관시키게 한다고 하더라도 이러한 경지에는 이르지 못하는 것으로 보인다. 즉, 새로운 숫자가 생기면 그에 연관된 개수를 학습하기 위해 언제나 그 이전과 똑같은 시간이 소요된다(Matsuzawa, 2009).

캐리(Carey, 2009, 2011)는 그러한 도약을 '콰인의 부트스트래핑[10]'으로 설명했다. 이는 과학적 발견에 있어서 유사한 과정을 강조한 철학자 콰인(Quine)의 논리를 따른 것이다. 여기서 부트스트래핑은 어린이가 먼저 초기에 학습한 개념과 핵심 지식을 이용해서 이전까지 한 번도 가져 보지 못한 새로운 개념을 배울 수 있도록 인지적 역량을 동원하는 것을 빗대어 표현한 것이다. 이 과정에서 가장 결정적인 순간을 예로 들면 아동이 하나둘 세는 숫자는 다 외웠지만 아직도 정수의 개념을 완전히 이해하지 못하는 시점일 것이다. 이 과정에는 언어와 문화가 필수적인 기여를 할 것이고, 이는 토마젤로와 동료들(Tomasello et al., 2005)이 강조한 바와 같이 '협력적 의사소통'을 통해서 이루어질 것이다. 왜냐하면 아동이 이해하고 있는 방식과 주변의 성인들이 표현하는 것 사이의 차이가 부트스트래핑, 즉 개념적 도약을 부추기게 되기 때문일 것이다. 그러나 어떤 사람이 마침내 고등 수학을 이해하게 된다고 하여도 원래 가지고 있던 핵심 지식 시스템은 보존이 된다. 사람들에게 언어를 사용하지 않는 과제를 내줄 경우나 혹은 수 개념이 포함되지 않은 언어를 사용하는 부족들의 경우에는 어림 짐작의 수 개념을 사용한다는 보고들이 바로 그러한 핵심 시스템이 존재한다는 증거이다.

2개의 시스템: 따로 또 같이

개체 발생 단계에서 먼저 나타나고 계통발생학적으로 오래된 단순한 인지 시스템과 늦게 발생하고 더 복잡한 인간에게만 고유한 시스템이 공존한다는 사실은 수 인지뿐 아니라 다른 도메인에도 마찬가지로 적용된다. 예를 들어, 마음 이론의

---

10) bootstrapping. 신발을 신을 때 편리하게 만들어 놓은 뒤꿈치 쪽의 작은 손잡이를 일컫는 단어에서 비롯되어 대량의 처리 과정을 극적으로 개선시키는 소량의 처리 과정, 데이터, 정보, 샘플 등을 일컫는다.

경우에도 사람은 침팬지나 덤불어치를 비롯한 여러 동물에서 관찰되는 빠르고 자동적인 '행동 읽기'와 서서히 발달되는 보다 외현적인 '마음 읽기'를 동시에 가지고 있는 것으로 보인다(Apperly & Butterfill, 2009). 마찬가지로 물리 인지에 있어서도 침팬지와 인간은 두 물체 간의 거리나 접촉 여부에 의존해서 물리적 관계를 판단하는 편향을 공통적으로 보이지만(Silva et al., 2008)[11], 한편으로 인간의 도구 사용은 기술적(technical) 지식(실제로는 이러한 지식도 종-일반적인 메커니즘인 도구적 조건화에 의해 학습되지만)과 다른 종에서는 찾아볼 수 없는 물리적 인과관계에 대한 이해를 바탕으로 하고 있기도 하다(Osiurak et al., 2010). 같다-다르다의 판단 역시 지각적 차이에 의해 변별을 학습하는 종-일반적인 능력과 어느 한 감각의 범위를 넘어서 범주화를 할 수 있는 인간에게만 존재하는 능력 둘 다에 기초하고 있다(Wasserman & Young, 2010). 마찬가지로 인간과 다른 종들은 공간상의 방향 파악이나 장소 찾기 등에 특수화된 메커니즘을 공유하며, 특히 우리 인간들은 부가적으로 지도를 사용하거나 공간 용어를 사용하기도 한다(Landau & Lakusta, 2009). 또한 경제적 의사결정 상황에서도 사람에게는 객관적으로 판단해서 보상이 큰 행동을 계산해 낼 능력이 있지만, 종종 시간적 근접성과 상대적 가치에 의해 흔들리는 원시적인 '비이성적' 선택을 하는 경우가 있다(Santos & Hughes, 2009).

인간의 인지 구조에 있어서 다른 종과 공통된 과정 및 독특한 과정 둘 다가 존재한다고 보는 관점은 두 과정 간의 상호작용을 연구하는 것이 무엇보다 중요하다고 제안한다. 단독적(비사회적 상황이라는 의미에서) 의사결정은 언제나 갈등을 내포하고 있는 것처럼 보이는데, 진화적으로 원시적인 편향이 최적의 의사결정을 방해하기 때문이다. 그러나 공통 메커니즘과 고유 메커니즘은 서로 보완하는 관계이거나 혹은 적어도 서로 갈등하는 관계는 아닐 수도 있다. 통속심리학적 사고는 행위의 원인을 의식적인 논리 추론이나 의사결정에서 비롯된 것으로 해석하지만 종종 단순한 공통 메커니즘이 더 큰 역할을 할 수도 있다. 대표적인 사례

11) 이 연구에서는 대학생 피험자를 대상으로 바나나와 그 옆에 놓인 밧줄의 위치에 따른 물리적 관계에 대한 기대를 측정했다. 다만 저자가 인용한 대로 침팬지와 인간이 공통으로 보이는 편향만 관찰된 것이 아니라 인간만이 보이는 물리적 관계에 대한 추론도 관찰되었다.

로 우리가 매일매일, 순간순간 사회적 상호작용을 할 때는 마음 이론보다는 속도가 빠른 행동 읽기를 사용하는 경우가 많다는 사실을 들 수 있다. 스크류 드라이버를 사용할 때 드라이버의 물리적 작동 원리에 대해서 생각하는 사람이 도대체 몇 명이나 있겠는가? 다윈 이후로 비교 인지적 연구는 다른 동물들이 인간 수준의 성취를 이룰 수 있음을 발견하는 일에 강조점을 두었지만, 최근의 심리학적 연구는 반대로 우리 인간의 행동이 많은 경우에 단순하고 '동물스러운' 방식에 의해 통제된다는 증거를 발견함으로써 통속심리학적 사고를 깨트리는 데 기여했다 (Shettleworth, 2010b).

결론

인간의 인지적 독특함을 설명하기 위해서는 성인의 인지체계뿐 아니라 다른 종의 동물들과 공통된 인지기능에서부터 시작해서 거기에 이르기까지의 발달 과정을 설명할 수 있어야 한다. 비교심리학자와 발달심리학자들이 효과적으로 의사소통하면서 연구함으로써 많은 동물에 공통된 메커니즘과 인간에게만 고유한 인지기능 간의 상호작용에 대해 균형 잡힌 이해를 성취할 수 있었다. 그러한 예는 수 인지, 공간 인지, 마음 이론, 도구 사용 등에서 찾아볼 수 있다. 핵심 지식 이론에 기반한 연구들이 중요한 기여를 했지만 그것만으로 인간의 인지 역량 전부를 설명할 수는 없다. 예를 들어, 인간은 기호를 사용한 사고를 할 수 있는 있는 반면에 동물들은 일반적으로 기호 사용이 불가능하다고 믿는다(Penn et al., 2008 참조). 이 책에서 설명된 인간의 능력들 중에 정신적 시간 여행 역시도 지금까지 동물에게서는 증거가 발견되지 못했다. 그 결과, 동물은 계획을 세우는 능력 또한 가지고 있지 못하고 이는 동물이 여러 가지 도구를 조합해서 새로운 문제에 대한 해결책을 만들어 내는 능력이 없음을 보여 주는 증거이기도 하다. 정신적 시간 여행을 가능하게 하는 또 다른 인간의 독특한 능력은 우리가 의식적 사고를 경험한다는 사실, 즉 진정한 메타인지, 혹은 생각을 생각할 수 있는 능력이 있다는 점이다. 이렇게 인간에게만 존재하는 능력들 그리고 인간과 유사하지만 동물에게서는 극히

초보적인 형태로밖에 발견되지 않는 능력들은 핵심 지식 이론만으로는 설명이 불가능하다.

인간의 인지적 독특함을 지적하는 이론들은 모두 최근 몇 년 내에 제안된 것들이다. 따라서 새로운 제안이 출현하거나 이전 이론들이 계속해서 개정될 것이다. 오늘 인간의 독특함을 대표하는 것처럼 보이는 기능들이 내일도 그러라는 법은 없으며, 반대로 새로운 기능이 출현하기도 할 것이다. 지금까지 살펴본 것처럼, 비교 인지의 연구 역사는 예상치 못하게 동물에게서 인간과 유사한 능력을 발견하는 사건들의 연속이었고(가끔은 인간에게서 예상치 못한 동물스러운 행동을 발견하기도 했지만), 그로 인한 도전과 수정, 그 과정에서 언제나 좀 더 정교하고 다듬어진 이론으로의 탄생을 경험했다. 이 책에 소개된 연구를 통해 우리는 종 간의 차이, 심지어는 종 안에서 다른 집단 간의 차이, 주변 단서나 맥락 변인에 의한 영향을 고려하는 것이 얼마나 중요한지를 볼 수 있었다. 얼핏 분명하게 정의된 인지기능인 것처럼 보이는 행동들도 여러 가지 검사를 사용해서 검증할 필요성이 있다는 점도 강조했다. 요약하자면 비교 인지는 왕성하게 활동하는 분야이며, 어떤 행동을 이해한다는 것은 끊임없이 진화하는 과정인 것이다. 그리고 앞으로도 계속 그럴 것이다!

추가적인 읽을거리들

Barrett, H. C., & Kurzban, R. (2006). Modularity in cognition: Framing the debate. *Psychological Review, 113,* 628-647.

Carey, S. (2011). Precis of the origin of concepts. *Behavioral and Brain Sciences, 34,* 113-167.

Penn, D. C., Holyoak, K. J., & Povinelli, D. J. (2008). Darwin's mistake: Explaining the discontinuity between human and nonhuman minds. *Behavioral and Brain Sciences, 31,* 109-178.

Premack, D. (2007). Human and animal cognition: Continuity and discontinuity.

Proceedings of the National Academy of Sciences USA, 104, 13861-13867.

Shetleworth, S. J. (2010). Clever animals and killjoy explanations in comparative psychology. *Trends in Cognitive Sciences, 14*, 477-481.

Tomasello, M., Carpenter, M., Call, J., Behne, T., & Moll, H. (2005). Understanding and sharing intentions: The origins of cultural cognition. *The Behavioral and Brain Sciences, 28*, 675-735.

참고문헌

Addis, D. R., Wong, A. T., & Schacter, D. L. (2007). Remembering the past and imagining the future: Common and distinct neural substrates during event construction and elaboration. *Neuropsychologia, 45,* 1363-1377.

Amici, F., Aureli, F., & Call, J. (2008). Fission-fusion dynamics, behavioral flexibility, and inhibitory control in primates. *Current Biology, 18,* 1415-1419.

Amici, F., Aureli, F., Visalberghi, E., & Call, J. (2009). Spider monkeys (*Ateles geoffroyi*) and capuchin monkeys (*Cebus apella*) follow gaze around barriers: Evidence for perspective taking?. *Journal of Comparative Psychology, 123,* 368-374.

Apperly, I. A., & Butterfill, S. A. (2009). Do humans have two systems to track beliefs and belief-like states?. *Psychological Review, 116,* 953-970.

Babb, S. J., & Crystal, J. D. (2005). Discrimination of what, when, and where: Implications for episodic-like memory in rats. *Learning and Motivation, 36,* 177-189.

Balda, R. P., & Kamil, A. C. (2006). Linking life zones, life history traits, ecology, and spatial cognition in four allopatric southwestern seed caching corvids. In M. F. Brown & R. G. Cook (Eds.), *Animal spatial cognition: Comparative, neural, and computational approaches.* [On-line]. Available: www.pigeon.psy.tufts.edu/asc/ Balda.

Balsam, P. D., & Gallistel, C. R. (2009). Temporal maps and informativeness in associative learning. *Trends in Neurosciences, 32,* 73-78.

Barrett, H. C., & Kurzban, R. (2006). Modularity in cognition: Framing the debate.

Psychological Review, 113, 628-647.

Basile, B. M., & Hampton, R. R. (2011). Monkeys recall and reproduce simple shapes from memory. *Current Biology, 21*, 774-778.

Bateson, P., & Mameli, M. (2007). The innate and the acquired: Useful clusters or residual distinction from folk biology?. *Developmental Psychobiology, 49*, 818-831.

Beck, S. R., Apperly, I. A., Chappell, J., Guthrie, C., & Cutting, N. (2011). Making tools isn't child's play. *Cognition, 119*, 301-306.

Bentley-Condit, V. K., & Smith, E. O. (2010). Animal tool use: Current definitions and an updated comprehensive catalog. *Behaviour, 147*, 185-221.

Bergman, T. J., Beehner, J. C., Cheney, D. L., & Seyfarth, R. M. (2003). Hierarchical classification by rank and kinship in baboons. *Science, 302*, 1234-1236.

Bhatt, R. S., Wasserman, E. A., Reynolds, W. F. J., & Knauss, K. S. (1988). Conceptual behavior in pigeons: Categorization of both familiar and novel examples from four classes of natural and artificial stimuli. *Journal of Experimental Psychology: Animal Behavior Processes, 14*, 219-234.

Bingman, V. P., & Cheng, K. (2005). Mechanisms of animal global navigation: Comparative perspectives and enduring challenges. *Ethology, Ecology Evolution, 17*, 295-318.

Bird, C. D., & Emery, N. J. (2009). Insightful problem solving and creative tool modification by captive nontool-using rooks. *Proceedings of the National Academy of Sciences USA, 106*, 10370-10375.

Bitterman, M. E. (1975). The comparative analysis of learning. *Science, 188*, 699-709.

Blough, D. S. (2006). Reaction-time explorations of visual perception, attention, and decision in pigeons. In E. A. Wasserman & T. R. Zentall (Eds.), *Comparative cognition: Experimental exploration of animal intelligence* (pp. 77-93). New York: Oxford University Press.

Bluff, L. A., Troscianko, J., Weir, A. A. S., Kacelnik, A., & Rutz, C. (2010). Tool use by wild New Caledonian crows *Corvus moneduloides* at natural foraging sites. *Proceedings of the Royal Society of London B, 277*, 1377-1385.

Bluff, L. A., Weir, A. A. S., Rutz, C., Wimpenny, J. H., & Kacelnik, A. (2007). Toolrelated cognition in New Caledonian crows. *Comparative Cognition Behavior Reviews, 2,* 1-25.

Boakes, R. (1984). *From Darwin to behaviourism.* Cambridge, England: Cambridge University Press.

Boesch, C. (2007). What makes us human (Homo sapiens)?: The challenge of cognitive cross-species comparison. *Journal of Comparative Psychology, 121,* 227-240.

Boesch, C., & Boesch-Acherman, H. (2000). *The Chimpanzees of the Taï Forest.* Oxford, England: Oxford University Press.

Bolhuis, J., & Verhulst, S. (Eds.). (2009). *Tinbergen's legacy: Function and mechanism in behavioral biology.* Cambridge, England: Cambridge University Press.

Bolhuis, J. J., & Macphail, E. M. (2001). A critique of the neuroecology of learning and memory. *Trends in Cognitive Sciences, 5,* 426-433.

Bolhuis, J. J., Okanoya, K., & Scharff, C. (2010). Twitter evolution: Converging mechanisms in birdsong and human speech. *Nature Reviews Neuroscience. 11,* 747-759.

Bond, A. B. (2007). The evolution of color polymorphism: Crypticity, searching images, and apostatic selection. *Annual Review of Ecology, Evolution, and Systematics, 38,* 489-514.

Bond, A. B., Wei, C. A., & Kamil, A. C. (2010). Cognitive representation in transitive inference: A comparison of four corvid species. *Behavioural Processes, 85,* 283-292.

Bouton, M. E. (2007). *Learning and behavior.* Sunderland, MA: Sinauer Associates.

Bouton, M. E., & Moody, E. W. (2004). Memory processes in classical conditioning. *Neuroscience and Biobehavioral Reviews, 28,* 663-674.

Briscoe, A. D., & Chittka, L. (2001). The evolution of color vision in insects. *Annual Review of Entomology, 46,* 471-510.

Brosnan, S. F., & de Waal, F. B. M. (2003). Monkeys reject unequal pay. *Nature. 425,* 297-299.

Brosnan, S. F., Parrish, A., Beran, M. J., Flemming, T., Heimbauer, L., Talbot, C. F., et al. (2011). Responses to the assurance game in monkeys, apes, and humans using equivalent procedures. *Proceedings of the National Academy of Sciences*

USA, 108, 3442-3447.

Brosnan, S. F., Talbot, C., Ahlgren, M., Lambeth, S. P., & Schapiro, S. J. (2010). Mechanisms underlying responses to unequitable outcomes in chimpanzees, *Pan troglodytes. Animal Behaviour, 79*, 1229-1237.

Brown, A. L. (1990). Domain-specific principles affect learning and transfer in children. *Cognitive Science, 14*, 107-133.

Bshary, R., & d'Souza, A. (2005). Cooperation in communication networks: Indirect reciprocity in interactions between cleaner fish and client reef fish. In P. K. McGregor (Ed.), *Animal communication networks* (pp. 521-539). Cambridge, England: Cambridge University Press.

Bugnyar, T., & Heinrich, B. (2005). Ravens, *Corvis corax*, differentiate between knowledgeable and ignorant competitors. *Proceedings of the Royal Society B, 272*, 1641-1646.

Buhusi, C. V., & Meck, W. H. (2005). What makes us tick? Functional and neural mechanisms of interval timing. *Nature Reviews Neuroscience, 6*, 755-765.

Buller, D. J. (2005). Evolutionary psychology: The emperor's new paradigm. *Trends in Cognitive Sciences, 9*, 277-283.

Burkhardt, R. W. (2005). *Patterns of behavior.* Chicago, IL: University of Chicago Press.

Byrne, R., & Bates, L. A. (2010). Primate social cognition: Uniquely primate, uniquely social, or just unique?. *Neuron, 65*, 815-830.

Call, J. (2010). Do apes know they could be wrong?. *Animal Cognition, 13*, 689-700.

Call, J., & Carpenter, M. (2001). Do apes and children know what they have seen?. *Animal Cognition, 4*, 207-220.

Call, J., & Tomasello, M. (2008). Does the chimpanzee have theory of mind? 30 years later. *Trends in Cognitive Sciences, 12*, 187-192.

Cantlon, J. F., & Brannon, E. M. (2006). Shared system for ordering small and large numbers in monkeys and humans. *Psychological Science, 17*, 401-406.

Cantlon, J. F., Platt, M. L., & Brannon, E. M. (2009). Beyond the number domain. *Trends in Cognitive Sciences, 13*, 83-89.

Carey, S. (2009). *The origin of concepts.* New York: Oxford University Press.

Carey, S. (2011). Precis of the origin of concepts. *Behavioral and Brain Sciences, 34*,

113-167.

Caro, T. M., & Hauser, M. D. (1992). Is there teaching in nonhuman animals?. *The Quarterly Review of Biology, 67,* 151-174.

Carroll, S. B. (2005). *Endless forms most beautiful.* New York: W.W. Norton and Company.

Carruthers, P. (2008). Meta-cognition in in animals: A skeptical look. *Mind & Language, 23,* 58-89.

Catmur, C., Walsh, V., & Heyes, C. (2009). Associative sequence learning: The role of experience in the development of imitation and the mirror system. *Philosophical Transactions of the Royal Society B, 364,* 2369-2380.

Cheney, D. L. (2011). Cooperation and cognition. In R. Menzel & J. Fischer (Eds.), *Animal thinking: Contemporary issues in comparative cognition* (pp. 239-252). Cambridge, MA: MIT Press.

Cheney, D. L., & Seyfarth, R. M. (2005a). Social complexity and the information acquired during eavesdropping by primates and other animals. In P. K. McGregor (Ed.), *Animal communication networks* (pp. 583-603). Cambridge, England: Cambridge University Press.

Cheney, D. L., & Seyfarth, R. M. (2005b). Constraints and preadaptations in the earliest stages of language evolution. *The Linguistic Review, 22,* 135-159.

Cheney, D. L., & Seyfarth, R. M. (2007). *Baboon metaphysics: The evolution social mind.* Chicago, IL: University of Chicago Press.

Cheng, K. (1986). A purely geometric module in the rat's spatial representation. *Cognition, 23,* 149-178.

Cheng, K., & Newcombe, N. S. (2005). Is there a geometric module for spatial orientation? Squaring theory and evidence. *Psychonomic Bulletin & Review, 12,* 1-23.

Cheng, K., Shettleworth, S. J., Huttenlocher, J., & Rieser, J. J. (2007). Bayesian integration of spatial information. *Psychological Bulletin, 133,* 625- 637.

Cheng, K., & Wignall, A. E. (2006). Honeybees (*Apis mellifera*) holding on to memories: Response competition causes retroactive interference effects. *Animal Cognition, 9,* 141-150.

Cheung, A., Stürzl, W., Zeil, J., & Cheng, K. (2008). The information content of panoramic images II: View-based navigation in nonrectangular experimental arenas. *Journal of Experimental Psychology: Animal Behavior Processes, 34*, 15-30.

Church, R. M. (2006). Behavioristic. cognitive, biological, and quantitative explanations of timing. In E. A. Wasserman & T. R. Zentall (Eds.), *Comparative cognition: Experimental explorations of animal intelligence* (pp. 249-269). New York: Oxford University Press.

Clayton, N. S., & Dickinson, A. (1998). Episodic-like memory during cache recovery by scrub jays. *Nature, 395*, 272-274.

Clutton-Brock, T. H. (2009). Cooperation between non-kin in animal societies. *Nature, 462*, 51-57.

Coltheart, M. (1999). Modularity and cognition. *Trends in Cognitive Sciences, 3*, 115-120.

Cook, R. G. (Ed.). (2001). *Avian visual cognition.* [On-line]. Available: www.pigeon. psy.tufts.edu/avc/.

Cook, R. G., Levison, D. G., Gillett, S. R., & Blaisdell, A. P. (2005). Capacity and limits of associative memory in pigeons. *Psychonomic Bulletin & Review, 12*, 350-358.

Cook, R. G., & Smith, J. D. (2006). Stages of abstraction and exemplar memorization in pigeon category learning. *Psychological Science, 17*, 1059-1067.

Corballis, M. C. (2007). Recursion, language, and starlings. *Cognitive Science, 31*, 697-704.

Corballis, M. C. (2011). *The recursive mind.* Princeton, NJ: Princeton University Press.

Cordes, S., & Brannon, E. M. (2008). Quantitative competencies in infancy. *Developmental Science, 11*, 803-808.

Correia, S. P. C., Dickinson, A., & Clayton, N. S. (2007). Western scrub-jays anticipate future needs independently of their current motivational state. *Current Biology, 17*, 856-861.

Cosmides, L. (1989). The logic of social exchange: Has natural selection shaped how humans reason? Studies with the Wason selection task. *Cognition, 31*, 187-276.

Cosmides, L., & Tooby, J. (1994). Origins of domain specificity: The evolution of functional organization. In L. A. Hirschfeld & S. A. Gelman (Eds.), *Mapping the mind* (pp. 85-116). Cambridge, England: Cambridge University Press.

Couzin, I. D. (2009). Collective cognition in animal groups. *Trends in Cognitive Sciences, 13,* 36-43.

Crystal, J. D. (2006). Sensitivity to time: Implications for the intelligence of time. In E. A. Wasserman & T. R. Zentall (Eds.), *Comparative cognition: Experimental explorations of animal intelligence* (pp. 270-284). New York: Oxford University Press.

Crystal, J. D. (2009). Elements of episodic like memory in animal models. *Behavioural Processes, 80,* 269-277.

Curio, E. (1988). Cultural transmission of enemy recognition by birds. In T. R. Zentall & B. G. Galef, Jr. (Eds.), *Social learning: Psychological and biological perspectives.* (pp. 75-97). Hillsdale, NJ: Erlbaum.

Cuthill, I. C., Partridge, J. C., Bennett, A. T. D., Church, S. C., Hart, N. S., & Hunt, S. (2000). Ultraviolet vision in birds. *Advances in the Study of Behavior, 29,* 159-214.

Dally, J. M., Emery, N. J., & Clayton, N. S. (2006). Food-caching western scrub jays keep track of who was watching when. *Science, 312,* 1662-1665.

Darwin, C. (1859). *On the origin of species.* London: John Murray.

Darwin, C. (1871). *The descent of man and selection in relation to sex.* London: John Murray.

Darwin, C. (1879/2004). *The descent of man and selection in relation to sex* (2nd ed.). London: Penguin.

Dawkins, M. S. (2006). A user's guide to animal welfare science. *Trends in Ecology and Evolution, 21,* 77-82.

De Houwer, J. (2009). The propositional approach to associative an alternative for association formation models. *Learning & Behavior, 37,* 1-20.

de Kort, S. R., Dickinson, A., & Clayton, N. S. (2005). Retrospective cognition by food-caching western scrub-jays. *Learning Learning and Motivation, 36,* 159-176.

de Waal, F. B. M. (2008). Putting the altruism back into altruism: The evolution of empathy. *Annual Review of Psychology, 59,* 279-300.

de Waal, F. B. M., & Tyack, P. L. (Eds.). (2003). *Animal social complexity.* Cambridge,

MA: Harvard University Press.

Dennett, D. C. (1983). Intentional systems in cognitive ethology: The "panglossian paradigm" defended. *The Behavioral and Brain Sciences, 6*, 343-390.

Dickinson, A. (2008). Why a rat is not a beast machine. In M. Davies & L. Weiskrantz (Eds.), *Frontiers of consciousness* (pp. 275-288). Oxford, England: Oxford University Press.

Dickinson, A. (2011). Goal-directed behaviour and future planning in animals. In R. Menzel & J. Fischer (Eds.), *Animal thinking: Contemporary issues in comparative cognition* (pp. 79-91). Cambridge, MA: MIT Press.

Dickinson, A., & Balleine, B. (2002). The role of learning in the operation of motivational systems. In C. R. Gallistel (Ed.), *Stevens' handbook of experimental Psychology* (3rd ed., Vol. 3, pp. 497-533). New York: John Wiley & Sons.

Doeller, C. F., & Burgess. N. (2008). Distinct error-correcting and incidental learning of location relative to landmarks and boundaries. *Proceedings of the National Academy of Sciences, USA, 105*, 5909-5914.

Donaldson, M. C., Lachmann, M., & Bergstrom, C. T. (2007). The evolution of functionally referential meaning in a structured world. *Journal of Theoretical Biology, 246*, 225-233.

Dong, S., & Clayton, D. F. (2009). Habituation in songbirds. *Neurobiology of Learning and Memory, 92*, 183-188.

Dukas, R. (2004). Causes and consequences of limited attention. *Brain Behavior and Evolution, 63*, 197-210.

Dukas, R., & Kamil, A. C. (2000). The cost of limited attention in blue jays. *Behavioral Ecology, 11*, 502-506.

Dukas, R., & Ratcliffe, J. M. (Eds.). (2009). *Cognitive ecology II.* Chicago, IL: The University of Chicago Press.

Dunbar, R. I. M., & Shultz, S. (2007). Evolution in the social brain. *Science, 317*, 1344-1347.

Dunlap, C., Loros, J. J., & Decoursey, P. J. (Eds.). (2003). *Chronobiology: Biological timekeeping.* Sunderland, MA: Sinauer Associates Inc.

Dyer, F. C. (1991). Bees acquire route-based memories but not cognitive in a familiar

Franks, N. R., & Richardson, T. (2006). Teaching in tandem-running ants. *Nature, 439,* 153.

Furrer, R. D., & Manser, M. B. (2009). The evolution of urgency-based and functionally referential alarm calls in ground-dwelling species. *The American Naturalist, 173,* 400-410.

Galef, B. G. (2007). Social learning by rodents. In J. O. Wolff & P. W. Sherman (Eds.), *Rodent societies* (pp. 207-215). Chicago, IL: University of Chicago Press.

Galef, B. G. (2009a). Strategies for social learning: Testing predictions from formal theory. *Advances in the Study of Behavior, 39,* 117-151.

Galef, B. G. (2009b). Culture in animals?. In K. N. Laland & B. G. Galef, Jr. (Eds.), *The question of animal culture* (pp. 222-246). Cambridge, MA: Harvard University Press.

Gallistel, C. R. (1990). *The organization of learning.* Cambridge, MA: MIT Press.

Gallistel, C. R. (1999). The replacement of general-purpose learning models with adaptively specialized learning modules. In M. Gazziniga (Ed.), *The cognitive neurosciences* (pp. 1179-1191). Cambridge, MA: MIT Press.

Gelman, R. (2009). Learning in core and noncore domains. In L. Tommasi, M. A. Peterson, & L. Nadel (Eds.), *Cognitive biology* (pp. 247-260). Cambridge, MA: MIT Press.

Gergely, G., Nádasdy, Z., Csibra, G., & Bíró, S. (1995). Taking the intentional stance at 12 months of age. *Cognition, 56,* 165-193.

Ghirlanda, S., & Enquist, M. (2003). A century of generalization. *Animal Behaviour, 66,* 15-36.

Gibbon, J., & Church, R. M. (1990). Representation of time. *Cognition, 37,* 23-54.

Gibbon, J., Church, R. M., Fairhurst, S., & Kacelnik, A. (1988). Scalar expectancy theory and choice between delayed rewards. *Psychological Review, 95,* 102-114.

Gibson, B. M. (2001). Cognitive maps not used by humans (Homo sapiens) during a dynamic navigational task. *Journal of Comparative Psychology, 115,* 397-402.

Gigerenzer, G. (1997). The modularity of social intelligence. In A. Whiten & R. W. Byrne (Eds.), *Machiavellian intelligence II: Extensions and evaluation* (pp. 264-288). Cambridge, England: Cambridge University Press.

Girndt, A., Meier, T., & Call, J. (2008). Task constraints mask great apes' ability to solve the trap-table task. *Journal of Experimental Psychology: Animal Behavior Processes, 34*, 54-62.

Glimcher, P. W., & Rustichini, A. (2004). Neuroeconomics: The consilience of brain and decision. *Science, 306*, 447-452.

Grant, D. S. (1976). Effect of sample presentation time on long-delay matching in pigeons. *Learning and Motivation, 7*, 580-590.

Grant, P. R., & Grant, B. R. (2008). *How and why species multiply.* Princeton, NJ: Princeton University Press.

Griffin, D. R. (1978). Prospects for a cognitive ethology. *The Behavioral and Brain Sciences, 4*, 527-538.

Grosenick, L., Clement, T. S., & Fernald, R. D. (2007). Fish can infer social rank by observation alone. *Nature, 445*, 429-432.

Grüter, C., & Farina, W. M. (2009). The honeybee waggle dance: Can we follow the steps?. *Trends in Ecology and Evolution, 24*, 242-247.

Hampton, R. R. (2001). Rhesus monkeys know when they remember. *Proceedings of the National Academy of Sciences USA, 98*, 5359-5362.

Hampton, R. R. (2009). Multiple demonstrations of metacognition in nonhumans: Converging evidence or multiple mechanisms?. *Comparative Cognition & Behavior Reviews, 4*, 17-28.

Hampton, R. R., Zivin, A., & Murray E. A. (2004). Rhesus monkeys (*Macaca mulatta*) discriminate between knowing and not knowing and collect information as needed before acting. *Animal Cognition, 7*, 239-246.

Hansell, M., & Ruxton, G. D. (2008). Setting animal tool use within the context of animal construction behavior. *Trends in Ecology and Evolution, 23*, 73-78.

Hanson, H. M. (1959). Effects of discrimination training on stimulus generalization. *Journal of Experimental Psychology, 58*, 321-334.

Hare, B., Call, J., Agnetta, B., & Tomasello, M. (2000). Chimpanzees know what conspecifics do and do not see. *Animal Behaviour, 59*, 771-785.

Harper, D. N., McLean, A. P., & Dalrymple-Alford, J. C. (1993). List item memory in rats: Effects of delay and delay task. *Journal of Experimental Psychology: Animal*

Behavior Processes, 19, 307-316.

Hauser, M. D., Carey, S., & Hauser, L. B. (2000). Spontaneous number representation in semi-free-ranging Rhesus monkeys. Proceedings of the Royal Society of London B, 267, 829-833.

Hauser, M. D., Chomsky, N., & Fitch, W. T. (2002). The faculty of language: What is it, who has it, and how did it evolve?. *Science, 298,* 1569-1579.

Hauser, M. D., Kralik, J., & Botto-Mahan, C. (1999). Problem solving and functional design features: Experiments on cotton-top tamarins, *Saguinus oedipus oedipus*. *Animal Behaviour, 57,* 565-582.

Healy, S. D., & Rowe, C. (2007). A critique of comparative studies of brain size. *Proceeding of the Royal Society of London B, 274,* 453-464.

Hemelrijk, C. (2011). Simple reactions to nearby neighbors and complex social behavior in primates. In R. Menzel & J. Fischer (Eds.), *Animal thinking: Contemporary issues in comparative cognition* (pp. 223-238). Cambridge, MA: MIT Press.

Henderson, J., Hurly, T. A., Bateson, M., & Healy, S. D. (2006). Timing in free-living rufous hummingbirds, *Selasphorus rufus*. *Current Biology, 16,* 512-515.

Herman, L. M., & Uyeyama, R. K. (1999). The dolphin's grammatical competency: Comments on Kako (1999). *Animal Learning & Behavior, 27,* 18-23.

Herrmann, E., Call, J., Hernández-Lloreda, M. V., Hare, B., & Tomasello, M. (2007). Humans have evolved specialized skills of social cognition: The cultural intelligence hypothesis. *Science, 317,* 1360-1366.

Herrmann, E., Hernández-Lloreda, M. V., Call, J., Hare, B., & Tomasello, M. (2010). The structure of individual differences in the cognitive abilities of children and chimpanzees. *Psychological Science, 21,* 102-110.

Herrnstein, R. J., Loveland, D. H., & Cable, C. (1976). Natural concepts in pigeons. *Journal of Experimental Psychology: Animal Behavior Processes, 2,* 285-311.

Heyes, C. (2008). Beast machines? Questions of animal consciousness. In M. Davies & L. Weiskrantz (Eds.), *Frontiers of consciousness* (pp. 259-274). Oxford, England: Oxford University Press.

Heyes, C. (2009). Evolution, development, and intentional control of imitation.

Philosophical Transactions of the Royal Society B, 364, 2293-2298.

Heyes, C. (2010). Where do mirror neurons come from?. *Neuroscience and Biobehavioral Reviews, 34,* 575-583.

Heyes, C. M. (1998). Theory of mind in nonhuman primates. *Behavioral and Brain Sciences, 21,* 101-148.

Holekamp, K. E., Sakai, S. T., & Lundrigan, B. L. (2007). Social intelligence in the spotted hyena (*Crocuta crocuta*). *Philosophical Transactions of the Royal Society B, 362,* 523-538.

Holmes, W. G., & Mateo, J. M. (2007). Kin recognition in rodents: Issues and evidence. In J. O. Wolff & P. W. Sherman (Eds.), *Rodent societies: An ecological & evolutionary perspective* (pp. 216-228). Chicago, IL: The University of Chicago Press.

Holzhaider, J. C., Hunt, G. R., & Gray, R. D. (2010). Social learning in New Caledonian crows. *Learning & Behavior, 38,* 206-219.

Hopper, L. M. (2010). "Ghost" experiments and the dissection of social learning in humans and animals. *Biological Reviews, 85,* 685-701.

Hoppitt, W., & Laland, K. (2008). Social processes influencing learning in animals. *Advances in the Study of Behavior, 38,* 105-165.

Hoppitt, W. J. E., Brown, G. R., Kendal, R., Rendell, L., Thornton, A., Webster, M. M., et al. (2008). Lessons from animal teaching. *Trends in Ecology and Evolution, 23,* 486-493.

Horner, V., Carter, J. D., Suchak, M., & de Waal, F. B. M. (2011). Spontaneous prosocial choice by chimpanzees. *Proceedings of the National Academy of Sciences USA, 108,* 13847-13851.

Hulse, S. H., Fowler, H., & Honig, W. K. (Eds.). (1978). *Cognitive processes in animal behavior.* Hillsdale, NJ: Erlbaum.

Humle, T., & Matsuzawa, T. (2002). Ant-dipping among the chimpanzees of Bossou, Guinea, and some comparisons with other sites. *American Journal of Primatology, 58,* 133-148.

Humphrey, N. (1976). The social function of intellect. In P. P. G. Bateson & R. A. Hinde (Eds.), *Growing points in ethology* (pp. 303-317). Cambridge England:

Cambridge University Press.

Hunt, G. R. (1996). Manufacture and use of hook-tools by New Caledonian crows. *Nature, 379,* 249-251.

Hunter, W. S. (1913). The delayed reaction in animals and children. Animal *Behavior Monographs, 2,* 86.

Iacoboni, M. (2009). Imitation, empathy, and mirror neurons. *Annual Review of Psychology, 60,* 653-670.

Janson, C. H., & Byrne, R. (2007). What wild primates know about resources: Opening up the black box. *Animal Cognition, 10,* 357-367.

Jeffery, K. J. (2010). Theoretical accounts of spatial learning: A neurobiological view (commentary on Pearce 2009). *Quarterly Journal of Experimental Psychology, 63,* 1683-1699.

Jensen, K., Call, J., & Tomasello, M. (2007). Chimpanzees are rational maximizers in an ultimatum game. *Science, 318,* 107-109.

Jolly, A. (1966). Lemur social behavior and primate intelligence. *Science, 153,* 501-506.

Jozefowiez, J., Staddon, J. E. R., & Cerutti, D. T. (2009). Metacognition in animals: How do we know that they know?. *Comparative Cognition & Behavior Reviews, 4,* 29-39.

Kacelnik, A. (2006). Meanings of rationality. In S. Hurley & M. Nudds (Eds.), *Rational Animals?* (pp. 87-106). Oxford, England: Oxford University Press.

Kadosh, R. C., Lammertyn, J., & Izard, V. (2008). Are numbers special? An overview of chronometric, neuroimaging, developmental and comparative studies of magnitude representation. *Progress in Neurobiology, 84,* 132-147.

Kako, E. (1999). Elements of syntax in the systems of three language-trained animals. *Animal Learning & Behavior, 27,* 1-14.

Kamil, A. C. (1988). A synthetic approach to the study of animal intelligence. In D. W. Leger (Ed.), *Comparative perspectives in modern psychology: Nebraska symposium on motivation* (Vol. 35, pp. 230-257). Lincoln, NE: University of Nebraska Press.

Kamil, A. C., & Cheng, K. (2001). Way-finding and landmarks: The multiple bearings hypothesis. *Journal of Experimental Biology, 204,* 103-113.

Karakashian, S. J., Gyger, M., & Marler, P. (1988). Audience effects on alarm calling in chickens (*Gallus gallus*). *Journal of Comparative Psychology, 102*, 129-135.

Kastak, C. R., & Schusterman, R. J. (2002). Sea lions and equivalence: Expanding classes by exclusion. *Journal of the Experimental Analysis of Behavior, 78*, 449-465.

Kendal, R. L., Galef, B. G., & van Schaik, C. P. (2010). Social learning research outside the laboratory: How and why?. *Learning & Behavior, 38*, 187-194.

Kohler, W. (1925/1959). *The mentality of apes* (E. Winter, Trans.). New York: Vintage Books.

Kornell, N., Son, L. M., & Terrace, H. S. (2007). Transfer of metacognitive skills and hint-seeking in monkeys. *Psychological Science, 18*, 64-71.

Kounios, J., & Beeman, M. (2009). The *Aha!* moment. *Current Directions in Psychological Science, 18*, 210-216.

Laland, K. N., Atton, N., & Webster, M. M. (2011). From fish to fashion: Experimental and theoretical insights into the evolution of culture. *Philosophical Transactions of the Royal Society B, 366*, 958-968.

Laland, K. N., & Galef, B. G. (Eds.). (2009). *The question of animal culture.* Cambridge, MA: Harvard University Press.

Landau, B., & Lakusta, L. (2009). Spatial representation across species: Geometry, language, and maps. *Current Opinion in Neurobiology, 19*, 12-19.

Lea, S. E. G., & Wills, A. J. (2008). Use of multiple dimensions in learned discriminations. *Comparative Cognition & Behavior Reviews, 3*, 115-133.

Lefebvre, L., & Sol, D. (2008). Brains, lifestyles and cognition: Are there general trends?. *Brain Behavior and Evolution, 72*, 135-144.

Leslie, A. M., Gelman, R., & Gallistel, C. R. (2008). The generative basis of natural number concepts. *Trends in Cognitive Sciences, 12*, 213-218.

Loretto, M-C., Schloegl, C., & Bugnyar, T. (2010). Northern bald ibises follow others' gaze into distance space but not behind barriers. *Biology Letters, 6*, 14-17.

Machado, A. (1997). Learning the temporal dynamics of behavior. *Psychological Review, 104*, 241-265.

Machado, A., & Pata, P. (2005). Testing the Scalar Expectancy Theory (SET) and the

Learning-to-Time model(LeT) in a double bisection task. *Learning & Behavior, 33,* 111-122.

Mackintosh, N. J. (2002). Do not ask whether they have a cognitive map but how they find their way about. *Psicologica, 23,* 165-185.

Macphail, E. M. (1987). The comparative psychology of intelligence. *Behavioral and Brain Sciences, 10,* 645-695.

Manser, M. B. (2009). What do functionally referential alarm calls refer to?. In R. Dukas & J. M. Ratclife (Eds.), *Cognitive ecology II* (pp. 229-248) Chicago, IL; University of Chicago Press.

Marler, P., & Peters, S. (1989). Species differences in auditory responsiveness in early vocal learning. In R. J. Dooling & S. H. Hulse (Eds.), *The comparative psychology of audition: Perceiving complex sounds* (pp. 243-273). Hillsdale, NJ: Erlbaum.

Marsh, B., Schuck-Paim, C., & Kacelnik, A. (2004). Energetic state during learning affects foraging choices in starlings. *Behavioral Ecology, 15,* 396-399.

Matsuzawa, T. (2009). Symbolic representation of number in chimpanzees. *Current Opinion in Neurobiology, 19,* 92-98.

Matzel, L. D., & Kolata, S. (2010). Selective attention, working memory, and animal intelligence. *Neuroscience and Biobehavioral Reviews, 34,* 23-30.

Maynard Smith, J., & Harper, D. (2003). *Animal signals.* Oxford, England: Oxford University Press.

McGregor, P. K. (Ed.). (2005). *Animal communication networks.* Cambridge, England: Cambridge University Press.

McNaughton, B. L., Battaglia, F. P., Jensen, O., Moser, E. I., & Moser, M. (2006). Path integration and the neural basis of the "cognitive map". *Nature Reviews Neuroscience, 7,* 663-678.

Meck, W. H., & Church, M. (1983). A mode control model of counting and timing processes. *Journal of Experimental Psychology: Animal Behavior Processes, 9,* 320-334.

Menzel, R., Greggers, U., Smith, A., Berger, S., Brandt, R., Brunke, S., et al. (2005). Honey bees navigate according to a map-like spatial memory. *Proceedings of the*

National Academy of Sciences USA, 102, 3040-3045.

Miller, N. Y., & Shettleworth, S. J. (2007). Learning about environmental geometry: An associative model. *Journal of Experimental Psychology: Animal Behavior Processes, 33,* 191-212.

Mineka, S., & Cook, M. (1988). Social learning and the acquisition of snake fear in monkeys. In T. R. Zentall & B. G. Galef, Jr. (Eds.), *Social Learning: Psychological and Biological Perspectives* (pp. 51-73). Hillsdale, NJ: Erlbaum.

Mobius, Y., Boesch, C., Koops, K., Matsuzawa, T., & Humle, T. (2008). Cultural differences in army ant predation by West African chimpanzees? A comparative study of microecological variables. *Animal Behaviour, 76,* 37-45.

Morgan, C. L. (1894). *An introduction to comparative psychology.* London: Walter Scott.

Mulcahy, N. J., & Call, J. (2006). Apes save tools for future use. *Science, 312,* 1038-1040.

Muller, M., & Wehner, R. (1988). Path integration in desert ants. *Proceedings of the National Academy of Sciences USA, 85,* 5287-5290.

Nagy, M., Akos, Z., Biro, D., & Vicsek, T. (2010). Hierarchical dynamics in pigeon flocks. *Nature, 464,* 890-893.

Newcombe, N. S. (2002). The nativist-empiricist *controversy in the context of* recent research on spatial and quantitative development. *Psychological Science, 13,* 395-401.

Newcombe, N. S., Ratliff, K. R., Shallcross, W. L., & Twyman, A. (2009). Is cognitive modularity necessary in an evolutionary account of development?. In L. Tommasi, M. A. Peterson, & L. Nadel (Eds.), *Cognitive biology* (pp. 105-126). Cambridge, MA: MIT Press.

Nieder, A., & Dehaene, S. (2009). Representation of number in the brain. *Annual Review of Neuroscience, 32,* 185-208.

Noë, R. (2006). Cooperation experiments: Coordination through communication versus acting apart together. *Animal Behaviour, 71,* 1-18.

Öhman, A., & Mineka, S. (2001). Fears, phobias, and preparedness: Toward an evolved module of fear and fear learning. *Psychological Review, 108,* 483-522.

O'Keefe, J., & Nadel, L. (1978). *The hippocampus as a cognitive map*. Oxford, England: Clarendon Press.

Osiurak, E., Jarry, C., & LeGall, D. (2010). Grasping the affordances, understanding the reasoning: Toward a dialectical theory of human tool use. *Psychological Review, 117*, 517-540.

Osvath, M., & Osvath, H. (2008). Chimpanzee (*Pan troglodytes*) and orangutan (*Pongo abelii*) forethought: Self-control and pre-experience in the face of future tool use. *Animal Cognition, 11*, 661-674.

Ottoni, E. B., & de Resende, B. D. (2005). Watching the best nutcrackers: What capuchin monkeys (*Cebus apella*) know about others tool-using skills. *Animal Cognition, 24*, 215-219.

Papini, M. R. (2008). *Comparative psychology* (2nd ed.). New York: Psychology Press.

Paukner, A., Suomi, S. J., Visalberghi, E., & Ferrari, P. F. (2009). Capuchin monkeys display affiliation toward humans who imitate them. *Science, 325*, 880-883.

Paxton, R., Basile, B. M., Adachi, I., Suzuki, W. A., Wilson, M. E., & Hampton, R. R. (2010). Rhesus monkeys (*Macaca mulatta*) rapidly learn to select dominant individuals in videos of artificial social interactions between unfamiliar conspecifics. *Journal of Comparative Psychology, 124*, 395-401.

Paz-y-Mino, C. G., Bond, A. B., Kamil, A. C., & Balda, R. P. (2004). Pinyon jays use transitive inference to predict social dominance. *Nature, 430*, 778-781.

Peake, T. M. (2005). Eavesdropping in communication networks. In P. K. McGregor (Ed.), *Animal communication networks* (pp. 13-37). Cambridge, England: Cambridge University Press.

Pearce, J. M. (2008). *Animal learning & cognition* (3rd ed.). New York: Psychology Press.

Pearce, J. M. (2009). An associative analysis of spatial learning. *Quarterly Journal of Experimental Psychology, 62*, 1665-1684.

Penn, D. C., Holyoak, K. J., & Povinelli, D. J. (2008). Darwin's mistake: Explaining the discontinuity between human and nonhuman minds. *Behavioral and Brain Sciences, 31*, 109-178.

Penn, D. C., & Povinelli, D. J. (2007). On the lack of evidence that non-human animals possess anything remotely resembling a "theory of mind". *Philosophical Transactions of the Royal Society B, 362,* 731-744.

Pfungst, O. (1965). Clever Hans (*The Horse of Mr. Von Osten*). New York: Holt Rinehart and Winston.

Pica, P., Lemer, C., Izard, V., & Dehaene, S. (2004). Exact and approximate arithmetic in an Amazonian indigene group. *Science, 306,* 499-503.

Pilley, J. W., & Reid, A. K. (2010). Border collie comprehends object names as verbal referents. *Behavioural Processes, 86,* 184-195.

pinker, S., & Jackendof, R. (2005). The faculty of language: What's special about it?. *Cognition, 95,* 201-236.

Pompilio, L., & Kacelnik, A. (2010). Context-dependent utility overrides absolute memory as a determinant of choice. *Proceedings of the National Academy of Sciences USA, 107,* 508-512.

Pompilio, L., Kacelnik, A., & Behmer, S. T. (2006). State-dependent learned valuation drives choice in an invertebrate. *Science, 311,* 1613-1615.

Povinelli, D. J. (2000). *Folk physics for apes.* New York: Oxford University Pres.

Povinelli, D. J., & Eddy, T. J. (1996). What young chimpanzees know about seeing. *Monographs of the Society for Research in Child Development, 61,* 1-152.

Povinelli, D. J., & Preuss, T. M. (1995). Theory of mind: Evolutionary history of a cognitive specialization. *Trends in Neurosciences, 18,* 418-424.

Povinelli, D. J., & Vonk, J. (2004). We don't need a microscope to explore the chimpanzee's mind. *Mind & Language, 19,* 1-28.

Premack, D. (2007). Human and animal cognition: Continuity and discontinuity. *Proceedings of the National Academy of Sciences USA, 104,* 13861-13867.

Premack, D. (2010). Why humans are unique: Three theories. *Perspectives on Psychological Science, 5,* 22-32.

Premack, D., & Woodruff, G. (1978). Does the chimpanzee have a theory of mind?. *The Behavioral and Brain Sciences, 4,* 515-526.

Raby, C. R., Alexis, D. M., Dickinson, A., & Clayton, N. S. (2007). Planning for the future by Western scrub-jays. *Nature, 445,* 919-921.

Raby, C. R., & Clayton, N. S. (2009). Prospective cognition in animals. *Behavioural*

Processes, 80, 314-324.

Radick, G. (2007). *The simian tongue.* Chicago, IL: University of Chicago Press.

Raihani, N. J., & Ridley, A. R. (2008). Experimental evidence for teaching in wild pied babblers. *Animal Behaviour, 75,* 3-11.

Range, F., Huber, L., & Heyes, C. (2011). Automatic imitation in dogs. *Proceedings of the Royal Society B, 278,* 211-217.

Reader, S. M., Hager, Y., & Laland, K. N. (2011). The evolution of primate general and cultural intelligence. *Philosophical Transactions of the Royal Society B, 366,* 1017-1027.

Reid, P. J. (2009). Adapting to the human world: Dogs' responsiveness to our social cues. *Behavioural Processes, 80,* 325-333.

Reid, P. J., & Shettleworth, S. J. (1992). Detection of cryptic prey: Search image or search rate?. *Journal of Experimental Psychology: Animal Behavior Processes, 18,* 273-286.

Rendall, D., Owren, M. J., & Ryan, M. J. (2009). What do animal signals mean?. *Animal Behaviour, 78,* 233-240.

Rendell, L., Fogarty, L., Hoppitt, W. J. E., Morgan, T. J. H., Webster, M. M., & Laland, K. N. (2011). Cognitive culture: Theoretical and empirical insights into social learning strategies. *Trends in Cognitive Sciences, 15,* 68-78.

Rescorla, R. A. (1988). Pavlovian conditioning: It's not what you think it is. *American Psychologist, 43,* 151-160.

Rescorla, R. A., & Wagner, A. R. (1972). A theory of Pavlovian conditioning: Variations in the effectiveness of reinforcement and nonreinforcement. In A. H. Black & W. F. Prokasy (Eds.), *Classical conditioning II: Current theory and research* (pp. 64-99). New York: Appleton-Century-Crofts.

Richerson, P. J., & Boyd, R. (2005). *Not by genes alone.* Chicago, IL: University of Chicago Press.

Rieucau, G., & Giraldeau, L-A. (2011). Exploring the costs and benefits of social information use: An appraisal of current experimental evidence. *Philosophical Transactions of the Royal Society B, 366,* 949-957.

Riley, J. R., Greggers, U., Smith, A. D., Reynolds, D. R., & Menzel, R. (2005). The flight paths of honeybees recruited by the waggle dance. *Nature, 435*, 205-207.

Rizzolatti, G., & Fogassi, L. (2007). Mirror neurons and social cognition. In R. I. M. Dunbar & L. Barrett (Eds.), *The Oxford handbook of evolutionary psychology* (pp. 179-195). Oxford, England: Oxford University Press.

Roberts, S. (1981). Isolation of an internal clock. *Journal of Experimental Psychology: Animal Behavior Processes, 7*, 242-268.

Roberts, W. A. (2002). Are animals stuck in time?. *Psychological Bulletin, 128*, 473-489.

Roberts, W. A., Cruz, C., & Tremblay, J. (2007). Rats take correct novel routes and shortcuts in an enclosed maze. *Journal of Experimental Psychology: Animal Behavior Processes, 33*, 79-91.

Roberts, W. A., & Feeney, M. C. (2009). The comparative study of mental time travel. *Trends in Cognitive Sciences, 13*, 271-277.

Roberts, W. A., Feeney, M. C., MacPherson, K., Petter, M., McMillan, N., & Musolino, E. (2008). Episodic-like memory in rats: Is it based on when or how long ago?. *Science, 320*, 113-115.

Roediger, H. L., Dudai, Y., & Fitzpatrick, S. M. (Eds.). (2007). *Science of memory: Concepts.* New York: Oxford University Press.

Romanes, G. J. (1892). *Animal intelligence.* New York: D. Appleton and Company.

Rosati, A. G., & Hare, B. (2009). Looking past the model species: Diversity in gaze-following skills across primates. *Current Opinion in Neurobiology, 19*, 45-51.

Rosati, A. G., Stevens, J. R., Hare, B., & Hauser, M. D. (2007). The evolutionary origins of human patience: Temporal preferences in chimpanzees, bonobos, and human adults. *Current Biology, 17*, 1663-1668.

Roth, T. C., Brodin, A., Smulders, T. V., LaDage, L. D., & Pravosudov, V. V. (2010). Is bigger always better? A critical appraisal of the use of volumetric analysis in the study of the hippocampus. *Philosophical Transactions of the Royal Society B, 365*, 915-931.

Roth, T. C., & Pravosudov, V. V. (2009). Hippocampal volumes and neuron numbers increase along a gradient of environmental harshness: A large-scale comparison. *Proceedings of the Royal Society of London B, 276*, 401-405.

Ruxton, G. D., Sherratt, T. N., & Speed, M. P. (2004). *Avoiding attack*. Oxford England: Oxford University Press.

Santos, L. R., & Hughes, K. D. (2009). Economic cognition in animals and humans: The search for core mechanisms. *Current Opinion in Neurobiology, 19*, 63-66.

Sanz, C., Morgan, D., & Gulick, S. (2004). New insights into chimpanzees, tools, and termites from the Congo basin. *The American Naturalist, 164*, 567-581.

Scarf, D., & Colombo, M. (2010). Representation of serial order in pigeons (*Columba livia*). *Journal of Experimental Psychology: Animal Behavior Processes, 36*, 423-429.

Schino, G., & Aureli, F. (2009). Reciprocal altruism in primates: Partner choice, cognition, and emotions. *Advances in the Study of Behavior, 39*, 45-69.

Scholl, B. J., & Tremoulet, P. D. (2000). Perceptual causality and animacy. *Trends in Cognitive Sciences, 4*, 299-309.

Seed, A., & Byrne, R. (2010). Animal tool-use. *Current Biology, 20*, R1032-R1039.

Seed, A. M., Call, J., Emery, N. J., & Clayton, N. S. (2009). Chimpanzees solve the trap problem when the confound of tool-use is removed. *Journal of Experimental Psychology: Animal Behavior Processes, 35*, 23-34.

Seed, A. M., Tebbich, S., Emery, N. J., & Clayton, N. S. (2006). Investigating physical cognition in rooks, Corvus frugilegus. *Current Biology, 16*, 697-701.

Seeley, T. D. (1985). *Honey bee ecology*. Princeton, NJ: Princeton University Press.

Seeley, T. D. (1995). *The wisdom of the hive*. Cambridge, MA: Harvard University Press.

Seyfarth, R. M., & Cheney, D. L. (2003). Signalers and receivers in animal communication. *Annual Review of Psychology, 54*, 145-173.

Seyfarth, R. M., & Cheney, D. L. (2010). Production use, and comprehension in animal vocalizations. *Brain and Language, 115*, 92-100.

Seyfarth, R. M., Cheney, D. L., Bergman, T. J., Fischer, J., Züberbuhler, K., & Hammerschmidt, K. (2010). The central importance of information in studies of communication. *Animal Behaviour, 80*, 3-8.

Seyfarth, R. M., Cheney, D. L., & Marler, P. (1980). Monkey responses to three different alarm calls: Evidence of predator classification and semantic communication.

Science, 210, 801-803.

Shanks, D. R, (2010). Learning: From association to cognition. *Annual Review of Psychology, 61,* 273-301.

Shapiro, M. S., Siller, S., & Kacelnik, A. (2008). Simultaneous and sequential choice as a function of reward delay and magnitude: Normative, descriptive and process-based models tested in the European starling (*Sturnus vulgaris*). *Journal of Experimental Psychology: Animal Behavior Processes, 34,* 75-93.

Sherry, D. F. (2005). Do ideas about function help in the study of causation?. *Animal Biology, 55,* 441-456.

Sherry, D. F. (2006). Neuroecology. *Annual Review of Psychology, 57,* 167-197.

Shettleworth, S. J. (1998). *Cognition, evolution, and behavior.* New York: Oxford University Press.

Shettleworth, S. J. (2010a). *Cognition, evolution, and behavior* (2nd ed.). New York: Oxford University Press.

Shettleworth, S. J. (2010b). Clever animals and killjoy explanations in comparative psychology. *Trends in Cognitive Sciences, 14,* 477-481.

Shettleworth, S. J., & Hampton, R. H. (1998). Adaptive specializations of spatial cognition in food storing birds? Approaches to testing a comparative hypothesis. In R. P. Balda, I. M. Pepperberg, & A. C. Kamil (Eds.), *Animal cognition in nature* (pp. 65-98). San Diego, CA: Academic Press.

Shettleworth, S. J., & Sutton, J. E. (2005). Multiple systems for spatial learning: Dead reckoning and beacon homing in rats. *Journal of Experimental Psychology: Animal Behavior Processes, 31,* 125-141.

Sheynilkhovich, D., Chavarriaga, R., Strosslin, S., Arleo., & Gerstner, W. (2009). Is there a geometric module for spatial orientation? Insights from a rodent navigation model. *Psychological Review, 116,* 540-566.

Shumaker, R. W., Walkup, C. R., & Beck, B. B. (Eds.). (2011). *Animal tool behavior* (Revised and updated ed.). Baltimore, MD: Johns Hopkins University Press.

Silk, J. B. (1999). Male bonnet macaques use information about third-party rank relationships to recruit allies. *Animal Behaviour, 58,* 45-51.

Silk, J. B., & House, B. R. (2012). The phylogeny and ontogeny of prosocial behavior. In J. Vonk & T. Shackelford (Eds.), *Oxford handbook of comparative evolutionary psychology* (pp. 381-398). New York: Oxford University Press.

Silva, F. J., & Silva, K. M. (2006). Humans folk physics is not enough to explain variations in their tool-using behavior. *Psychonomic Bulletin & Review, 13,* 689-693.

Silva, F. J., & Silva, K. M., Cover, K. M., Leslie, A. L., & Rubalcaba, M. A. (2008). Humans' folk physics is sensitive to physical connection and contact between a tool and reward. *Behavioural Processes, 77,* 327-333.

Simon, H. A. (1962). The architecture of complexity. *Proceedings of the American Philosophical Society, 106,* 467-482.

Singer, R. A., Abroms, B. D., & Zentall, T. R. (2006). Formation of a simple cognitive map by rats. *International Journal of Comparative Psychology, 19,* 1-10.

Slotnick, B. (2001). Animal cognition and the rat olfactory system. *Trends in Cognitive Sciences, 5,* 216-222.

Smith, J. D., Ashby, F. G., Berg, M. E., Murphy, R. A., Spiering, B., Cook, R. G., et al. (2011). Pigeons' categorization may be exclusively nonanalyic. *Psychonomic Bulletin & Review, 18,* 414-421.

Smith, J. D., Beran, M. J., Couchman, J. J., & Coutinho, M. V. C. (2008). The comparative study of metacognition: Sharper paradigms, safer inferences. *Psychonomic Bulletin & Review, 15,* 679-691.

Smith, J. D., Beran, M. J., Crossley, M. J., Boomer, J., & Ashby, F. G. (2010). Implicit and explicit category learning by macaques (*Macaca mulatta*) and humans (*Homo sapiens*). *Journal of Experimental Psychology: Animal Behavior Processes, 36,* 54-65.

Smith, J. D., Chapman, W. P., & Redford, J. S. (2010). Stages of category learning in monkeys (*Macaca mulatta*) and humans (*Homo sapiens*). *Journal of Experimental Psychology: Animal Behavior Processes, 36,* 39-53.

Smith, J. D., Shields, W. E., Allendoerfer, K. R., & Washburn, D. A. (1998). Memory monitoring by animals and humans. *Journal of Experimental Psychology: General, 127,* 227-250.

Smith, J. D., Shields, W. E., & Washburn, D. A. (2003). The comparative psychology of uncertainty monitoring and metacognition. *Behavioral and Brain Sciences, 26,* 317-373.

Smith, J. D., & Washburn, D. A. (2005). Uncertainty monitoring and metacognition by animals. *Current Directions in Psychological Science, 14,* 19-24.

Sober, E. (2005). Comparative psychology meets evolutionary biology. Morgans canon and cladistic parsimony. In L. Daston & G. Mitman (Eds.), *Thinking with animals: New perspectives on anthropomorphism* (pp. 85-99). New York: Columbia University Press.

Son, L. K., & Kornell, N. (2005). Meta-confidence judgments in rhesus macaques: Explicit VS. implicit mechanisms. In H. S. Terrace & J. Metcalfe (Eds.), *The missing link in cognition: Origins of self-reflective consciousness* (pp. 296-320). New York: Oxford University Press.

Spelke, E. S. (2000). Core knowledge. *American Psychologist, 55,* 1233-1243.

Spelke, E. S., & Kinzler, K. D. (2007). Core knowledge. *Developmental Science, 10,* 89-96.

Stephens, D. W., Brown, J. S., & Ydenberg, R. C. (Eds.). (2007). *Foraging.* Chicago, IL: University of Chicago Press.

Stephens, D. W., Kerr, B., & Fernández-Juricic, E. (2004). Impulsiveness without discounting: The ecological rationality hypothesis. *Proceedings of the Royal Society B, 271,* 2459-2465.

Stevens, J. R., & Hauser, M. D. (2004). Why be nice? Psychological constraints on the evolution of cooperation. *Trends in Cognitive Sciences, 8,* 60-65.

Stürzl, W., Cheung, A., Cheng, K., & Zeil, J. (2008). The information content of panoramic images I: The rotational errors and similarity of views in rectangular experimental arenas. *Journal of Experimental Psychology: Animal Behavior Processes, 34,* 1-14.

Suddendorf. T., & Busby, J. (2005). Making decisions with the future in mind: Developmental and comparative identification of mental time travel. *Learning and Motivation, 36,* 110-125.

Suddendorf, T., & Corballis, M. C. (1997). Mental time travel and the evolution of the human mind. *Genetic, Social, and General Psychology Monographs, 123,* 133-

167.

Suddendorf, T., & Corballis, M. C. (2008a). Episodic memory and mental time travel. In E. Dere, A. Easton, L. Nadel, & J. P. Huston (Eds.), *Handbook of episodic memory* (pp. 31-42). New York: Elsevier.

Suddendorf, T., & Corballis, M. C. (2008b). New evidence for animal foresight?. *Animal Behaviour, 25,* e1-e3.

Suddendorf, T., & Corballis, M. C. (2010). Behavioural evidence for mental time travel in nonhuman animals. *Behavioural Brain Research, 215,* 292-298.

Suddendorf, T., Corballis, M. C., & Collier-Baker, E. (2009). How great is great ape foresight?. *Animal Cognition, 12,* 751-754.

Taylor, A. H., Hunt, G. R., Holzhaider, J. C., & Gray R. D. (2007). Spontaneous metatool use by New Caledonian crows. *Current Biology, 17,* 1504-1507.

Templeton, C. N., Greene, E., & Davis, K. (2005). Allometry of alarm calls: Black-capped chickadees encode information about predator size. *Science, 308,* 1934-1937.

Terrace, H. S. (2001). Chunking and serially organized behavior in pigeons, monkeys, and humans. In R. G. Cook (Ed.), *Avian visual cognition* [On-line]. Available: www.pigeon.psy.tufts.edu/avc/terrace/

Terrace, H. S. (2006). The simultaneous chain: A new look at serially organized behavior. In E. A. Wasserman & T. R. Zentall (Eds.), *Comparative cognition* (pp. 481-511). New York: Oxford University Press.

Thorndike, E. L. (1911/1970). *Animal intelligence.* Darien, CT: Hafner Publishing Company.

Thornton, A., & McAuliffe, K. (2006). Teaching in wild meerkats. *Science, 313,* 227-229.

Thornton, A., & Raihani, N. J.(2010). Identifying teaching in wild animals. *Learning & Behavior, 38,* 297-309.

Thorpe, C. M., & Wilkie, D. M. (2006). Properties of time-place learning. In E. A. Wasserman & T. R. Zentall (Eds.), *Comparative cognition: Experimental explorations of animal intelligence* (pp. 229-245). New York: Oxford University Press.

Tinbergen, N. (1932/1972). On the orientation of the digger wasp *Philanthus triangulum* Fabr I. (A. Rasa, Trans.). In N. Tinbergen (Ed.), *The animal in its world* (Vol. 1, pp. 103-127). Cambridge, MA: Harvard University Press.

Tinbergen, N. (1951). *The study of instinct.* Oxford, England: Oxford University Press.

Tinbergen, N. (1963). On aims and methods of ethology. *Zeitschrif fur Tierpsychologie, 20*, 410-433.

Todd, P. M., & Gigerenzer, G. (2007). Mechanisms of ecological rationality: Heuristics and environments that make us smart. In R. I. M. Dunbar & L. Barrett (Eds.), *The Oxford handbook of evolutionary psychology* (pp. 197-210). Oxford, England: Oxford University Press.

Tolman, E. C. (1948). Cognitive maps in rats and men. *Psychological Review, 55*, 189-208.

Tolman, E. C., Ritchie, B. F., & Kalish, D. (1946). Studies in spatial learning I. Orientation and the short-cut. *Journal of Experimental Psychology. 36*, 13-24.

Tomasello, M., & Call, J. (1997). *Primate cognition.* New York: Oxford University Press.

Tomasello, M., Carpenter, M., Call, J., Behne, T., & Moll, H. (2005). Understanding and sharing intentions: The origins of cultural cognition. *The Behavioral and Brain Sciences, 28*, 675-735.

Tomasello, M., Davis-Dasilva, M., Camak, L., & Bard, K. (1987). Observational learning of tool-use by young chimpanzees. *Human Evolution, 2*, 175-183.

Treichler, F. R., Raghanti, M. A., & Van Tilburg, D. N. (2003). Linking of serially ordered lists by macaque monkeys (*Macaca mulatta*): List position influences. *Journal of Experimental Psychology: Animal Behavior Processes, 29*, 211-221.

Trivers, R. L. (1971). The evolution of reciprocal altruism. *The Quarterly Review of Biology, 46*, 35-57.

Tulving, E. (2005). Episodic memory and autonoesis: Uniquely human?. In H. S. Terrace & J. Metcalfe (Eds.), *The missing link in cognition: Origins of self-reflective consciousness* (pp. 3-56). New York: Oxford University Press.

Udell, M. A. R., Dorey, N. R., & Wynne, C. D. L. (2010). What did domestication do to dogs? A new account of dogs' sensitivity to human actions. *Biological Reviews,*

85, 327-345.

van Heijningen, C. A. A., deVisser, J., Zuidema, W., & ten Cate, C. (2009). Simple rules can explain discrimination of putative syntactic structures by a songbird species. *Proceedings of the National Academy of Sciences USA, 106*, 20538-20543.

van Lawick-Goodall, J. (1971). Tool-using in primates and other vertebrates. *Advances in the Study of Behavior, 3*, 195-249.

von Bayern, A. M. P., Heathcote, R. J. P., Rutz, C., & Kacelnik, A. (2009). The role of experience in problem solving and innovative tool use in crows. *Current Biology, 19*, 1965-1968.

von Frisch, K. (1953). *The dancing bees* (D. Ise, Trans.). New York: Harcourt Brace.

von Uexküll, J. (1934/1957). A stroll through the worlds of animals and men. In C. H. Schiller (Ed.), *Instinctive behavior* (pp. 5-80). New York: International Universities Press.

Vonk, J., & Povinelli, D. J. (2006). Similarity and difference in the conceptual systems of primates: The unobservability hypothesis. In E. A. Wasserman & T. R. Zentall (Eds.), *Comparative cognition* (pp. 363-387). New York: Oxford University Press.

Vonk, J., & Shackelford, T. (Eds.). (2012). *Oxford handbook of comparative evolutionary psychology.* New York: Oxford University Press.

Waldmann, M. R., Cheng, P. W., Hagmayer, Y., & Blaisdell, A. P. (2008). Causal learning in rats and humans: A minimal rational model. In N. Chater & M. Oaksford (Eds.), *The probabilistic mind: Prospects for bayesian cognitive science* (pp. 453-484). Oxford, England: Oxford University Press.

Wall, P., Botly, L. C. P., Black, C. M., & Shettleworth, S. J. (2004). The geometric module in the rat: Independence of shape and feature learning in a food-finding task. *Learning & Behavior, 32*, 289-298.

Wang, R. F., & Brockmole, J. R. (2003). Human navigation in nested environments. *Journal of Experimental Psychology: Learning, Memory, and Cognition, 29*, 398-404.

Warneken, F., & Tomasello, M. (2009). Varieties of altruism in children and chimpanzees. *Trends in Cognitive Sciences, 13*, 397-402.

Wasserman, E., A., Hugart, J. A., & Kirkpatrick-Steger, K. (1995). Pigeons show same-different conceptualization after training with complex visual stimuli. *Journal of Experimental Psychology: Animal Behavior Processes, 21,* 248-252.

Wasserman, E. A., & Young, M. E. (2010). Same-different discrimination: The keel and backbone of thought and reasoning. *Journal of Experimental Psychology: Animal Behavior Processes, 36,* 3-22.

Wehner, R., & Srinivasan, M. V. (1981). Searching behaviour of desert ants, genus *Cataglyphis* (Formicidae, Hymenoptera). *Journal of Comparative Physiology A, 142,* 315-338.

Weir, A. A. S., Chappell, J., & Kacelnik, A. (2002). Shaping of hooks in New Caledonian crows. *Science, 297,* 981.

Weisberg, R. W. (2006). *Creativity.* Hoboken, NJ: John Wiley & Sons.

West-Eberhard, M. J. (2003). *Developmental plasticity and evolution.* New York: Oxford University Press.

Westneat, D. F., & Fox, C. W. (Eds.). (2010). Evolutionary behavioral ecology. New York: Oxford University Press.

Whishaw, I. Q., & Kolb, B. (Eds.). (2005). *The behavior of the laboratory rat.* New York: Oxford University Press.

Whiten, A., Custance, D. M., Gomez, J-C., Teixidor, P., & Bard, K. A. (1996). Imitative learning of artificial fruit processing in children (*Homo sapiens*) chimpanzees (*Pan troglodytes*). *Journal of Comparative Psychology, 110,* 3-14.

Whiten, A., Goodall, J., McGrew, W. C., Nishida, T., Reynolds, V., Sugiyama, Y., et al. (1999). Cultures in chimpanzees. *Nature, 399,* 682-685.

Whiten, A., Hinde, R. A., Stringer, C. B., & Laland, K. N. (2011). Culture evolves. *Philosophical Transactions of the Royal Society B, 366,* 938-948.

Whiten, A., McGuigan, N., Marshall-Pescini, S., & Hopper, L. M. (2009). Emulation, imitation, over-imitation and the scope of culture for child and chimpanzee. *Philosophical Transactions of the Royal Society B, 364,* 2417-2428.

Wiener, J., Shettleworth, S. J., Bingman, V. P., Cheng, K., Healy, S., Jacobs, L. F., et al. (2011). Animal navigation-A synthesis. In R. Menzel & J. Fischer (Eds.), *Animal thinking: Contemporary issues in comparative cognition* (pp. 51-76).

Cambridge, MA: MIT Press.

Wilson, D. S., & Wilson, E. O. (2008). Evolution "for the good of the group". *American Scientist, 96,* 380-390.

Wimpenny, J. H., Weir, A. A. S., Clayton, L., Rutz, C., & Kacelnik, A. (2009). Cognitive processes associated with sequential tool use in New Caledonian crows. *PLoS One, 4,* e6471.

Wittlinger, M., Wehner, R., & Wolf, H. (2007). The desert ant odometer: A stride integrator that accounts for stride length and walking speed. *The Journal of Experimental Biology, 210,* 198-207.

Wright, A. A. (1991). A detection and decision process model of matching to sample. In M. L. Commons, J. A. Nevin, & M. C. Davison (Eds.), *Signal detection: Mechanisms, models, and applications* (pp. 191-219). Hillsdale, NJ: Erlbaum.

Wright, A. A. (2006). Memory processing. In E. A. Wasserman & T. R. Zentall (Eds.), *Comparative cognition: Experimental explorations of animal intelligence* (pp. 164-185). New York: Oxford University Press.

Wright, A. A., Cook, R. G., & Rivera, J. J. (1988). Concept learning by pigeons: Matching-to-sample with trial-unique video picture stimuli. *Animal Learning & Behavior, 16,* 436-444.

Wright, A. A., Santiago, H. C., Sands, S. F., Kendrick, D. F., & Cook, R. G. (1985). Memory processing of serial lists by pigeons, monkeys, and people. *Science, 229,* 287-289.

Wynne, C. D. L. (2004). Fair refusal by capuchin monkeys. *Nature, 428,* 140.

Zentall, T. R. (2005). Selective and divided attention in animals. *Behavioural Processes, 69,* 1-15.

Zentall, T. R. (2010). Coding of stimuli by animals: Retrospection, prospection, episodic memory and future planning. *Learning and Motivation, 41,* 225-240.

Zentall, T. R., Clement, T. S., Bhatt, R. S., & Allen, J. (2001). Episodic-like memory in pigeons. *Psychonomic Bulletin & Review, 8,* 685-690.

Zentall, T. R., Sherburne, L. M., Roper, K. L., & Kraemer, P. J. (1996). Value transfer in a simultaneous discrimination appears to result from within-event Pavlovian conditioning. *Journal of Experimental Psychology: Animal Behavior Processes,*

22, 68-75.

Zhou, W. Y., & Crystal, J. D. (2009). Evidence for remembering when events occurred in a rodent model of episodic memory. *Proceedings of the National Academy of Sciences USA, 106*, 9525-9529.

Zuberbühler, K. (2008). Audience effects. *Current Biology, 18*, R189-R190.

Zuberbühler, K. (2009). Survivor signals: The biology and psychology of alarm calling. *Annual Review of Psychology, 40*, 227-232.

Zuberbühler, K., Cheney, D. L., & Seyfarth, R. M. (1999). Conceptual semantics in a nonhuman primate. *Journal of Comparative Psychology, 113*, 33-42.

찾아보기

인명

C

Carey, S. 205, 207

Chomsky, N. 200

D

Darwin, C. R. 16, 175, 187, 193

Dennett, D. 175

Donald R. G. 22

F

Finlay, B. L. 15

Fitch, W. T. 200

Fodor, J. A. 202

G

Gelman, R. 205

H

Hauser, M. D. 200

Holyoak, K. J. 198

K

Kohler, W. 133

L

Lorenz, K. Z. 19, 175

M

Mackintosh, N. J. 104

N

Nadel, L. 100

O

O'Keefe, J. 100

P

Penn, D. C. 198, 199

Povinelli, D. J. 197, 198

Premack, D. 150, 200

R

Romanes, G. 17

S

Skinner, B. F. 20

Spelke, E. S. 205

T

Thorndike, E. L. 18, 163

Tinbergen, N. 19, 99, 175

Tolman, E. C. 100

Tomasello, M. 195, 207

V

von Uexküll, J. 40

인명

2-동작 검사 164

3자 간 관계 147

g 요인 196

ㄱ

가르치기 168

가짜 범주화 학습 82

가치 전이 117

감각생태학 41

강화물 지연 73

개 166, 168, 175

개념학습 84

개미 낚시 171

개코원숭이 185

거울 뉴런 166

거짓 믿음 검사 150

검사 시행 106

검은머리박새 125, 182

겁주기행동 163

게슈탈트 심리학자 133

게임 이론 146

결합 탐색 43

경계 발성 156

경고색 175

경보 발성 178, 179

경보 신호 182

경우자극 72

계통도 27

계획하기 127

고속 지도화 185

고전적 조건화 32, 67

고정간격 119

고정간격강화계획 20

고정시간계획 110

공간 인지 185, 209

공감 능력 160

공작 175

관중 효과 178

관찰 조건화 162

관찰자 162, 173

구 구조 문법 183

구성체 71

근사 숫자 시스템 111, 205, 206

근사 숫자 시스템의 특징 113

근접 원인 19

금화조 184

급박함 182

기능적 범주화 84

기능적 유사성 23

기능적 참조 179

기하학적 모듈 202

기하학적 민감성 96

기하학적 정보 205

까마귀 153

꿀벌 176

ㄴ

나나니벌 99

남부얼룩무늬꼬리치레 170

내부 연결 135

노래 학습 166

노래새 187

놀람반사 45

뉴칼레도니아까마귀 24, 32, 136

늪지참새 174

ㄷ

다대일 선택 과제 85

다이아나원숭이 180

단순 탐색 43

대상 추적 시스템 111, 206

덤불어치 52

데드레코닝 65, 95, 99, 101

도구 사용 195, 198, 209

도구적 조건화 67

도메인–공통적 34

도메인–일반적 201

도메인–특정적 35, 201

독수리 180

독화살개구리 174

돌고래 185

동물행동학 19

동시 연쇄 115

동작 읽기 198

동조 106

따라하기 65, 160

딱따구리핀치 26

땅다람쥐 181

떼까마귀 130, 136

ㄹ

레스콜라–와그너 모델 66, 69

로이드 모르간의 카논 31

ㅁ

마음 이론 143, 150, 198, 207, 209

마음 읽기 155, 198, 208

매 178

매개된 일반화 85

매몰 비용 효과 122

맥락 48

맥락 변인 51

먹이 감추기 61

메추리 164

메타기억 56

메타도구 137

메타인지 56

멕시코어치 52

명확한 작은 숫자 시스템 112, 205

모듈화 29, 201

모듈화된 지능 145

모르간의 카논 39

모방 160

목표자극 41, 43, 46, 47, 49

무조건자극 67

문화 170

물리 인지 208

물리적 인과관계 208

물체 선택 검사 151

미각 혐오 학습 73

미어캣 169

ㅂ

바다사자 185

박쥐 40

반려견 151

반려동물 151

반사 39

반응시간 43

반향적 의식 22

발성 146

방사형 미로 49, 62, 102

방해자극 41, 47

배경 45

버빗원숭이 179

벌새 107

범용 지능 145

범주학습 81

베버의 법칙 107, 113

변동간격 계획 119

변별 78

변별 역전 과제 79

보더콜리 186

복합자극 71

부분 강화 68

부호화 47

북미산노래참새 174

분류 시스템 100

분할 주의 44

붉은털원숭이 54, 56, 112

블로킹 69, 101

비둘기 54, 164, 175

비례적 기대 모델 109

비례적 타이밍 107

비숍-콜러 가설 123

뿔닭 181

ㅅ

사막개미 29

사전연합 163

사회 뇌 이론 145

사회 지능 이론 144

사회적 우세 84

사회적 채집 146

사회학습 144, 160

산박새 52

상동관계 26

상리공생 156

상사관계 27

상호 협력의 의사소통 195

상호이타주의 157

생동감 148, 205

생득적 지식 시스템 205

생물학적 연관성 74

서양어치 124, 153, 198

소거 68

수 인지 185, 209

수 처리 195

수렴진화 27

수수께끼 상자 18

수신자 174

수탉 178

수화 174

순차 변별 훈련 79

습관화 32, 44, 65, 114, 180

시각 탐색 과제 41

시간 간격 시스템 105

시간 이분할 107

시간 추정 학습 110

시간적 근시안 120

시간적 근접성 68

시범자 161, 173

시클리드 117

시행 간 간격 47, 74

시행착오 학습 31, 33, 172

시행착오에 의한 학습 31

신경경제학 121

신경생태학 53

신생아 167

신호자극 149, 174

실행법칙 74

ㅇ

아기 187

아동 154

암탉 178

애걸 발성 169

앵무새 166

어치 153

언어 183

에뮬레이션 164

역방향 블로킹 77

연속적인 구조 185

연합연쇄학습 167

연합학습 65

엿듣기 147, 181

영리한 한스 111, 186

예언가 72

예측 부호화 47

오랑우탄 196

오리너구리 40

왜글춤 176

움벨트 40

원숭이 166

원시 유인원 184

원형 82

위험 추구 119

위험 회피 120

유사−일화기억 61, 153

유아 196, 206

유인원 196, 198

유한 상태 문법 184

음성 따라하기 187

음식 선호의 사회적 정보 전달 162

의도 공유 195

의미 연합 이론 126

의미기억 60

의미적 일치 효과 114

의사소통 144

의식적 자기회고 60, 64

이정표 95, 202

이타성 155

이행 추론 116

인지 동물행동학 22

인지 부조화 122

인지 지도 94, 102, 104

인출 단서 48

일반지능 30

일반지능요인 196

일반화 71, 80

일반화 구배 81

일주기 시스템 105

일치의 문제 165

일화기억 60, 124

ㅈ

자극 간 간격 73

자극 내 학습 67

자극 향상 162

자기 통제 123

자기중심적 94

자동조형 75

작업기억 49

잠재학습 100

장소세포 93

장식행동 175

재귀 200

재귀적 구조 183, 194

재인 48

재인기억 23

재평가 75

적응적 특화 29

적합성 21, 75, 119

전서구 104

전이 현상 60

전이된 변별 82

절차학습 130

점화 43

정신적 시간 여행 209

정점 이동 81

정점 절차 106

제왕나비 174

제외 학습 185

조가비 패턴 20

조건반응 67

조건자극 67

조작적 조건화 67

조절자극 72

주변 향상 162

즉각적 보상 선호 120

지각 범주화 81

지각적 범주화 87

지각적 자각 22

지도 읽기 195

지역 시스템 100

지연 조건화 73

지연 후 선택 46

지연감가 120

직접 원인 19

진동자 모델 109

ㅊ

차별화된 보상 훈련 88

차폐 71

착시 202

참조기억 49, 109

체이서 186

초두효과 53

초점 주의 43

최신효과 53

최적 채집 이론 118

최적화 실패 120

최후통첩 게임 158

충동성 120

친족 선택 156

침팬지 132, 151, 154, 156, 158, 164, 171, 195, 196, 197, 199, 206

ㅋ

카푸친원숭이 158

콰인의 부트스트래핑 207

클라크잣까마귀 29, 52

키 47, 75

ㅌ

타자중심적 94

탈습관화 180

탈습관화 45

탐색 이미지 43

토큰 174

통속심리학 18, 30, 33

통찰 133

틴버겐의 네 가지 설명 34

틴버겐의 네 가지 질문 32

ㅍ

파랑어치 44

파블로프 조건화 67

파지 간격 47, 49

패치 21, 118

페이스메이커-누산기 모델 109

표범 180

표상 39

표상에 의한 재구성 198

표지 95

프랙탈 204

피농어치 52, 117

ㅎ

학습 세트 79

함정 튜브 130

합치성 74

해마 30, 53

핵심 모듈 이론 203

핵심 지식 시스템 205, 207

행동 읽기 155, 208

행동생태학 21

행동에 대한 4개의 질문 19

행동유도성학습 130, 164, 165

행동적 추상화 153

현출성 69

협력 196

협력적 의사소통 207

효용 121

흔적 조건화 73

저자 소개

Sara J. Shettleworth

토론토 대학교(University of Toronto)의 심리학, 생태학 및 진화생물학 분야의 명예 교수이다. 2008년 비교인지학회 연구상을 수상한 바 있고, 동물행동학회 및 캐나다왕립학술원 회원이다. 다양한 조류와 포유동물의 행동, 특히 학습과 기억에 관한 연구로 100여 편 이상의 논문과 저서를 출간했다. 그의 저서인 『Cognition, Evolution, and Behavior』(2010)는 이 분야에서 가장 널리 사용되는 교과서로 알려져 있다.

역자 소개

최준식

고려대학교 심리학부 행동인지신경과학 전공 교수이다. 2018년 한국심리학회 학술상을 수상했고, 동물과 인간의 정서학습, 특히 공포 조건화 및 뇌질환 동물모델에 관한 연구로 80여 편의 논문과 저서를 출간했다. 또한 틈틈이 『느끼는 뇌: 뇌가 들려주는 신비로운 정서이야기』(역, 학지사, 2006), 『브루스 맥쿠엔의 스트레스의 종말』(공역, 시그마북스, 2010) 등의 책을 통해 심리학과 신경과학 분야의 연구를 대중에게 소개하는 작업도 병행하고 있다.

비교 인지의 기초
Fundamentals of Comparative Cognition

2025년 1월   5일 1판 1쇄 인쇄
2025년 1월 10일 1판 1쇄 발행

지은이 • Sara J. Shettleworth
옮긴이 • 최준식
펴낸이 • 김진환
펴낸곳 • ㈜학지사

　　　　04031 서울특별시 마포구 양화로 15길 20 마인드월드빌딩
대표전화 • 02-330-5114 　　팩스 • 02-324-2345
등록번호 • 제313-2006-000265호

홈페이지 • http://www.hakjisa.co.kr
인스타그램 • https://www.instagram.com/hakjisabook

ISBN 978-89-997-3282-9 93180

정가 18,000원

출판미디어기업 학지사

간호보건의학출판 **학지사메디컬** www.hakjisamd.co.kr
심리검사연구소 **인싸이트** www.inpsyt.co.kr
학술논문서비스 **뉴논문** www.newnonmun.com
교육연수원 **카운피아** www.counpia.com
대학교재전자책플랫폼 **캠퍼스북** www.campusbook.co.kr